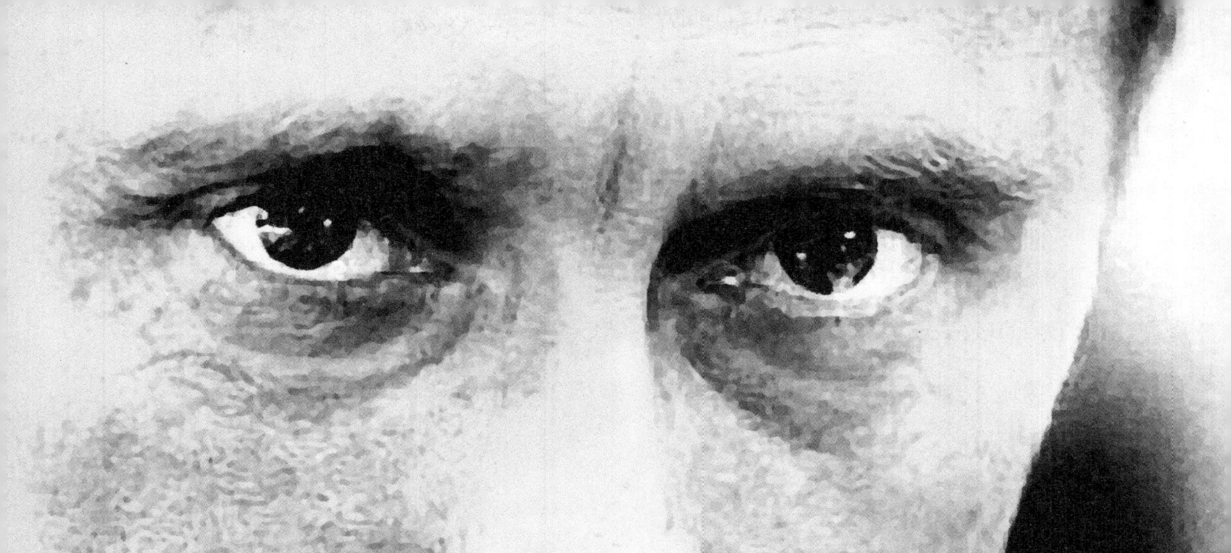

多面普京

郑建新◎著

南方日报出版社
NANFANG DAILY PRESS
中国·广州

图书在版编目（CIP）数据

多面普京 / 郑建新著. — 广州 : 南方日报出版社, 2015.1
ISBN 978-7-5491-1191-6

Ⅰ. ①多… Ⅱ. ①郑… Ⅲ. ①普京，F.F.－人物研究 Ⅳ. ①K835.127=6

中国版本图书馆 CIP 数据核字（2014）第 248500 号

多面普京

著　　者：郑建新
责任编辑：阮清钰　郑 颖
书籍设计：劳华义
责任技编：王 兰
责任校对：阮昌汉
出版发行：南方日报出版社
地　　址：广州市广州大道中 289 号　**邮编**：510601
电　　话：（020）87373998-8502
经　　销：全国新华书店
印　　刷：广州汉鼎印务有限公司
开　　本：889mm×1194mm　1/16
印　　张：15.5
字　　数：250 千字
印　　数：0001—5000 册
版　　次：2015 年 1 月第 1 版
印　　次：2015 年 1 月第 1 次印刷
定　　价：39.00 元

投稿热线：（020）87373998-8503　**读者热线**：（020）87373998-8502

网址：http://www.nfdailypress.com/index.html

目录

卷 3　从市长助理到代总统 / 55

卷 4　普京时代（上）/ 95

卷 5　普京时代（下）/ 157

开篇

新千年，新面孔

1999年12月31日，千禧年前夕。

莫斯科街头雪花飘飘，行人熙攘。圣诞节刚刚过去，新的一年即将来临。辞旧迎新的气氛早已在街头巷尾飘荡。新的一年会带给人们新的希望。但是对俄罗斯人来说，真的有希望吗？

看看今天的俄罗斯，社会动荡不安，车臣炮火不断，匮乏的商店，贫困的民生，层出不穷的恐怖袭击事件和抢劫杀人刑事案件，还有街头寒风中随处可见的乞讨者，衣衫褴褛，面色枯黄……这一切和首都阴暗的天空形成一幅令人沮丧的画面，无论如何也难以扫除俄罗斯人心头的阴霾，即使新年在即。

俄罗斯——这个面积依然是世界第一，但经济已经沦落为第三世界水平的国家——走上自己的道路已经8年了，一直没有走出危局。它就像一只折翅的双头鹰，始终挣扎在前苏联解体的废墟上。国家千疮百孔，支离破碎。谁来重建俄罗斯？

对现任总统叶利钦，民众早就不抱任何希望。总统自己重病缠身，和眼下的俄罗斯一样积重难返，靠他挽救危难中的国家，绝无可能。况且总统任期即将届满，几个月后他必将交出手中的大权。谁来接替他呢？很多俄罗斯人将希望寄托在一个新的领导人身上。可以说，这是迎来新千年之际他们唯一的希望。但是，谁能担当此任来拯救这样一个病入膏肓的国家呢？

中午12时。正在吃午餐或者正在准备除夕晚餐的俄罗斯人，突然在电视上看到了他们的总统。国家领导人的新年贺词在这个时间播出有点早，按照传统都是在除夕午夜新年钟声敲响之际，电视上才会出现国家最高领导人。叶利钦

1999年12月31日，叶利钦宣布提前辞职

要对人民说些什么呢？接下来他们听到了一个非常突然、非常轰动的消息：叶利钦宣布提前辞去总统职务，任命总理普京为代总统！

弗拉基米尔·弗拉基米罗维奇·普京，这个名字，这张面孔，对很多俄罗斯人来说不久前还非常陌生，对他的了解则更谈不上！人们知道这个人，只是在近几个月的时间里。这个名字在不到半年的时间里频繁出现在各种媒体和各个场合。

1999年8月16日，俄罗斯国家杜马通过了总统叶利钦的提议，普京成为第五任总理；那时人们就很诧异：从哪里突然冒出一个其貌不扬并且毫无知名度

普京受命

的人来担任总理？接下来新总理坚决果断有力地打击了车臣民族分裂分子，给大众留下深刻印象。自此，普京的面孔和名字就经常出现在电视上、媒体上。年底，即两天前的12月29日，俄罗斯政府官方网站发布了署名为普京的文章《千年之交的俄罗斯》，仔细读过的人感到这篇“千禧年宣言”有着深刻的内涵，也被人们看作是普京总理竞选总统的施政纲领。但是没想到的是，叶利钦选择在千禧年之际，突然提前辞去总统一职，将他的接班人推到了台前。

普京在车臣和俄官兵一起迎接千禧年新年

这个新年确实不一般。对俄罗斯而言是这样，对叶利钦和普京也同样。

代总统普京受命几个小时后，即偕夫人柳德米拉一起飞往车臣前线，看望那里打击非法武装的俄罗斯官兵，其大胆无畏令俄罗斯人和世界耳目一新。

叶利钦的提前辞职，将总统大选提前到了2000年3月。代总统普京不言而喻成为最具竞争力的人选。现在这个名字已经不再陌生。名字虽然已是家喻户晓，但对很多人来说，他仍然是一个谜。而外部世界对普京的了解，和俄罗斯人一样，感觉他像是眼前的一团迷雾。小个子，蓝眼睛，时而透出果断坚毅，时而流露出拘谨和不自信，讲话干巴枯燥，毫无吸引人之处，走路左右摇晃，典型的摔跤运动员走上竞技场上的步伐……他究竟是一个怎么样的人？有着何种经历？父母是谁？家庭状况如何？最重要的是，他是否有能力领导一个受到重创失去了元气的破落大国并使其振兴？这个1996年8月才从圣彼得堡来到莫斯科寻求发展的人，至今在首都工作尚不足四年，年龄还不到50岁，这么短的时间，这么“年轻”的资历，国家最高权力就要交由他来执掌，他能行吗？在车臣战争上他的果断胆识给人印象深刻，但是治理国家那是另一个问题。总之，人们有着太多的疑问。关于代总统的身世，社会上也流传着很多版本的说法，其中有一种说法是，普京从小被遗弃，他是被现在的父母抱养的。他的“亲姐姐”甚至还拿出了颇多的证据……

在普京任代总统的3个月后，在2000年3月13日，总统大选投票日（26日）前不久，普京竞选团队及时和适时地推出了一本书：《第一人——普京访谈录》。这本书根据三位记者和普京的六次谈话录音整理而成，未做任何修改。全书以问答的形式，主要以国家第一人——普京自述的角度，将他的家庭身世、经历爱好、性格特长，以及“第一人”对国家一些重大问题的看法，讲述给所有感兴趣的人。普京访谈录的出版，对于俄罗斯人和外部世界了解代总统和最有可能即将当选的俄罗斯新总统，非常及时。

代总统普京有着怎样的身世和个人经历？

卷 1

少年普京

爷爷是个好厨师

关于自己的爷爷，普京在《第一人——普京访谈录》里甚少提及。普京说，不知道为什么，父母关于他们自己的生活几乎什么都没有讲过。除了有一次家里来了一个亲戚做客，坐在桌边，他们谈论起家里往事。那是他记得的仅有的一次。但对于普京来说，这也只是一些片断的印象。特别是关于他的爷爷，父母好像从来就没有谈论过。

据他所知，爷爷斯皮里东•伊万诺维奇•普京出生在圣彼得堡市一个普通百姓家庭。他是一名厨师，烹饪技术非常出色。所以在第一次世界大战结束之后，普京的爷爷被邀请去莫斯科郊外的高尔克疗养院工作。当时，列宁和夫人克鲁普斯卡娅住在那里，斯皮里东全家也搬到那里居住。列宁去世后，爷爷又到了斯大林的一个别墅长期工作。但据另一些资料显示，情况不完全是这样。

普京的爷爷斯皮里东•伊万诺维奇•普京做了一辈子厨师，有很长时间他不是给一般人做饭，是给一些非常重要的人物当厨师，但不是列宁。有关人员查遍了当时所有的资料，当年在列宁身边工作过的人员中，他们并没有找到斯皮里东•伊万诺维奇•普京的名字。列宁去世后普京的爷爷确实是去了高尔克。他和妻子住在那里，在当地的疗养院食堂工作。疗养院是1918年开办的。去那里休养的人基本都是党和国家领导人。饮食不是很好，而且所有人的费用都是自理。但那里自然风光秀美迤逦，疗养院房间宽敞华丽。那座疗养院原来是一个富商遗孀的庄园。庄园的建筑里有通讯设备、中央取暖设备、电话、马厩、牧场等，一应俱全。当年列宁夫人克鲁普斯卡娅初来这里看到一切都如此豪华，震惊不已，久久没有回过神来。普京的爷爷当年是如何来到这里工作的，已经没有人记得。

斯皮里东•伊万诺维奇•普京很小就离开了加里宁州的故乡皮门诺沃村，去城里谋生。他的很多亲属都是厨师，这个行当几乎是他们家族几代相传的职业。斯皮里东也跟着学起了烹饪，15岁他就掌握了很好的烹饪手艺。他在彼得堡一家饭店又学习了5年，后来在那里的一家高档饭店当厨师，有一段时间住在维利纽斯。

30年代末，苏共中央决定将高尔克修建成列宁博物馆，疗养院关闭了，所有在那里工作的职员都被分到其他各处。斯皮里东去了伊林斯基疗养院。1940年始，他在那里为文化部长福尔采娃、莫斯科市委第一书记格里申和卡皮托诺夫、赫鲁晓夫甚至还有赫的母亲做美食。战争期间，斯皮里东在苏联信息局主席谢尔巴科夫的别墅做厨师。他从未在斯大林的别墅工作过，虽然有两次为他做过饭。他对斯大林的印象是很严厉但不乏公正。印象最好的是乌里扬诺夫（即列宁）的家人，“没有比他们更好的人了”，他说。列宁的夫人和列宁的妹妹、弟弟都很信任他，请他做厨师。他在列宁家做饭直到他们都去世。

斯皮里东能够做出饭店食谱上的所有菜肴，全看主人想吃什么菜了。沙俄时代的饮食丰富多样。他就是在那个时代学出的手艺。他最喜欢做肉和鱼，但特别高档的菜他不做。斯皮里东厨艺确实不错，所有的客人都对他的菜肴赞扬有加。斯皮里东在72岁时还被邀请去宴会帮厨。但是若对他的烹饪提出什么限制，他会很气愤，什么样的厨师需要按某种规定做饭呢？他自己知道怎么做、做什么、做多少。

他的一个儿子亚历山大•斯皮里多诺维奇说，父亲是个很有原则的诚实人。他当年掌管饭店的白兰地酒窖和冷食柜的钥匙，但从未将任何佳肴美酒带回过家，连一块夹肠面包片都没有。父亲自己生活很简朴，住两间小屋。他从不大量饮酒，但抽烟很厉害，他喜欢长时间阅读，还是个垂钓迷。斯皮里东1950年退休后以每月领取养老金120卢布为生。此外他什么也不索要。他是一个非常好的老人，现在这样的人很少。

厨师斯皮里东却很少在家做饭，来了客人也不过做一个简单的菜待客。他有六个孩子，四个儿子、两个女儿，家庭和睦。孩子全由妻子奥莉加•伊万诺夫娜（普京的祖母）养育。有时斯皮里东会将自己烹饪的秘密告诉家人，例如怎么煮肉、怎么和面等。

做了一辈子厨师的斯皮里东并不满意自己的厨师工作。他说，我的这个专长有什么可夸耀的？做好了饭菜，大家都狼吞虎咽般享用，却没人领情，也不会留下什么记忆。他遗憾自己没有成为工程师或建筑家。他也不希望孩子们像他一样做厨师。在维尔纽斯居住时，邮局局长家里有个藏书丰富的小图书馆，他在那里阅读了所有的藏书。他特别爱读关于沙皇的书。

斯皮里东1965年以86岁高龄去世。他的孙子瓦洛佳（即普京）那时已经十二三岁了，是个淘气顽皮的男孩儿，刚开始学习柔道。他对爷爷工作的伊林斯基疗养院不陌生，爷爷在世时他经常会去那里看望爷爷。

父亲战时死里逃生

普京的父亲弗拉基米尔•斯皮里多诺维奇•普京是斯皮里东的二儿子，1911年出生在圣彼得堡市。那时正值第一次世界大战期间，圣彼得堡的生活非常艰难，食物匮乏，很多人忍饥挨饿。为了生存，斯皮里东带着全家搬到了特维尔州的波米诺沃村，那是普京祖母的家乡。他们住过的那栋大房子直到今天还在。普京的亲属们现在还经常去那里休假。普京的母亲玛丽亚•舍洛莫娃当时住在扎列奇耶村，与波米诺沃村相邻。就在那里，弗拉基米尔•斯皮里多诺维奇和玛丽亚•舍洛莫娃相识了。1928年，他们结了婚，两人都是17岁。玛丽亚•舍洛莫娃和弗拉基米尔•斯皮里多诺维奇一样，出生于1911年。

据有关资料说，弗拉基米尔•斯皮里多诺维奇曾是村里的支部书记，他的老乡形容他是一个令人不愉快的人，称弗拉基米尔是个“无神论者和无赖”，“老屋里的圣像是他提议取下的，家人和他生活在一起很受折磨”。

弗拉基米尔•斯皮里多诺维奇和玛丽亚•舍洛莫娃共有过三个儿子，大儿子幼年不幸夭折。二儿子在二战时列宁格勒被封锁后患白喉病死亡。老三也即他们的最后一个儿子瓦洛佳（普京），生于战后1952年。他被称为“迟到的孩子”，母亲生他时已经四十出头了，在俄罗斯这样的年龄生孩子的女人还真的不多。“迟到的孩子”普京，后来在自己的生活中不论在什么场合——朋友聚会、上课、体育训练、谈情说爱，甚至在后来做了国家领导人会见外宾时，迟到是家常便饭，俄罗斯人开玩笑说，这真是一个名副其实的“迟到者”。

20世纪30年代，弗拉基米尔在苏联海军一支潜艇部队中服役。卫国战争开始后，弗拉基米尔自愿上了前线，他是一名爆破手。战争的艰难残酷，弗拉基米尔都经历了；留在农村的妻子日子也不好过，度日如年，生活难以为继。后来她被弗拉基米尔的哥哥即普京的伯伯接到了列宁格勒居住。当年被德国法西斯封锁的这座城市，正在死亡线上挣扎，人们赖以生存的一切必需品——从食物衣服到取暖物品全都匮乏。很多人死于饥饿和寒冷。能活下来极为不易。父母在二战时的种种经历，以及患病死于战时的哥哥，普京都是后来听父母讲的。他对父亲在战时死里逃生的几次经历印象特别深刻。在《第一人——普京访谈录》一书中，他详细讲述了父亲在战争中如何几次奇迹般地与死神擦肩而过：

一次战斗中，父亲他们的小分队28名战士被空降在根格西波执行爆破任

普京父亲

务。结果他们完全迷失在那里。周围是大片森林，森林里到处都埋着地雷，一不小心即会引爆。后来他们的食品也没有了。他们侥幸走到了有人居住的爱斯托里，在那里获得了食品。但不幸的是，他们很快就被德国人发现了，德国人从四面八方围住了他们，普京的父亲感到，活下来的机会几乎是零。但他们依然冒死突围。在突围的路上又丢失了几个战士。最后只有父亲和另外几名战士冲了出来。父亲藏在沼泽地里，用一根草秆呼吸，才没有被德国人发现，侥幸逃过一劫，活了下来。那次执行任务的28个人，幸存者只有4人。

弗拉基米尔又回到了部队。不久他又经历了一次更加危险的战斗。那场战役发生在涅瓦河左岸。如果站在圣彼得堡市高处向拉多加湖方向看，可以一目了然地看到德国人的部队几乎完全占据了那里，除了其中很小的一块地盘。当部队开始冲破敌人防线的时候，这个位于涅瓦河的很小的点起了非常重要的作用。德国人一直试图控制这个地点。他们在那个地方附近每隔几米都布下了埋伏，非常可怕。

部队领导交给弗拉基米尔和另一个战士一个任务：抓一个德国“舌头”回来。他们爬到了离德军很近的地方，在那里守候。突然德国人出现了，双方猛烈扫射，混战中他抓到了德国“舌头”，为此获得了奖章。但在交火中也身负重伤。德国人大概以为打死了他，但是弗拉基米尔没有死，只是一条腿负伤了。战友们把他从那里拖回来费了好几个小时。他需要紧急送往医院救治。但最近的军医院在城里，送到那里需要穿过结冰的涅瓦河。大家都明白这样无异于送死，因为那里每隔几米都有敌人布下的射击点，枪炮密集。穿过涅瓦河是根本不可能的。没有一个指挥官下命令冒险将他送往医院，也没有人愿意送他去医院。弗拉基米尔这时已经失血很多，情况紧急，如果再拖延下去，他就会死去。这时突然有一个战士二话没说，背起弗拉基米尔就向涅瓦河对岸跑去。这名战士是弗拉基米尔以前的邻居。他知道弗拉基米尔目前的情况有多严重。他背着弗拉基米尔，冒着密集的枪炮扫射，非常侥幸地通过了涅瓦河，将他送进了医院。这位战士将弗拉基本米尔送进医院后，又急忙返回了战场。告别时他只对自己以前的邻居说了一句话：“我们以后可能再也见不到了。”战争如此残酷，他觉得随时有可能葬身在敌人的枪炮下。而身负重伤的弗拉基米尔是否能脱离生命危险也不得而知。

真应该感谢上帝，他们确实都错了。普京的父亲在医院得救了。他在住院期间找到了妻子玛丽亚。玛丽亚每天都去看望自己的丈夫。城市被德国法西斯封锁，生存环境恶劣到极点，玛丽亚的身体状况比丈夫好不了多少，甚至更糟糕。她经常没有食品，虚弱不堪。弗拉基米尔看到妻子几乎要饿死，就开始偷偷背着护士把自己的食品分给她吃。玛丽亚吃了丈夫那份口粮，弗拉基米尔不得不常常挨饿，况且他还有腿伤，他的情况很快恶化，甚至失去了意识，陷入昏迷。这件事被医生知道了。当他们搞清楚原委后就做出了一个决定：在一段时间内禁止玛丽亚再来探望她的丈夫。那是一段非常艰难的日子。但是结果还是好的，两个人都幸存了下来。只是弗拉基米尔的那条腿再也没能恢复如初，他落下了残疾，一辈子都成了一个瘸子。

当年冒着生命危险将他送到医院的那位战士——弗拉基米尔以前的邻居也活下来了。列宁格勒大封锁解除以后，他到了某个其他城市定居。他和普京的父亲再次相遇是20年以后的事情了。他们是偶然碰上的，当时互相看着对方，不敢相信自己的眼睛，然后是激动和惊喜。弗拉基米尔邀请他来到自己家里，请他吃了一顿饭。他们聊起了当年的战争，庆幸命运对自己的眷顾；聊起后来各自的生活、工作，各自的家庭。20年了，他们有说不完的话。席间也不断举杯，为两个人都活着、为再次见面、为亲人健在和幸福干杯。

是的，弗拉基米尔和妻子都能活着，看到战争的胜利真不容易。普京的母亲因为战争带来的饥饿也差点丧命。2005年，普京在庆祝反法西斯战争胜利60周年接受电视台专访时，讲述了母亲当年的一段可怕经历。母亲由于经常没有任何食品果腹，饿得奄奄一息。那时成千上万的列宁格勒人被饿死，收尸队经常从居民家里将饿死在家的人抬走。一次，他们误以为玛丽亚已经饿死了，将她抬上运尸车，幸运的是，恰遇弗拉基米尔回家，他看到了这一幕，才从那些人手里将妻子救下来。玛丽亚只是饿昏了，并没有死。她在丈夫的细心照料下慢慢好了起来。

战争结束后，弗拉基米尔像很多特维尔地区的农民一样，定居在解除了封锁的列宁格勒市。50年代，弗拉基米尔在地铁火车车厢制造厂（属军工厂）做保安，后来当钳工和技师。据有关资料说，人们都很喜欢他，对他评价很高。虽然他是残疾军人，获得了政府颁发的伤残证，但他进入工厂后很长时间也没有拿出自己的伤残证来要求特别照顾。后来工厂知道他是一名伤残退伍军人，马上分给他一间公住房，类似简易楼房，厨房、厕所、浴室都是几家共用，当时很多列宁格勒的住宅楼都是这样的建筑。玛丽亚战后也在丈夫的工厂工作，做过工厂幼儿园的清洁工，打扫幼儿园的院子；当过面包铺的收货员、寄售店夜班值班员、肥皂厂实验室的清洁工。她的脸上不知怎么有一道疤痕。据她的熟人说，玛丽亚是一个安分守己、谦恭勤劳、性情温和的女人。

1969年，弗拉基米尔在列宁格勒州的托斯诺镇买了一个别墅。此后全家经常在那里度假。那时普京已经是一名高中生。普京人生中的初恋就是在托斯诺经历的。

普京的父母同一年出生，很巧的是，他们也死于同一年。1999年年初，玛丽亚因患癌症去世；半年多后，1999年8月，他的父亲也去世了。他们死后一起葬在圣彼得堡谢拉菲莫夫墓地。

在弗拉基米尔生命最后的日子里，他看到了自己儿子的辉煌。父亲重病住院期间，普京去看望他，那时他刚刚被任命为国家总理，带着随行人员去了医院。周围人们敬畏的目光，儿子身后气势不凡的随从，那一幕相当气派。当了一辈子普通工人的弗拉基米尔，感觉这场面如此威严庄重，而中心人物是他的瓦洛佳。他心中充满激动和自豪！据传他曾经对人这样说：看，我的儿子就像沙皇。弗拉基米尔和他的妻子都是真正的草根和布衣，属于社会底层，一辈子辛勤劳作，与权贵丝毫不沾边。如今他那一直调皮捣蛋的儿子竟这样有出息！他做梦都想不到，一个丑小鸭变成了白天鹅！遗憾的是，他没有看到儿子在他去世后不久就做了代总统，然后是两届总统—总理，并第三次当上了总统。这已经不止是“像沙皇”，就是当今名副其实的“沙皇”。

大杂院长大的瓦洛佳

在列宁格勒市中心一条名为巴斯科夫的小巷里，12号楼是一栋四面均为五层、中间有两个大院的黄色居民大楼。当地人称这样的建筑为带天井的院落。这个院落带有两个天井。而那院子有点像我们平时所说的大杂院。住在这里的全都是本市的工人、保安、清洁工、售货员等组成的既普通又贫困的家庭。普京的父母当年就住在这里。普京1952年10月7日也出生在这里。

据记载，巴斯科夫小巷自1800年就已经存在，有着百年多的历史。当年在这里拥有房产的是一位姓“巴斯科夫”的富商，后来这条小巷就以他的姓命名。小巷里出过几位名人，如与普京同时代的俄罗斯诗人A.B.柯里措夫、著名科学院院士Д.C.利哈乔夫等人。如今使这条小巷更加闻名的是，在小巷的这栋普通简陋、带天井的黄色住宅楼里，俄罗斯总统普京曾经生活过几十年。

据普京描述，这栋黄色住宅楼极为简陋，毫无舒适可言，没有热水、没有洗澡间，厕所非常吓人，在走廊楼梯口，冬天寒风直往里灌，冷得像冰窖一样。带金属护栏的简陋台阶直接通向家门，楼梯到处都是缺口，走在上面感觉非常可怕。楼房里还有很多老鼠窜来窜去。闲得无聊的孩子们常常拿着棍子对那些硕鼠围追堵截，人鼠大战玩儿得不亦乐乎。普京有一次就和小伙伴在那里狠追一只硕大的老鼠，追得它满楼道乱窜，把它赶到走廊尽头时，老鼠无路可走，一下子转过身向两个孩子窜来，吓得他们惊叫着跑了。

楼里的公寓都是几家合住，普京家也不例外，和另外两家住在这一套公寓里。公寓里没有厨房，只有一个方形的、没窗户的阴暗走廊。走廊里一边放着做饭的电炉，另一边是洗浴的地方，中间没有东西隔开，是相通的。瓦洛佳的妈妈玛丽亚就在这里每天为全家做饭。做饭的走廊里还住着其他人，他们的邻居。有一段时间，他们的邻居和某家人家交换了住处。于是另一个三口之家搬来了，是一对上了年纪的夫妇和一个孩子。狭小阴暗的走廊其拥挤和不便可想而知。后来那三口之家找到了单独的住处，搬走了，这个过道才真正可以让普京家当作自己的厨房了。

玛丽亚把它打扫得很干净，放了一个很大的橱柜，做饭吃饭方便多了。但不管怎么说，毕竟还是合住的公寓。当时普京全家占了一个房间，二十平方米，在那个时候就已经算是很不错了。另一个房间里住着一家犹太人。上了年纪的老爷爷和妻子及他们的女儿。女儿已经成年，却一直没有出嫁，只好和父母同住在一起。老爷爷是个裁缝，整天都在缝纫机上缝缝补补。老两口很喜爱瓦洛佳，瓦洛佳也常常在他们那里玩耍。但在合住的公寓里邻里之间吵架是常有的事。每逢发生争吵时，瓦洛佳都想参与到护卫自己的父母中。有一次又发生争吵时，普京决定干预，但父亲极为生气，严厉地对他说不要插手。这令普京甚至感到“休克”，他只是想保护父母，为什么父亲呵斥他？瓦洛佳无论如何也不明白。后来他知道，那是因为父母认为，两位老人待瓦洛佳很好，他们喜欢他，这比哥房里为琐碎的事情争吵更重要。此后，瓦洛佳任何时候都不再参与厨房里的事了。厨房里一发生争吵，瓦洛佳就马上回到他的房间，或者去老人那里。对普京来说去哪里都一样。

普京和母亲

公寓里还住着一对养老金领取者，阿尼亚和她的丈夫。阿尼亚婆婆是一个虔诚的教徒，经常去教堂。瓦洛佳出生后，她和妈妈背着父亲去教堂给瓦洛佳做了洗礼。因为普京的父亲是党员、车间党支部书记、无神论者，所以她们要背着父亲做这件事。过了很多年，1993年当普京已经在列宁格勒市委工作的时候，他参加了官方组织的代表团，访问以色列。妈妈给普京戴上了当年为他洗礼时的那个小十字架，告诉他这样会得到上帝的保佑。普京按照她说的照办了，从那时起他就一直戴着这个十字架，再也没摘下来。

小男孩瓦洛佳当年和父母就一直住在这栋公共住房里。他的父母对这里没什么不满意的，这比他们战前的住处好多了。他们没有更高的奢求。

瓦洛佳在这样的住房和大杂院里慢慢长大。

少年普京是个顽童，他淘气，贪玩，机敏好动，言语不多，但很有藨主意，爱较真，动辄和人吵架打架。上学前后，天井下的两个院落就是他全部的世界。那里可真好玩啊，有多少有趣的事情、有趣的游戏和那么多的小伙伴。大杂院里所有的孩子都聚集在那里，他们和他一样淘气，嬉戏打闹，高喊尖叫，捣蛋撒野，每天都热闹得像过节一样。那帮孩子乐此不疲，流连忘返。有段时间普京迷上了在汽车库的屋顶上爬上爬下，和院里另外两个男孩（兄弟俩）经常爬到上面，即使爸爸多次严厉喝骂也阻挡不住他的热情……还有打仗的游戏，所有的男孩都挥舞着棍棒，“好人”和“坏人”激烈作战，险象丛生……瓦洛佳在那里永远玩儿不够，永远不知道回家。妈妈倒也不很担心，那是个封闭的院子，只要不上街，就不会出什么事。可她还是时不时从自家住房的窗户上探出头去喊上一声：瓦洛佳，在院里吗？瓦洛佳答应一声“在”，妈妈也就放心干她的活儿去了。

小男孩第一次上街是在五六岁的时候，自然没有得到父母的允许，他是悄悄溜出去的。那一天是五一劳动节，他大胆走出了大杂院，站在大街的一个角落里。外面的世界一下子跃入他的眼中：车水马龙，人来人往，嘈杂纷繁，好热闹！那情景简直像一锅沸腾的水，眼睛似乎都不够使了，不知道该看什么。这热闹的景象让男孩吓了一跳。外面的世界原来是这样的。

7岁左右，他第一次出了家门，而且是远门。并非夸张，小男孩确实走得挺远。他和同院的一个孩子坐电气火车出了城，去哪里？不知道。他们只想去旅行，出门前也没有告诉父母。那是一个萧瑟的冬季，郊外到处是皑皑白雪，寒风中光秃的树枝摇曳，寒鸦聒噪。瓦洛佳看到的就是这些。天气非常冷，冻得他们瑟瑟发抖，他们用火柴在某个地方点起一堆篝火取暖，没有带任何吃的，两个男孩完全冻坏了。然后他们又坐电气火车回到家，等待他的是父母的一顿臭骂。后来“出门旅行”的愿望再也没有了。

1960年，瓦洛佳上学了，在离家不远的193学校。他至今保留着一张当年读书时的照片，小男孩瓦洛佳穿着很像军服的旧式校服，手里拿着一个没有鲜花的瓦罐花瓶，站在那里。8岁的男孩个头不高，淡黄色毛发，薄薄的嘴唇紧闭着，身体看上去很单薄。

六年级以前他对学习都不是很上心，大杂院依然是他的最爱，全部课余时间和精力都消耗在其间，在那里玩多少时间似乎都不够。但是他对上学时间计算到分秒不差。为了节省时间，冬天他不穿大衣，省得在学校一楼的衣帽间还得脱下外衣挂好，那需要好几分钟。他家离学校不过50步远的距离，他计算过，从家里下楼出门跑到学校需要7分钟时间，不包括存外衣的时间。每天早上吃过早饭，他穿着单衣，离上课时间还有约莫7分钟的时候，像一颗射出的子弹，准时跑出家门，穿过一条马路，冲进学校，飞快地上楼进教室，这时上课铃声恰好响起，他来得及迅速坐到自己的座位上，在老师还没有走进教室之前。但即使这样，他还是常常迟到。这个“迟到的孩子”将这个习惯保持了终生。

瓦洛佳学习成绩一直平平，3分居多。他算不上一个好学生，一直没有被少先队接纳，直到六年级才加入少先队。而其他孩子在三年级时就都成为少先队员了。“我就是个小痞子，怎么能成为少先队员？”在《第一人——普京访谈录》中，他这样告诉记者。

少先队员普京

四年级开始有了德语课。瓦洛佳的班主任惊讶地发现，他居然学得很认真，班主任认为也许他不过是装装样子，但瓦洛佳确实很用功学习德语。这完全不像他。他一直是个没有自我约束力的散漫学生。五年级时，瓦洛佳仍然不是一名学习优秀的学生，但是德语老师薇拉已经感觉到他身上的潜力、热情和特性。瓦洛佳对语言有极大的兴趣，记忆力强，掌握很快。唯一的干扰是，他还经常迷恋大杂院里的玩耍。薇拉决定对瓦洛佳给予更多关注，使这个男孩走出他的大杂院圈子。

薇拉老师进行了家访。她第一次看到瓦洛佳的父亲，甚至吓了一跳。这是一个非常严厉内向的人，外表看上去总是生气的样子，却管不住自己的儿子在大杂院里混。薇拉对他父亲说，您的儿子没有把全部精力放在学习上。“那怎么办？揍他？还是怎么办呢？”老人用严厉的目光看着老师。薇拉建议他和儿子好好谈一谈：“让我们一起努力吧，您在家里，我在学校，这样的话他可以摆脱3分。一个夏天就够了。”但是，这并没有对瓦洛佳产生特殊的影响。到了六年级他才有了明显的改变。显然这个孩子自己慢慢明白了，要在生活中确立一个明确的目标。他的学习成绩中开始没有了3分，这对他来说非常不易。在他学习柔道以后，六年级的瓦洛佳终于被接受加入少先队。入队仪式是在列宁故居附近举行的。加入少先队——这对少年普京是一个很大的胜利。在这之后，他一下子被选为少先队队长。

1968年，瓦洛佳离开了193学校（这个学校只有一至八年级），到281中学上高中。此时，瓦洛佳已经学习柔道三年，逐步脱离了大杂院，学习成绩有了很大提高。这一时期，少年普京的性格非常拘谨、害羞、沉默甚至封闭。这很像他的父亲，矜持而严厉。但也有不引人注意的另一面，稳重，坚韧，独立，不服输。

281中学位于苏维埃巷，化学是该校的重点课程。普京在这里学习了两年，其间他的柔道技艺有了很大提高，教练很看好他。1970年中学毕业，他不顾父母的反对，坚持自己的意愿，进了列宁格勒国立大学法律系学习。因为他怀抱着一个由来已久的愿望：毕业后要做一名特工，为国家效力。而且他早就打听过了，克格勃只招收列大法律系的毕业生。只有进入这所大学和这个专业，才有可能被克格勃录用，也才能实现自己的理想。

“柔道改变了我的一生”

在普京上六年级的时候，他开始学习柔道。当然，迷上这项运动，是有原因的。那时，13岁的普京仍淘气好动，贪玩，喜欢和大院的小伙伴玩耍。

在大杂院的孩子里，普京个头不高，身单力薄，打起架来常常不是其他伙伴的对手，这令他很不开心。他是个相当有独立性的孩子，争强好胜，很有主意。别看他身材矮小，寡言少语，却从不愿受人摆布。可是打起架别说打过别人，连自己都保护不了，这太糟糕了！他虽然不一定非要当上大杂院里孩子们的老大、学校里同学们的头，但他打架时可绝不想输，至少要能保护自己，有自卫能力。怎么办？只有学习打架的本事，才能使自己变得强壮有力。抱着这样的愿望，他参加了一个桑勃摔跤学习班。

那个时候大部分学生都对跳舞着迷，晚上学校里有时候举办舞会，学校还有个俱乐部叫作“索京”，学生们常在那里演出歌剧。普京完全不喜欢参加这类活动。爸爸原想让他学拉手风琴，送他去初级班学习，但是普京怎么也提不起兴趣。后来他弹奏过吉他，这是他愿意的，主要是弹唱维索夫斯基的流行歌，关于星星啊什么的。但他更喜欢从事体育运动。

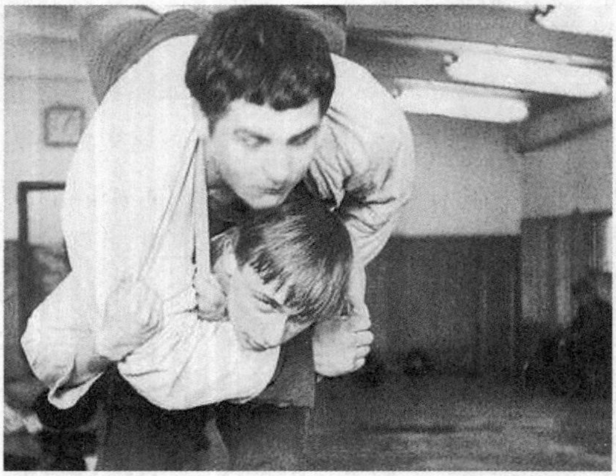

柔道训练

桑勃摔跤没有学习多久，普京就改学柔道了。因为很不走运，刚刚训练了几次桑勃，普京就在一次训练中被打断了鼻梁，疼痛钻心刺骨。父母抱怨他为什么参加这样野蛮的体育训练；邻里也劝他赶紧去动手术，但他打定主意不去看医生。为什么非要看大夫？难道它自己不能长好吗？他这样反问。果然，他的鼻子慢慢恢复了，自己长好了，没落下什么毛病。

学习桑勃摔跤的愿望在这次事故后就消失了。他改学柔道。柔道在当时的苏联极为流行，因为几乎是免费教学，很多孩子都在学习。普京去了离家不远的一个体育馆学习柔道，体育馆位于列宁格勒市芬兰火车站附近，属于“劳动体育协会”。训练场是一个用木板隔开的大厅，教练名叫阿纳托利•谢苗诺维奇，人非常好，他把自己的一生都贡献给了他热爱的柔道事业，直到普京当上了总统，阿纳托利•谢苗诺维奇还在训练孩子们。

普京每周要去训练几次。这个个头不高，神情严肃，不善言语的男孩，学习时很认真，但头三年进步不是很快，几乎没有什么成果。直到1969年，他的柔道功夫才有了长足的进步。教练也从他身上看到了潜力。每周隔天一次的训练占去了普京很多的课余时间。逐渐地，他开始疏远了大杂院，脱离了大杂院，从一帮厮混的小哥儿中解脱出来。这一切改变不仅在于柔道运动的魅力，还有教练对他的影响。在《第一人——普京访谈录》中，他这样谈道：“教练在少年瓦洛佳的生活中起了决定性的作用。如果没有从事这项体育活动，没有教练的教导，真不知道我后来的状况会怎么样。”正是这位教练真正把普京从大杂院里拽了出来，使他不再在那里消磨时光，而是可以去学习更加有益的东西。如果不是学习了柔道，他的兴趣和很大部分精力还放在杂院里和那些小伙伴厮混，那么他后来的人生道路也会完全是另一种。那些一直醉心于大杂院玩耍的男孩，后来不乏酗酒滋事者，无所事事、游手好闲者，甚至犯法被关进监狱的都有。

不想打架输给别人不过使他偶然萌生了学习摔跤的念头，却令他从此脱离了大杂院，入了柔道这一行，终生不辍。他曾回忆自己当初为何会爱上柔道：“我曾是一个很活跃的孩子，可以说就是淘气鬼。但我不够高大，为了不辱斗士之名，我必须借助武力。刚开始打拳击，就被人打烂了鼻子。因此，转而练柔道。很快，我就发现了我的优势所在。我选择这个运动，是因为它可以让我称霸街头，我还发现，柔道改变了我。小淘气们的争斗变得无关紧要。体育使我形成了自己的人生观，发展了自己的人际关系。它所蕴含的哲学，是教你尊重合作者，为了目标不懈努力。在这个意义上，我就很不认同‘结果不重要，

重在参与'这个原则，它不适用于决策者、社会的缔造者。总而言之，对我来说，重要的是结果。"（来自俄网站文章）

确实是这样。他不仅学习柔道，还从中学习如何做人。柔道训练既强健了他的体魄，使他走出了大杂院的小天地，更为他开启了一扇理解人生的窗口。他后来说："柔道不单是体育，更是哲学。首先使我懂得了要尊重运动员，尊重对手，那里没有弱者。柔道包含一切，从方式、方法一直到细枝末节都会使自己受到锻炼和教育。一走进柔道场，互相鞠躬，然后用另一种方式相互尊重，就是一下子打向对手的额头。"

像普京那样的半大小子，在他那个年纪都开始尝试抽烟。普京自然也不例外，学习柔道前他曾经抽过几次。但学习柔道后他就对抽烟完全没有了兴趣。酒精对他同样没有吸引力，除了啤酒。他很少饮伏特加。可以说，普京几乎烟酒不沾。

柔道训练刚开始是隔天一次，后来则是天天进行，没有一天间断。几年后，普京已经确信自己入了些门道，有了初步成果，学得也越发上心和刻苦。在不间断的学习中，他体验到了运动的快乐。他牢牢记住了教练讲解的柔道运动的三原则，即移动、平衡和杠杆借力。"移动"的作用是使对手失去平衡，并打破他们的最初优势，让自己处于最佳位置；"平衡"则帮助你与对手交战并躲开攻击，同时梳理进攻思路，保持进攻姿态；"杠杆借力"可以帮助你将对手的力量转化为自己的竞争优势。三条原则要灵活掌握，协同运用，才能发挥最好的效应。柔道是通过其特有的各种攻防技巧的练习，运用自己全部气力、体力、智力以最合理的和最有效的方法制服对手的健身武艺。因此，柔道训练可使体小力弱者制服体大力强者。如此看来，胜败的关键不在于身材是否高大强壮，更多地取决于运动员的综合素质和体力智力的能力。柔道运动特别适合矮小和不那么魁伟的普京。他学会了怎样以智慧和技艺取胜。

父母开始并不支持普京练习柔道，他们认为摔摔打打并非什么好事，担心他学会柔道后，还不知道在大杂院里又会惹出多少是非来。幸好教练阿纳托利•谢苗诺维奇经常去普京家，和老人聊天，介绍柔道，渐渐地让两位老人对这项体育运动有了一些了解，明白了原来这是一个既严肃又有意义的事情，有益无害。于是他们改变了态度。普京在自己的生活中第一次赢得了理解和胜利。

空手道在当时也是一种非常流行的运动。在普京看来，空手道是一项非常精细的训练，与一般的体育运动不同，有那么点像芭蕾舞，类似一种艺术活动。体育就是体育，它需要流汗、流血、艰苦磨炼。普京也曾经对空手道产生兴趣，但是空手道学费昂贵，一开始就要交很多钱，普京家里没有那么多钱交学费。于是他还是选择了柔道。学习柔道的都是穷人家的孩子。

关于空手道，普京有一件事记得很清楚。有一天柔道教练带着他们去训练，训练场上有其他孩子在训练空手道，按照规定该轮到普京他们训练了。他们的教练走过去提醒对方的教练，说时间到了。但是对方的教练甚至连看都没有看他的教练一眼。沉默半晌，无理地说了一句：“走开！”普京看见他的教练也没说话，上去直接就把对方放倒在地上，非常轻松地就压倒了他。那个人当时就失去了意识。随后教练对普京和他的队友们说：“我们开始训练吧。”好像什么事都没有发生过一样。这就是普京最早一次接触到空手道的情况。

普京在教练的精心培养下，风雨无阻，刻苦学习。到中学快毕业时，他已经是一个很有前途的柔道运动员。他经常参加本市和其他城市的比赛，每次都表现不俗。教练对他寄予厚望，觉得他有朝一日可以拿到比赛冠军。也正是凭借这一点，他顺利进入列宁格勒大学法律系学习。那时大学录取新生有一个不成文的规定，对体育方面有发展前途的高考生，大学优先录取。

普京进入大学后不弃不舍，继续苦练。功夫不负有心人，在大学期间的多次比赛中，他都有好的成绩。1976年，他刚刚从大学毕业，在参加列宁格勒柔道赛时，获得该市柔道冠军。

“柔道改变了我的一生。”普京后来说过这样一句话。确实不假。柔道运动不仅将普京从沉迷于和小伙伴厮混中解脱出来，还对普京的人生观、性格以及思维和处理问题的方式产生了极大影响。刻苦，顽强，果断，刚毅，稳健，柔中带刚，不动声色，准确的判断力和把握时机的能力，不达目的决不罢休，看问题的条理性和逻辑性，这些诸多优秀品格和能力都与普京少年时期即开始的柔道训练有关。若说是柔道培育了今日俄罗斯总统的很多优秀品质，这话一点也不夸张。

1973年，普京从一名学徒成为桑勃式摔跤教练，两年后成为柔道教练。1976年，他获得了运动健将的称号。现在他是柔道黑带6段，最擅长扫腰摔。担任俄罗斯总统后，他在百忙中仍不时会到竞技场露上一手，过一把柔道瘾。当然，现在他更多的是关注、鼓励、推广和普及这项体育运动。2010年，他曾和俄罗斯柔道协会主席舍斯塔科夫共同编写了一本有关柔道训练的教材，很受欢迎。自2000年始每年举办的“俄罗斯总统杯”柔道国际比赛，普京每次必亲临现场，亲自为运动员颁奖。他希望他曾经如此喜爱并获益匪浅的柔道运动，会有越来越多的人来学习和掌握。

《盾与剑》

1965年，一本描写苏联特工的书风靡全苏联，成为畅销书，人们争相阅读，好评如潮。书中主人公阿•别洛夫（冒名德国人约翰•魏斯打入德国）更是激起无数年轻人对克格勃英雄的敬意和向往。这本书就是作家瓦季姆•科热夫尼科夫创作的《盾与剑》。小说讲述了一名苏联谍报人员在第二次世界大战期间潜入德国，为盟军获得许多有价值的情报的特工故事。三年后，这部小说被拍成了同名电影，在苏联再次掀起一股对克格勃组织和苏联特工人员的巨大敬意和崇尚。

20世纪60年代中期至70年代，是前苏联克格勃发展最辉煌的时期。这与时任苏联国家安全委员会（即克格勃）主席的尤里•安德罗波夫有着密切关系。安德罗波夫1967年5月被任命为秘密警察局负责人，6月进入政治局，成为中央政治局候补委员；6年后（1973年）晋升为正式委员。克格勃掌门人的不断攀升不仅表明，他握有极大的权力，可以参与国家重要决策，对国家内外政策起着重要影响，还意味着克格勃在国家权力机构中作用日益增强。

安德罗波夫1967年5月担任克格勃主席后，很快迎来了两个与克格勃有关的节日：当年12月的全国紧急状态委员会（肃反委员会）—国家安全部（克格勃）成立50周年，和第二年（1968年）克格勃对外情报局成立50周年。安德罗波夫将这两个节日搞得轰轰烈烈，有声有色。克格勃的两个节日没有局限于在内部庆贺，也不仅只是周年庆典，更像是在全国掀起的一场爱国主义教育运动。仅那一年时间，苏联国内出版了一系列以苏联特工为题材的书籍，报刊上发表了大量相关文章，还上演了多部描写苏联谍战的影片。电影《盾与剑》（1968年）、《春天里的十七个瞬间》（1973年）都是在那一时期拍摄演出的。

小说《盾与剑》出版的那年，普京只是个13岁的少年；这部小说拍成电影时，他16岁；1973年上演著名电影《春天里的十七个瞬间》时，他在读大学。13—20岁，这是人生最重要的一个阶段，道德观、价值取向、人生目标等很多极为重要的东西都在这一阶段形成和决定。而社会历史环境对一个人的影响是巨大的，普京恰恰就是在这样一种环境中度过了人生那段极为重要的时光，他的人生理想也就打上了鲜明的历史烙印。

普京说：“我开始想当水手，后来还想当飞行员，还订了一份航空期刊。

但最后，《盾与剑》这样的图书和间谍影片完全抓住了我的想象力。最让我惊讶的是，一个人能办到一支军队办不到的事情。一个间谍可以决定上千人的命运。至少这是我当时的理解。”

《盾与剑》这部小说对少年普京产生了巨大的影响，某种程度上可以说决定了他的人生道路。他和他的同学们当年无数遍地读它，拍成电影后也看过很多回；他们在课余和训练中不断谈到书中的情节，所有的人都对这本书入了迷，主人公的爱国牺牲精神和品格对他们就像磁石般具有吸引力，他们甚至做梦都是《盾与剑》的情节。电影主题歌之一（片首）《从哪里认识祖国》，那激昂的饱含对祖国热爱的旋律和亲切的歌词，就像长在了年轻人的心中，令他们激动不已、百唱不厌。主人公说的一句话“我们就是祖国的盾与剑”，普京铭记了终生。2010年7月，卸任总统后任总理的普京在与交换回来的俄罗斯10名特工会见时，普京和他们一起动情地再次唱起《盾与剑》片首歌：

你从哪里认识祖国？
从教科书插图本上，
从忠诚的战友们身上，
他们生活在你身旁。

也许祖国从这里开始：
从母亲教我们歌唱，
从誓死捍卫的那一切，
谁都不能把它损伤。

你从哪里认识祖国？
从大门外长板凳上，
从田野里一棵棵白桦，
在风中摇摆，茁壮成长。

也许祖国从这里开始：
从春天的椋鸟飞翔，
从这一条乡间的道路，
它伸向那无尽远方。

你从哪里认识祖国?
从远处的窗户灯光,
从父亲的褪色的军帽,
它一直在柜中珍藏。

也许祖国从这里开始:
从列车的车轮轰响,
从年轻时神圣的誓言,
它永存在你的心房。

那一刻，这歌声肯定将他带回了当年，他的中学和大学时代，那些为小说和这歌声激动不已的日子，和他在其影响下做出的人生决定：他要像书中的主人公那样，做一名特工。他将献身于这个危险的默默无闻的但又是极其神圣伟大重要的事业。

70年代，克格勃在安德罗波夫的领导下，成为当时世界上最强大、最重要的特工组织之一，也是苏联国内稳定的重要支柱。在苏联民众心里，提起克格勃既感到自豪，因为这个组织保卫着我们的家园，它令美国和西方害怕；又有相当多的人对这个组织感到惧怕——它不仅监督敌人，还监视人民，压制国内持不同政见者。但是在年轻人当中，绝大多数对克格勃抱有敬畏和向往的心理，这个神秘的组织有过无数个为祖国牺牲的民族英雄，他们的故事非常感人，他们值得学习和效仿。可以说，普京正是那个时代千百万这样的苏联年轻人中的一员。他被《盾与剑》小说和电影中的主人公感动，他深深敬仰他们，他向往像他们那样今后当一名克格勃侦察员，他也将像他们那样为祖国献身。

2000年有记者问普京，梦想成为克格勃时，是否想到1937年克格勃起决定性作用的肃反运动——非常多的苏联公民因此丧命。普京说：“我根本没想，一点也没想。当时我们生活在集权国家，一切都被封锁了。我的朋友和我全然无知，所以我是带着浪漫的想法开始的。我当时是苏维埃爱国教育纯洁而又非常成功的产品。”普京的回答代表了当时很多年轻人对克格勃的理解：克格勃是国家利益的捍卫者，而不是对内镇压人民的工具。

小说《盾与剑》不仅对普京决定自己的志向起了极大的作用，而且书中主人公的形象成为普京心中的标杆。主人公的信念、性格、行事方式，无疑都成为普京学习和效仿的榜样。他要做一个像主人公亚历山大•别洛夫那样的人，从形式（当特工）到实质（内在的一切）都要像那个英雄。非常巧合的是，主人公在某些方面居然与普京极为相似。

我们来看看奥列格•布洛茨基在《弗拉基米尔•普京——生活故事》一书中列举的《盾与剑》主人公的一些个人资料及基本素质：

——出生于工人家庭，独生子，父亲希望儿子能够步其后尘到工厂工作；

——同学们并不知道他早就想当一名侦察员；

——父亲曾经为祖国战斗过，所以，毫无疑问，他十分清楚，侦察工作对于国家安全来说是相当重要的；

——为了把自己培养成一名侦察员，身为少年的他，除了每天早上坚持做操外，还有目的地在柔道运动队学习柔道；

——他有一副侦察员特有的外貌，这无疑会对今后的工作大有裨益；

——为了侦察工作，他不得不同心爱的姑娘断绝了关系。这是一个艰难的选择，但他不想对她撒谎，既然选择了就要有牺牲，他必须自愿放弃最珍贵、最爱的人；

——他痴迷于歌德，此前还曾一本正经地学习过化学；

——他曾在封闭的专门培养职业侦察员的学校学习过，他曾经像个苦行僧一样拒绝一切可能影响他学习专业知识的诱惑；

——他判断力强，而且总是既冷静又清醒；

——他曾经认真地练过体育。因为他认为，只有把身体练得最棒，才能在今后的职业生涯中经得住高强度和超常规的体力和脑力消耗；

——尽管音乐方面“绝无天赋且愚钝”，但他还是花费宝贵的时间去听音乐会，以图理解音乐的真谛，因为在他看来，音乐会对未来的工作会有所帮助；

——练过跳伞；

——刚开始的时候，侦察员这一职业在他的心目中全都是丰功伟绩。不过，随着工作的不断开展他终于明白，这是项由无尽无休的耐力和警觉而构成的工作，它的成就是靠千千万万件日常生活中的小事儿换来的；

——他除了有侦察员组织能力、行动能力方面的职业天赋外，还有一个了不起的本事，那就是慧眼识人；

——他有非凡的记忆力和神奇的自制力；

——他学过德语，唯一一次国外工作经历是在德国。

哪怕是对普京的个人情况了解不是很多的人，看到上面这段资料后，也会大胆地推断，这里所说的就是俄罗斯现任总统普京。然而，你的确猜错了！以上这段文字与弗拉基米尔•弗拉基米罗维奇（普京）没有任何关系，因为这段文字早在1965年就已经写成了。

这段文字是作家瓦季姆•科热夫尼科夫在《盾与剑》这部小说里用来描写主人公约翰•魏斯的。约翰•魏斯实际上是一位苏联侦察员，他的原名叫亚历山大•别洛夫。更重要的是，上面所引述的这段文字，以及其列举的人生中的几个重要阶段绝不是毫无根据的道听途说，以上文字几乎一字不差地取自该书。

普京上九年级的时候，他已经决定了自己的命运：将来做一名克格勃特工。为此，在那一年（1969年）的一天，他专门跑到克格勃所在地打听如何才能为他们工作。第一次那里的人告诉他，需要到接待室去问询，接待室在另一个地方。他去了那里没有找到人。第二次他直接去了接待室，但时间不对，不是接待日。他记下了接待时间。第三次又去了，接待室一个上了年纪的接待人员告诉他，克格勃不录用自愿者；克格勃每年会到大学选择合适的大学毕业生。最好是哪所大学和什么专业呢？普京问。那人告诉他，最好是列宁格勒大学法律系。一切都清楚了。他的目标更加明确：中学毕业后去列宁格勒大学法律系学习。

普京当时已经是个很有前途的柔道运动员，教练很想他成为职业运动员，父母希望他考个中等技校或是去当兵；但是普京主意已定，他一定要考入列大。他也去列大询问了录取标准，知道进入这所大学的唯一办法就是靠他自己的考试成绩，别无他法。他开始刻苦准备各门功课，怀抱着他心目中的远大志向。

托斯诺初恋

1969年，普京的父母在托斯诺小镇买下了一个别墅，这样全家人夏天可以到那里度假，每年也都在那里迎接新年。

托斯诺小镇离列宁格勒不远，属列宁格勒州。从市里坐火车向南约1小时就到达了。小镇就位于火车道旁，来往很方便。当年的小镇充满乡土气息，谈不上漂亮，主要的街道也是土路，经常尘土飞扬。

普京家的别墅在小镇火车站街71号，一直沿火车站街向前走去就到了。那是一座典型的俄罗斯乡间小木屋，刷成了绿色，周围有空地，院子有篱笆围墙。

当年普京家的别墅

安娜•尼古拉耶夫娜是普京家当年的邻居。她家里养着一头奶牛，当普京全家来别墅住上一段时间的时候，每天喝的都是她家奶牛挤下的新鲜奶。取奶的任务自然是瓦洛佳的。

瓦洛佳已经长成了大小伙子，他即将中学毕业。在别墅度假时，他每隔一天都会提着一个锡皮小桶，早上来到安娜•尼古拉耶夫娜家挤牛奶。刚刚挤出的鲜奶带有奶牛的体温，散发出一股浓浓的香味，瓦洛佳挤好奶后每次都会直接对着锡皮小桶喝上几口。他喜欢喝刚刚挤出来的鲜牛奶。

安娜•尼古拉耶夫娜家里住着一个年轻女孩薇拉•布里列娃，她是安娜妯娌的外甥女。普京家买下别墅不久，薇拉就成了他们家的常客。普京的父母一下子就看中了这个女孩，希望她日后能成为他们的儿媳，但老两口没有告诉自己的儿子。

薇拉那年刚14岁，身材颀长，皮肤雪白，面目姣好，是托斯诺镇上的美女。她走在小镇的街头很惹人注目，邻里街坊的小伙子总会多瞟她几眼。但是女孩儿偏偏喜欢上了她的邻家男孩瓦洛佳。这个十七八岁的男孩当时在很多人眼里再平常不过了，淡黄色头发和眉毛，个头矮小，很不起眼。有人对薇拉说，又不是没有男孩对你献殷勤，你却找了他。薇拉的回答是：他（瓦洛佳）虽然矮小，却很金贵。薇拉说：“他体格健壮，经常展示给大家，不多言语，但很有主意。他的魅力吸引了我。”

瓦洛佳心目中的女友个头不能太高，因为太高大的女孩和他矮小的身材不般配，丈夫比妻子矮小，这绝不合适。可是薇拉个子挺高，至少比他高。这也许是他们后来分手的原因之一。普京还喜欢金发女孩，薇拉恰好有一头浅黄色金发，这一点很合普京心意。薇拉的勤劳和善持家务也特别得到普京的好感。两人似乎相爱了。这是瓦洛佳的初恋，也是薇拉的。

薇拉的妈妈卡捷琳娜非常赞许他们的交往和友谊。她本人和普京的母亲玛丽亚就非常友好，相处得像亲姐妹一样。两家院子之间连篱笆围墙都没有，就像一家人。两个女人常常一大早就在一起品茶、吃早点。

薇拉是个勤劳懂事的女孩，她经常来帮助普京的妈妈做家务。而玛丽亚早就将她当作了自己未来的儿媳妇。有段时间玛丽亚病得很重，薇拉为了照顾她，特意住在列宁格勒普京的家里。瓦洛佳那段时间忙碌异常，他要完成中学学业，很下功夫的德语课占了他很多时间，课余时间又几乎都在训练柔道，参加比赛，晚上回家很晚。照顾妈妈的活儿全部落在薇拉身上。有一次他回家已是深夜，薇拉已经在拉起的布帘后面休息了。妈妈数落他这么晚才回家："你看你，薇拉都累得筋疲力尽睡觉了。"（这句的俄语原话是薇拉都累得没有了后腿，意思就是累极了。）瓦洛佳幽默地反问道："怎么？难道她有前腿？"因为瓦洛佳忙碌异常，他和薇拉从没有去过剧院，也不去看电影。但两人关系很好，薇拉爱这个小伙子，瓦洛佳也告诉她，他爱她，准备和她结婚。

托斯诺镇的男人都很尊重普京一家，无论是老人还是年轻人。弗拉基米尔一向外表整洁，神态端正，精力充沛，玛丽亚慈祥善良，与街坊邻里和睦相处。普京家来别墅度假时，妈妈总是从列宁格勒带来香甜的面包，还有麻花形白面包和糖果，这些香甜诱人的面包在托斯诺的小商店从来没看到过。玛丽亚总是慷慨地拿出来给薇拉和她的妈妈、婶婶品尝。按照当地人的标准看，普京家算是富人了。他们在列宁格勒有住宅，在托斯诺的木屋也被认为是这条街上最好的。后来普京的母亲买彩票中了奖，赢了一辆"高加索人"牌汽车，此后全家人来度假都是车来车往，大家认为他们家简直就是一步登天了。

镇上还有一个年轻人也叫瓦洛佳。据四邻街坊回忆，两个瓦洛佳举止做派都很稳重，性格也挺相似。在同龄人中，普京有着无可争议的权威，他总是热闹地张罗着从列宁格勒开车来到托斯诺，到某个朋友家做客。当他成为大学生后，普京和父母每年在这里按照传统迎接新年，普京在新年之夜也都和他的一帮朋友在一起。

正是在一次新年之夜，普京第一次吻了薇拉。辞旧迎新之际，自鸣钟敲响了12下，收音机里响起了国歌，每当这时瓦洛佳都会专注地聆听国歌，然后起身给大家斟上香槟酒。此刻只剩下了年轻人，他们的父母已经聚集在别的地方做祈祷去了，小一辈在愉快地做游戏。大家散坐在地板上，屏住呼吸，玩旋转玻璃瓶的游戏。谁得满分就要亲吻他的女友。瓦洛佳可是旋转瓶子的高手，轮到他了，瓶子稳稳地、飞快地转动了很长时间，他得到10分。此刻薇拉脸红了，瓦洛佳却大大方方地和她走出去，按照游戏规则在走廊里秘密接吻。当他们回到屋里时，普京丝毫没有不好意思，他大方地说："伙计们，就应当这样，学着点！"

薇拉和普京最终还是分手了。他们的父母对此都很遗憾。薇拉嫁给了上面提到的另一个瓦洛佳。20世纪70年代末，普京已经从列大毕业，当上了克格勃特工，在列宁格勒克格勃情报局工作。有一次他开车去托斯诺小镇，小车在半道上抛了锚，陷在火车站街上春天的冰洞里，一个年轻人帮他把汽车拖了出来。那个人正是薇拉的丈夫，与他同名的瓦洛佳。

多年后，薇拉谈及他们当初分手一事时说，某种程度上是由于她自己的自尊心，还有，她其实和瓦洛佳是完全不同的两种人。"他后来的女友柳达可以在地铁里等他2个小时，我做不到。我不是那样的人。"但当年她和瓦洛佳那段恋情她不会忘记。初恋是一个人最难以忘怀的珍贵记忆。薇拉现在还保留着当年瓦洛佳送给她的一张贺卡，贺卡后面写着：只有健康的体魄才有健全的心智。

薇拉后来做过缝纫工、清洁工和售货员。她的丈夫瓦洛佳当过森林管理员。他们育有一儿一女。她还常常给自己的儿子讲述她年轻时期的和他父亲有着同样名字的男朋友。她当年和普京认识的位于托斯诺小镇的别墅拆了，她和全家早已搬到了托斯诺小城市中心居住。现在薇拉和她的丈夫都已退休，过着领取养老金的平静生活。

普京家的那栋老屋后来租给了哈萨克斯坦搬来的移民，那时普京已经成为俄罗斯总统。老屋没有做任何改建。快散架的车库和歪斜的板棚依然保持原样。厨房用具也是原来的房主用过的。住在那里的女主人说，无休止的记者来访令人无法忍受。因为那座小木屋是当今总统住过的故居，几乎成为旅游热点，络绎不绝的人们来到这里，想看看他们的总统曾经住过的别墅和曾经过着怎样的生活。一些人还从她的手里买过普京当年学习时用过的计分册什么的，那是现在的女主人在屋角旮旯里找到的。

1999年初普京的母亲去世后，他的父亲还去了一次托斯诺，他甚至来到老邻居安娜•尼古拉耶夫娜家里买了牛奶。老普京一个人活着很沉重，那里的一切让他回忆起妻子。他告诉自己的老邻居，大概要卖掉老屋。"只是此后我到哪里买这么好的鲜牛奶呢？"邻居后来应他的请求帮他卖掉了老屋。此后，老普京再没有出现在托斯诺火车站街上。

普京于20世纪70年代在托斯诺小镇的初恋，他后来很少提及。2006年《交谈者》周报刊文披露了很多细节。本小节便主要依据这家周报的资料写成。

大学生活

列宁格勒。1970年9月初。一个宁静美丽的秋天早晨。

瓦西里岛22大街，一个个头不高、淡黄色头发、淡蓝色眼睛的清瘦年轻人匆匆走向7号大楼，这个人就是普京。他已经被列宁格勒大学法律系录取了，今天是他第一次来这里上课。

不远处那栋青灰色的五层大楼就是列大法律系。第一次作为这里的学生走进这座教学大楼，普京的心情不免有几分激动。他还记得中学九年级时，他来过这里，打听怎么才能考进法律系。此后他一直刻苦准备高考功课，废寝忘食。他知道考上列宁格勒大学法律系并非易事，据说当年100个招生名额，留给高中生的只有10个，剩下的全留给军人。而报名法律系的人真不少，最后录取比例大约为1/40。普京的考试成绩还不错，除作文是B外，其他科目全是A。他被录取了。当然他是一个有前途的柔道运动员，这一点肯定也起了作用。但是无论如何，考试成绩是重要的。如果成绩太差，体育再好恐怕也没有用。

列宁格勒国立大学，不仅是这座城市最好的大学，在全国也是一流的。关于这所大学法律系的历史，普京已经了解了不少。列大法律系有着悠久的历史，早在1724年就有了雏形，当时隶属于彼得堡科学院；19世纪，它是圣彼得堡皇家大学法律系；1944年，改为列宁格勒大学法律系。数百年来，几经朝代变更，但这里一直都是全国法律教学和研究的重要基地。很多从这个大学毕业的高才生都成为国家著名的法学学者、律师和院士，在法学方面做出了卓越贡献。

当年走在瓦西里岛22大街上第一次去学校上课的年轻人绝对没有想到，他日后会给这所大学增添最为光彩和辉煌的一笔：30年后，列宁格勒大学法律系1975届毕业生普京成了俄罗斯总统，而且在两届任期卸任后又一次（2012年）当选为总统，这在很多人看来简直就是一个奇迹。而眼下他还只是一名刚刚考上这所大学法律系的新生。

五年的大学生活，青年瓦洛佳是如何在这里度过的？又在他的心里留下了哪些难忘的记忆？

首先是学业。各门功课都要下苦功夫，毕业时才会有好成绩，他早已明白这个道理，无需多言。况且也只有这样他才可能在毕业时被克格勃录用。大学生普京在教师和同学眼里，确实是一个刻苦用功的好学生。仅仅几年，那个迟迟加入不了少先队、一贯调皮捣蛋的男孩不见了，现在的他是一个用功学习的大学生，门门功课优秀，受到老师的好评。他的授课老师中，有一个就是后来提携他进入莫斯科市委工作的索布恰克。当年索布恰克是法律系教研室副主任。

大学期间，瓦洛佳一如既往地进行柔道训练。他已经在榻榻米上摔打了7年，技艺有了长足进步，参加过不少比赛，拿过名次。这项运动已经是他生活中不可缺少的部分。况且坚持柔道和其他体育锻炼，可以强健体魄，也是他日后去克格勃的资本之一。他知道特工人员需要多才多艺，摔跤、拳术最好样样精通。因此课余很多时间他都花在了这上面。在大学举行的几次柔道竞赛中，他多次获得冠军。此外，踢足球、打网球、滑雪等，他也样样参加，并且样样都技艺娴熟。

其间，他还谈了一次恋爱，但这次恋爱一点也不浪漫，充满苦涩，没有结果。在《第一人——普京访谈录》中，他曾有谈到。这应该是他的第二次恋爱。这次恋爱似乎给普京留下了很深的阴影，以致他在访谈中极不愿意提及此事。据他的同学说，普京当时和医学系的一位姑娘相恋，一个挺好的女孩，名字和他后来的夫人一样，都叫柳德米拉。那个女孩对普京非常关心，而且她本人就是学医的，尤其关心普京的身体健康。一段时间过后，两家的父母也见了面，双方都很满意，开始筹备结婚。普京的父母为儿子准备了结婚礼服，为未来的儿媳买了结婚戒指和连衣裙；女方家里也做了准备。马上就要举行婚礼了。但此时普京痛下决心拒绝了这个婚姻。为什么？没有人知道，普京对此三缄其口，他只是说拒绝和相恋的姑娘结婚，这个决定是他生命中最艰难的一次决定。但是与其结婚后折磨自己和对方，不如现在当机立断，把话说清楚。“我向她说了一切，我的真实想法。”“非常沉重的一段历史，我不想谈……”他只是这样告诉记者。

大学假期参加建筑队的经历，给他留下了难忘、鲜活和温馨的记忆，也使他得到很大的锻炼。他是为了减轻父母的经济负担，和一些同学去建筑队干活挣钱的。那段生活既艰苦，又愉快，也很有意义。他们随建筑队去了科米共和国一处人迹罕至的森林地区，开设林道，修理房屋。他后来回忆：“干了一个半月的活就拿到大约900卢布，当时全国的月平均工资只有200卢布，我们挣的钱真不算少了。当然工作很繁重，几乎没有娱乐时间，条件也非常艰苦。”心灵手巧的普京在这段劳动结束时，对木工活已经很娴熟，还获得了4级“木匠证”。干活挣来的钱他和朋友一起去加格拉（黑海海滨城市，位于阿布哈兹地区）玩，在那儿花掉了一半。剩余的钱他买了一件大衣，一直穿了10年。

普京在2010年7月14日接见索契奥林匹克建筑队时说，他当年就是一名建筑工人，今天来看，那段经历真是“无价之宝”，因为要做一个好领导，就应该明白是为了什么而工作。

在大学期间，普京还有了自己的小汽车。有一辆自己的小汽车是当时很多苏联人梦寐以求的愿望。普京却非常意外和轻易地得到了。这辆小汽车并不是他父母买的，以他们家当时的经济状况，还买不起这样昂贵的奢侈品。小汽车是母亲的彩票中的奖。

普京的母亲在食堂买东西时，售货员用彩票代替零钱找给她，非常走运，找给她的彩票居然中了一辆“高加索人”牌汽车。要汽车有什么用？普京当时想，家里需要的是钱。因此他并不希望开上母亲赢来的这辆车，而是希望将它卖掉，那样至少可以得到3500卢布——这可不是一个小数字，家里的经济状况便会好很多，但是父母决定将赢来的汽车给儿子开。普京很快就学会了驾驶，但他是个鲁莽逞能的司机。他在《第一人——普京访谈录》中说，有一次开着这辆小汽车差点撞倒一个人，“那不怪我。那个人自己一下子跳过来，自己想死……不知道，他在那做什么，好像闲逛荡。”另一次又差点翻了车。那是他和教练去体育馆的路上。他开着车跟在一辆拉着干草的大车后面，天气极好，干草的醉人清香弥漫在空中，惬意极了。他在超过那辆大车时突然伸手去拉大车上的干草，结果他的车失去了平衡，有两个轮子悬空，好险，差点翻过去，但还好只是虚惊一场……坐在一旁的教练一句话也没说，到了体育场下车后，教练只对他说了一句话：“玩儿命？是不是？”可见大学时代的普京有时还是很淘气的。

普京五年的大学生活就这样度过了。和所有的大学生一样，他的大学生活紧张充实，充满活力和欢乐，也有失恋的痛苦。若说与其他人的不同，那就是普京在学习期间一直没有间断柔道训练。他的柔道技艺和他的学业一样，取得了很大进步。

70年代的苏联，是勃列日涅夫执政时期，社会超级稳定，经济也在按计划发展，航天科技等方面发展尤为迅速。苏联成为世界瞩目的超级大国之一，是唯一可以与美国相抗衡的国家。生活在与世隔绝的封闭社会中的苏联百姓，以自己的国家是世界上最强大的国家而自豪。外面的世界他们知之甚少，不可能和他们的“敌人”西方国家相比较，而他们的生活水平虽然谈不上多么富裕，但也吃穿不愁，大多数人活得心满意足。普京和他的家庭就是千百万这样的苏联普通百姓的一分子。他们没有更多的奢求。生活在他们眼里充满阳光，社会主义总体上留给他和他那一代人的父母、亲属、同学等是美好的印象。热爱祖国，将来为国家贡献自己的一切，这就是普京和他那一代年轻人的生活目的和理想。“毫不夸大地说，我是党培养的苏联人的一个成功的典范。”这个“典范”的理想和目标就是报效国家，具体说就是要在毕业后当一名特工，以这样一个特殊的职业为国家效力。

因此，在五年大学期间，他始终没有忘记自己为什么选择在这里学习，一直惦记着他的人生目标，也一直在暗暗努力，等待着有一天克格勃能发现他，主动找上门来，对他说：你毕业后是否愿意来我们这里工作？当年他去克格勃接待处接待过他的那个人，他始终没有忘记，对他心存感激，因为他没有把一个半大男孩草草打发走，而是让他坐在自己对面，花费了25分钟时间，很认真地听他的问题，并告诉了他该如何做。他想，日后如果有机会碰到那个人，一定要感谢他。他也希望那个人能够想起他，甚至来录用他。但是四年时间过去了，没有任何人来找过他，也没有任何有关信息和迹象。临近毕业，他已经在想，是否应当考虑其他工作？但是，在他读四年级的时候，突然有一天……奇迹发生了。

“有个人找来要和我见面。他什么也没有说，但我立刻就全明白了。因为他说：‘谈话关乎你未来的分配去向。我想和你谈的就是这个。但暂时我不想说是去哪里。’我想，不想说去哪里，那就是说是那里。”

“谈话就在我们系的前厅进行。我在那里等了20分钟不见人来，心中暗骂‘猪猡’，或者是有人开我的玩笑。正想走，有个人气喘吁吁地跑来了，对我说‘对不起’，我立时对来人有了好感。他问我如果有人建议我去那里工作，我怎么想。我没说话，这是我在中学时就向往的，但我记得那次在安全部接待处的谈话，我不能太主动。”

“那次谈过话后，一直没有消息。分配马上就要开始了。后来学校干部处找我谈话，那是毕业前第一次找我谈话。我很肯定很坚决地表示我愿意去那里工作。若稍微有些许犹豫，说我考虑考虑，那么机会就会失去。但在宣布毕业分配去向时，出了点儿小意外，念到我的名字时，说我将去律师事务所工作。但立即纠正了，当众宣布说我被克格勃录用了。几天后我即填写了表格。”

卷 2

克格勃生涯

普京1976年进入克格勃工作

走进克格勃

普京从列宁格勒大学法律系毕业后，正式进入克格勃，成为苏联安全部的一名工作人员。他的理想终于实现了。和他一起被选中的还有另外两名同班同学。

当他第一天去列宁格勒克格勃上班时，眼前那栋威严的大楼，楼内肃穆的气氛，脚步匆匆、忙忙碌碌的克格勃工作人员，这一切使他内心很是激动。一种自豪和使命感油然而生。他即将在这里工作，和那些人一样。这里是他多少年来做梦都想来的地方，做一名特工也是无数年轻人所向往的啊！他居然被选中了。当然他为此做了努力和奋斗。他从此可以在他自幼就崇尚的既神秘又神圣的工作岗位上好好工作，大干一番，为国效力。想一想，做一名特工，多么刺激，多么重要，多么光荣。不仅如此，这里的待遇也很好，最重要的是还有出国的机会。而出一趟国，谈何容易！国家对出国控制极严，一般人想拿到护照需要几十道关卡审查，而在这个单位却可以堂堂正正被派往国外工作，还可以挣到美元。家境一向贫寒，父母一辈子过着拮据的日子，他能到克格勃工作，经济上也会给家庭带来一些好处，使家里的日子过得宽松一些。当然他绝不是为了美元才选择来这里工作。这个组织对抱有某种动机的人绝对不要，特别是盯着待遇和“钱”的人。他是为了自己的理想才来到这里的。

普京先是分在局秘书处工作，后来在分局情报处工作了约5个月。这段时间他不敢有丝毫懈怠，工作兢兢业业，认真负责。刚走出校门的年轻人，他需要学习如何在这里工作，从最基本的事情做起。

作为克格勃的一名小官员，在国内的工作应该说和他理想中的情报人员有不少差距，和当年令他激动不已的谍战片《盾与剑》也相去甚远。他的工作既平常，又琐碎，有时候甚至感觉枯燥。想象中的激动人心、神出鬼没、秘密接头，甚至冒着生死危险打入敌方完成某项任务的情景全然没有，但普京从未后悔过他对这一职业的选择。他愿意做这些平凡琐碎的工作，只要是国家需要的。

像所有克格勃工作人员一样，他的身份是保密的。对外，大家只知道他在警察局工作，搞刑事侦讯。他后来结识的妻子柳德米拉，开始与他来往时，也只知道他是一名警察。只有几个密友才知道他的真实身份。

克格勃职员普京

普京在列宁格勒克格勃工作的最初几年，经常和那些上了年纪的老特工打交道，那些老特工曾经在最艰难的岁月进行谍报工作，不少人已经退休在家。老特工给新来的年轻人上了第一课。在一件事情的处理上，普京说这样做是违法的。那些老特工告诉他：他们遵循的法律就是上级给予的指令，即指令就是他们最重要的法规。普京看出来，他们并非在说反话，而是发自内心。那些老特工就是这样被培养出来的，他们也一直遵循这样的原则来工作。普京说："但是我做不到，我的同龄人也做不到。"（《第一人——普京访谈录》）

那段时间普京在克格勃究竟如何工作？做了些什么？他后来在《第一人》中讲道，他的工作主要是对国内持不同政见者进行追踪监督调查。特别是在那些人发起集会的时候，他和他的同事就比较紧张，他们要设法搞清楚那些人集会的意图、规模、时间、地点，然后想方设法将其驱散，或者将他们集会造成的影响降到最低限度。这里最重要的是要做得自然，好像一切都是偶然的，并非政府事前专门想出的"圈套"。有一次，是在彼得大帝诞辰那天，民运人士将在列宁格勒街头举行抗议集会。克格勃想出的好办法是，集会那天工会和警察自己也出动，举着花圈走向集会地点，纪念彼得大帝诞辰。一切都很自然，但他们暗中将集会者围了起来，在音乐声中献上花圈。外国媒体记者和外交使团人员在一边看着，觉得没什么意思，打着哈欠，然后散去了。他们一走，围着集会者的“链子”就解开了。谁想来参加就来吧，民运人士的集会已经失去了最重要的价值和意义，不会造成国际影响。这是克格勃秘密警察很具体的一次行动。普京没有参加这次行动，他是在食堂就餐时听同事讲的。他那段时间的工作大致就是诸如此类吧。多少年后他回忆起这些事时说，这样做其实很拙劣，也不对。

在列宁格勒克格勃工作的最初几个月很快过去了。业余时间他仍然坚持柔道锻炼，水平更臻于成熟，擅长腰背摔。1976年，他获得了列宁格勒市柔道赛的冠军。他还常和朋友们去音乐厅听音乐。他清楚地记得《盾与剑》中的主人公，那个英雄他不仅勇敢忠诚，掌握很多专业技能，精通德语，机敏干练，还“花宝贵的时间去听音乐会，以图理解音乐的真谛，因为在他看来，音乐对自己的工作会有帮助”。有段时间音乐厅演奏肖斯塔科维奇的第五交响乐，普京迷上了，只要有时间就会神情专注地坐在音乐厅欣赏。他对音乐不是很在行，因此不厌其烦地向他的大提琴演奏者朋友请教如何欣赏这个著名的交响乐。

踏入克格勃的最初几个月，普京干得不错，领导认为他有基础和潜力，值得进一步培训，于是半年后他被派到位于这座城市克格勃的一所学校专门培训了6个月。这次短期培训是普京工作后的第一次。作为一名真正的特工被派往国外，普京知道他不仅要勤勉工作，还必须接受这样极为严厉的全方位的培训，而且不止一次。他来到了位于列宁格勒的克格勃学校。这是一所外表极为普通的学校，培训的每项课程都是严厉和艰苦的，为他们授课的教师也都是第一流的。

70年代安德罗波夫掌管下的克格勃，是国家机器中最重要的一个部门，享有极大特权，在全国有很多设施齐全、教学精良的特工培训教学中心。普京接受培训的学校是其中之一。年轻的克格勃新手普京在第一次培训中都接受了什么样的训练呢？表现如何？

多年后，《莫斯科共青团报》记者叶利索夫专程前往圣彼得堡克格勃培训基地实地采访，找到了当年和普京一起接受培训的战友访问，了解到普京早期克格勃生涯中接受培训的艰苦经过和掌握各项技能的经历。

训练中最危险和惊险的大概要算是“钻坦克”了，普京和他的战友们是在乌克兰西南波尔格勒的一个空降兵师接受这一训练的。学员们站在一马平川，没有一个沟坎的训练场上，此时几辆坦克同时向他们开来，这时最重要的是掌握好时机，在千钧一发之际，迅速、敏捷、准确地钻到一辆坦克下面，紧贴地面，纹丝不动，敛气屏息地趴着。如果稍有不慎碰到隆隆作响的坦克履带，就会丧命。这种惨祸在训练中时有发生。

另一项高难度训练是高地跳伞。他的一个战友诺维科夫回忆说："我们穿着带有背带，像是降落伞伞衣一样的训练服，然后从高地上跳下。非常可怕！""就是在这高地上，我第一次见到了普京，我们俩一前一后地纵身从高地上跳下。快要着陆时，我们开始减缓下降速度。我死死地拽着普京。突然间……伞绳断了。我们将要着陆的地面很坚硬，玉米刚收割完，满地都是随便丢弃的玉米秆。普京紧紧地抓着我，我开始坠落。但我在空中居然还来得及翻了个跟头。最后我们歪倒在地，之后才站稳了脚跟。我不明白，怎么会这样有惊无险呢？普京不好意思地说，是他使出了柔道运动中的一招，趁势帮了我一把。"

此外，驾车本领要非常过硬，不仅能熟练驾车，在各种路况下倒车，还要眼观八方，注意周围的一切。教官会在行驶中突然问你，跟在后面的那辆车的牌号是多少？倒车镜里看到的数字是反的，但学员必须迅速无误地回答出来。

射击也是基本训练之一，每个人都必须成为百发百中的神枪手。每周还有两场足球课。学员在足球场上既凶又狠。普京和诺维科夫常踢后卫。两个人在场上"拿脚钩，用肘撞，左冲右突，很少让对手接近我方球门。普京踢球动作协调，方向感强，配合默契"。

总之，记者了解到的情况是，当年普京和他的战友接受了极为艰苦、危险、严格的各项技能训练。普京在训练中就已经显示出他不凡的各种能力。他是学员中的佼佼者，能够熟练驾驶任何汽车，娴熟使用任何枪械，样样精通，是克格勃能人。

普京接受了短期训练后，又回到了原单位工作。"在分局情报处继续工作了半年，情报人员看上了我，一次，两次，不断找我谈话。他们经常积极地为自己物色人，包括从安全部门的干部中物色人选。"做一名真正的情报人员，这正是普京最大的心愿。他说："一般认为，情报人员是白乌鸦，有很多的窃贼，很遗憾，这是事实。我全都知道，国家（安全机构）派一个人出国是怎么回事。自然，我同意了，因为那时对此很有兴趣。"（《第一人——普京访谈录》）此后很快，他被派到莫斯科继续深造，接受更为严格的高级培训。

在莫斯科学习一年后，普京又回到列宁格勒原单位，到了事先讲好的一处工作。一处是该局的主要部门，负责谍报工作。"我在那里工作了约4年半。此后又去了莫斯科克格勃红旗学院学习"（普京语）。这一次已经是普京第三次接受克格勃的专门培训了。

红旗学院是克格勃诸多培训基地中最著名的、也是培训最为精良的特工培训中心。该院校创建于1968年10月。1984年以去世了的苏共总书记安德罗波夫的名字命名。这是一所专门培训谍报军官的高等院校，它的毕业生将被派往国外和苏联其他加盟共和国为克格勃工作。送到这里深造的人都是精心挑选的学员，经过严格审查，首先必须是高等院校的毕业生，其次必须在克格勃工作过半年以上，有了一定的实践经验，另外还要对候选者做各方面的考核：性格、习惯、心理素质、工作表现等等。入学前还要谈话，进行入学考试，外语和其他科目测验，外语很重要，要运用自如，学习期间还要再学习1—2门外语。

克格勃红旗学院进行教学有自己的一套综合考核方式。最重要的一点是什么呢？正如在那里执教13年的教师米哈伊尔•弗罗洛夫（退役上校）所说："谍报工作的技巧是善于和人打交道，善于挑选我们需要的人，善于提出我们国家和领导感兴趣的问题，如果想的话，还要能成为心理学家。所以我们必须研究学员，确保他成为胜任者。学业结束时，为每一个毕业生写出关系他命运的评语。"（《第一人——普京访谈录》）

普京派往那里学习的时间是1983年。也在那一年，他与柳德米拉结了婚。他的事业和个人生活可以说都很顺畅。在事业上，他有幸被送到克格勃最高级的红旗学院进一步培训，说明这几年他在各方面都表现优秀，领导认可他的工作和他在工作中表现出的各种素质。普京在这里接受完培训后，无疑将被派往国外，这一点他自己也很清楚。由于他的外语是德语，那么他的去向将是东德或西德。

1983年，莫斯科克格勃红旗学院接受培训的新生中，出现了一名个头不高、从不多言、相貌平平但却机警灵敏的年轻人，他在这里的名字是普拉多夫，一位来自列宁格勒的克格勃少校。这个年轻人就是普京。他像所有来这里深造的年轻克格勃军官一样，按惯例用了化名，化名要保留他原来名字的第一个字母"П"，这是规定。

大家普遍认为，普拉多夫少校看上去极为普通，毫不引人注目。他举止谦和，学习努力，德语讲得很好，对于各门课程也理解透彻，掌握很快。这个瘦小的年轻人不爱说话，似乎天生不喜欢和人们交往，有些封闭自己。据当年他的授课老师米哈伊尔•弗罗洛夫说，性格内向，这可以看作是缺点，也可以看作是一个优点。米哈伊尔•弗罗洛夫为了进一步观察和了解普拉多夫少校，特意让他担任了小组长。米哈伊尔•弗罗洛夫说，担任红旗学院培训学员的小组长并不容易，这不是普通的值班长，他要做很多事。这里需要组织能力，需要一定程度的机敏和专业能力。但他认为，虽然普拉多夫似乎不爱与人交往，但具备担当小组长的一切能力。在小组长任上，普拉多夫干得不错，而且学业完成得很好，在诚实和忠诚度的考核中也表现良好。

一年后普京结束了这里的高级培训，他得到了很好的评语。在评语中，老师尽管指出了他的一些缺陷，例如性格不够开朗，还多少有点学究气，但并不认为他是一个冷漠的人，也不认为他是追逐名利的人——追逐名利是克格勃用人的大忌。普京给米哈伊尔•弗罗洛夫的印象是灵活机敏，守口如瓶。这一点对谍报人员来说极为适合。最终的鉴定称：克格勃少校普京是派往安全部驻东德代表处的可靠人选。

从红旗学院深造结业后，他又回到列宁格勒克格勃情报局工作。自1975年毕业至1984年，他在这个部门工作了整整9年，已经熟悉了自己的工作，积累了不少经验。在这期间，他三次接受专门培训，学到了一名特工必备的很多技能，接受了最重要的心理培训和忠诚教育。他的德语在最后一次培训中接受了填鸭式的突击教学，讲得更为流畅。他现在已经完全具备了被派往国外做一名真正特工的一切条件，包括结婚娶妻。一个没有家室的人，是不会被安全部派出国的。

去东柏林还是去东德其他地方？如果去其他地方，不必等待，马上可以去；若去柏林，还要在相关部门再工作一两年。普京不想等待，他希望马上出国。

1985年，他被派往东德的德累斯顿，在苏联安全部（克格勃）驻那里的代表处工作。

爱情与家庭

普京的好友——大提琴师谢尔盖•罗尔杜金可以说是普京和柳德米拉的月下老人。他们俩正是通过他才认识的。在《第一人——普京访谈录》中，普京和柳德米拉对他们俩如何偶然相识并相恋结婚的过程，都有讲述。

大约是在1977年，普京那时在列宁格勒克格勃第一分局工作。一天，他接到谢尔盖•罗尔杜金的电话，约他晚上去听歌剧。他知道普京虽然不擅长音乐，但对音乐还是很感兴趣。他们常常一起去听音乐晚会。“我还会给你带去一个女孩。”他在电话里对普京说。

普京不久前刚刚历经一番痛苦的挣扎，亲口回绝了即将与自己步入婚礼殿堂的大学女友柳德米拉，现在他的全部精力都用在工作上。虽然感情上处于空白，但他的心境逐步恢复了平静，生活倒也挺充实，工作之余不是去和朋友聚会，就是继续练习柔道，或者去音乐厅听听音乐。应谢尔盖•罗尔杜金的邀请，他欣然前往。

那天晚上，谢尔盖用自己的小汽车，带着两个女孩早早就来到列宁格勒剧院。其中一个女孩是谢尔盖的熟人，加里宁格勒民航公司的空姐，谢尔盖邀请她来列宁格勒度假，听音乐。女孩非常高兴，她还从未来过号称北方首都的列宁格勒，但一个人未免太孤单了，于是她叫上了自己的同事——同在一个航空公司当空姐的女伴柳德米拉陪她一起来度假。她的女伴是个满头金发，面目姣好，身材不高，但很苗条的姑娘。

三个人在剧院门前等待谢尔盖的朋友瓦洛佳的到来。第一次来到列宁格勒的两个女孩，站在剧院前东张西望，兴趣盎然地环顾四周，欣赏着北方首都繁华热闹的夜景。剧院位于涅瓦河畔，河水波涛闪烁，旁边就是市政府大厦，大厦顶部的高塔上悬挂着大钟。街灯璀璨，人来人往，好不热闹。而陪伴他们的谢尔盖此刻却已经等得很不耐烦，百无聊赖，走来走去。他知道，普京一向都会迟到，像每次约会一样，这次他也一定不会准时到。果然，一个小时后，普京才姗姗而来。

柳德米拉看见了那个名叫瓦洛佳的年轻人，他站在售票口的台阶上，个头不高，淡黄色头发，浅蓝色眼睛，穿着简朴，甚至可以说相当寒酸，外貌平平，与魁梧英俊之类完全沾不上边，“这样一个人若走在街上，绝对不会引起我的注意。”柳德米拉这样说。

四个人一起走进剧院。这场歌剧是由著名音乐家阿尔卡季•伊萨克维奇•赖金主演。此人是当时音乐界的名人，享有“人民演员”称号。他很有才华，既是音乐歌剧演员，还兼任导演、编剧和幽默演员，获得过劳动英雄奖章和列宁奖。坐在舒适华丽的剧院里，两个女孩都在想，能在列宁格勒度假的第一晚就亲耳聆听和欣赏著名音乐歌剧演员赖金的演唱，真是太棒了。

年轻人落座不久，歌剧就拉开序幕，大厅立时安静下来。精湛的演唱，优美的旋律，引人入胜。柳德米拉一行四人个个听得专心致志。上半场结束了，幕间休息时他们一起去了剧院小吃店。柳德米拉是个开朗活泼的姑娘，她心情很好，不时和大家说笑逗乐。瓦洛佳一向矜持，但也被这个女孩的笑话逗乐了。

音乐会结束时，大家说好第二天还要一起去剧院。柳德米拉和她的女伴已经知道，这个在警察局工作的不很起眼的瓦洛佳，能搞到列宁格勒任何一家剧院的票！这令两个女孩高兴坏了。她们来这里度假只有三天时间，第一天晚上就欣赏了赖金的音乐演唱会，她们已经很满足了，没想到第二天还可以再欣赏一场音乐会。真是太好了！

柳德米拉

第二天白天，柳德米拉和她的女伴一起在列宁格勒街头漫步，她们沿涅瓦河岸宽阔的街道走去，熙熙攘攘来往不绝的人群，车水马龙穿梭不停的汽车，风景旖旎的涅瓦河畔，无数座名胜古迹，巍峨壮丽的伊萨大教堂，策马扬鞭的彼得大帝塑像，还有令她们眼花缭乱的艾尔米塔什博物馆……北方首都名不虚传，好气派，好漂亮，街头巷尾到处都显示出历史过往的辉煌，以及时时刻刻令她们感受到的俄罗斯精美的文化艺术。她们一下子就被这座城市的风貌、景观和优雅气质吸引住了。柳德米拉更是立刻就喜欢上了这座城市。而且她还很庆幸，她在这里遇上了好人。岂止是好人，她遇上了她的白马王子。当然那一天她并没有这样想。

晚上他们又见了面，一起去了列宁格勒音乐厅。但这次谢尔盖没有来。音乐晚会妙不可言，三个人听得很入迷……

时间过得很快，柳德米拉和她的女友还有一天的假期。但是令她们没有想到的是，瓦洛佳邀请她们第三晚仍然去听音乐会！两个女孩不胜惊喜。

第三晚应瓦洛佳邀请，两个姑娘再次去了第一晚去的剧院。又是一个音乐之夜。很美，很惬意。

三天的时间一晃而过。柳德米拉和她的女友玩得非常尽兴，非常愉快。特别是连续三晚的音乐会，对她们来说真是莫大的享受。三天下来，柳德米拉和瓦洛佳也处得挺熟了。这个不多言语的小伙子，其实说起话来也很幽默，柳德米拉对他产生了好感。他还能搞到任何剧院的票，这令她印象深刻。

三天的假期结束了。柳德米拉和她的女伴即将启程飞回加里宁格勒。瓦洛佳和谢尔盖送她们到地铁站。在分手的最后一刻，瓦洛佳突然将自己家里的电话留给了柳德米拉。这可是从来都没有过的。他是克格勃的一员，历来小心谨慎，他的工作性质使他从不将自己的电话留给任何人。火车开走了。谢尔盖问他：“你疯了？怎么把电话留给了外人？”其实瓦洛佳犹豫了很久，在火车启程的最后一刻，才决定将电话给柳德米拉。他对这个女孩产生了好感，心灵深处似乎有个声音对他说：不要失去和这个女孩的联系。他倾听了自己心底的愿望。如果不是当时将自己的电话留给柳德米拉，那么这个女孩也许就是他生命中的一位匆匆过客而已。幸好，冥冥中他没有错过自己生命中的她。

柳德米拉回到加里宁格勒，继续做她的空姐。列宁格勒之行留给她非常美好和深刻的印象，这其中自然包括那个名叫瓦洛佳的年轻人。她留好了他的电话，工作之余会给他打个长途，和他随便聊点什么。她没准备要爱上他。不过是打电话聊聊而已。但过了一段时间，她发现，自己强烈地爱上了他。这个沉静的不惹人注目的小伙子，身上有一种内在的东西强烈地吸引了她。仅仅过了三四个月，柳德米拉已经决定，这正是她可以托付一生的人。“抽象地说嫁人，我永远不想，但具体来说，嫁给瓦洛佳，我愿意。”她在《第一人——普京访谈录》中这样回答记者提出的问题。

后来柳德米拉在休假时便搭飞机飞往列宁格勒，看望瓦洛佳，也去拜访他的父母。普京一直和父母住在巴斯科夫小巷的那栋大楼里。柳德米拉第一次走进巴斯科夫小巷，走进那栋黄色居民大楼顶层普京家那套只有27平方米的两居室，看到瓦洛佳的住处虽然很狭窄，却收拾得干净、整洁、舒适。她在这里认识了瓦洛佳的父母。

她和普京就这样交往了三年。普京已经29岁了，柳德米拉23岁。但普京从不谈及婚姻。他的伙伴们似乎都替他着急了，经常对他说：“喂，不要再来找我们了，你去结婚吧。”普京已经习惯了单身生活，什么事都自己做主，没有牵挂，自由自在，活得挺好。这时他也在考虑，如果再这样拖下去，过个两三年，那也许就永远不会结婚了。结婚吧，该结束自己的单身生活了。

两个人在一次见面时，瓦洛佳对柳德米拉说：“你现在已经知道我是个什么样的人了，我其实并不是一个很合适的男友。”说完这句话，像很多时候一样，接下来是沉默不语，相当突然，有时会让人莫名其妙。片刻，他接着说：“总而言之，我是个危险的生活伴侣。咱们已经交往了三年半了，你大概已经确定了吧？”柳达（柳德米拉的简称）说：“一般来说，是确定了。”她这样说着，心里却在想，他似乎要和我分手了吧。普京闻言疑惑地问：“是吗？你已经确定了？”这时柳达已没有了疑问，她确信他们将要分

1983年结婚照

手。没想到接下来普京说："如果是这样，那么我爱你，选个日子结婚吧。"柳德米拉那时已经辞去了空姐的工作，在列宁格勒大学学习外语——西班牙语和法语。

三个月后，他们结婚了。婚礼在停在涅瓦河岸的巴普罗夫卡游艇上举行。婚典仪式非常庄重。那张保存下来的结婚照上可以看到，两个人脸上的表情都是"超严肃"的，对普京和柳达来说，结婚在他们的人生中都不是很轻易迈出的一步。他们都明白，结婚意味着两个人身上从此担负着新的责任，他们要对婚姻负责。（《第一人——普京访谈录》）

婚后，柳达搬到了瓦洛佳那个狭小的简易楼里，与公婆合住，两位老人住一间，她和普京住另一间，16平方米那间。"这间居室和厨房几乎没有窗户，永远暗无天日，吃饭时看不到外面的街道，眼前只是一堵白墙。而且来暖气前这里冷极了，零下几摄氏度。"《第一人——普京访谈录》。生活条件算不上好，但新婚夫妇的生活是温馨甜蜜的。

儿媳与公婆相处得很好。柳达生性爽快，直言快语，很有个性，也很能干，家务活做得很麻利，需要的话可以一夜不睡觉，第二天家里收拾得干净整齐，井井有条。做饭也很在行。在柳德米拉眼里，两位老人的儿子就像"父母生活中从窗口透进来的一线光明。父母为儿子做了力所能及的一切，关心他，帮助他"。他们为儿子付出的一切，其他父母可能都很难做到。他们自己的全部生命都是为了他。他们是非常好的父母。普京和自己父母的关系也很令人羡慕。对他们非常有礼，从不抱怨。父母有时会因为某件事情儿子不同意而不满，这时儿子总是默不作声，绝对不会惹父母伤心。

第一年的生活很快就过去了。普京夫妇生活和睦、友好，充满快乐和喜悦。读三年级时柳达怀孕了，而普京那时被派往莫斯科安全部的红旗学院学

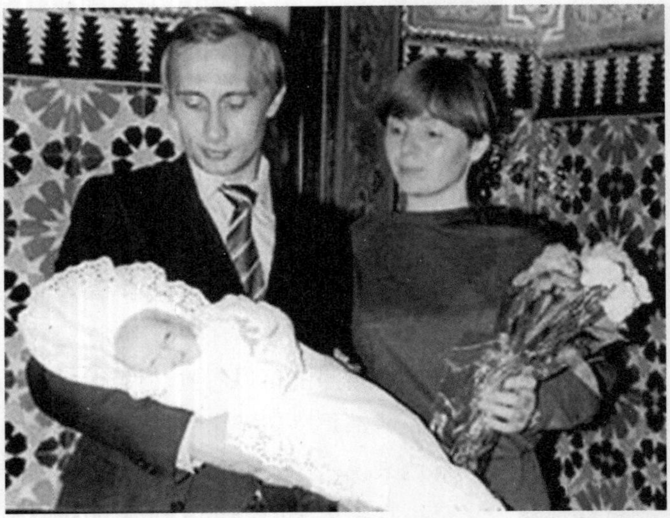

普京抱着刚出生的大女儿

习，柳达每个月都会去莫斯科看望丈夫。

1984年，他们的第一个孩子出世了，是个女儿，取名玛莎。夫妇俩都很高兴。普京说，不论是儿子还是女儿，都是上帝赐予我们的礼物。小家伙给家庭带来了更多的欢乐。

柳达生下玛莎后，老朋友谢尔盖开车去产院接上普京夫妇和婴儿，一起驱车去谢尔盖姑母家的别墅，那里风光恬静美丽，是个休闲的好处所。普京夫妇和刚出生的婴儿，谢尔盖夫妇都住在那里，大家聚餐庆祝玛莎的出生；晚餐后他们尽情唱啊跳啊。柳德米拉很会跳舞，瓦洛佳也一扫平时的矜持，一展舞姿。谢尔盖还从未见过自己的朋友在舞会上跳过舞，其实瓦洛佳动作很自如，舞姿不错。大家还一起散步闲聊，在郊外别墅他们玩得很尽兴。

玛莎一岁的时候，普京在莫斯科克格勃红旗学院的培训结束了。他本应当被派往柏林工作，但他的一个熟人，也是列宁格勒的克格勃谍报人员，在东德的德累斯顿工作，他在那里的工作期限很快就将结束。他建议普京去那里顶替他，这样很快就可以出国。如果想去柏林，恐怕还要等上几年也说不定。柏林的克格勃工作更权威也更有意思，与西柏林相邻，但是普京不想再等，于是决定接受他的那位熟人的建议，去德累斯顿顶替他。很快，他就办好了一切手续。

全家一起去德累斯顿，带着刚满一岁的女儿。临行前普京工作的机构对他的妻子柳达也做了严格的体检。他们对派出人员的家属健康条件要求极高，为的是可以适应国外繁重的工作和湿热的气候。派往国外的特工一般都是五年期限，如果妻子的身体没有通过检查，那么情况就很麻烦。还好，一切正常，柳达通过了严格的全面的体检。

1985年，夫妇俩带着小玛莎，登上了开往东德的火车。

派往东德的特工

普京夫妇和一岁的玛莎来到了东德的德累斯顿，普京在这里的苏联克格勃代表处工作。他的公开身份则是莱比锡“苏德友谊之家”主任。全家人在德累斯顿开始了新的生活。

社会主义民主德国，以及其他东欧社会主义国家，当时在苏联官员的眼里，都是整个社会主义大家庭的一员，是社会主义苏维埃联邦的可靠盟国，是反对西方帝国主义的前哨，甚至都是苏联的一个特殊的“省”——东欧省。苏联克格勃在这里的机构和人员，和派往其他国家的特工完全不同。在社会主义国家，苏联克格勃机构是公开的、合法的，和当事国安全部是合作关系，当然，不言而喻，苏联是“老大”；而派往其他国家的克格勃人员都披着“外交官”或是其他身份的外衣，来掩盖他们的真实身份。在其他国家，克格勃从事的是真正的“地下”工作，冒着很大的危险，一旦被发现，轻者驱逐出境，重者会被判刑入狱。因此在某种意义上来说，那才是真正的特工。

德累斯顿的苏联克格勃代表处在这里合法存在，与当地安全部密切合作，双方都知道对方的情况，苏联特工及家属的住处，也都安置在当地安全部工作人员居住的同一栋大楼里。那栋大楼是德累斯顿安全部一栋很大的宿舍楼，12个单元，苏联特工占据了其中的5套公寓——普京夫妇就住在这里。代表处的领导则住在离此不远的独栋楼里。

普京夫妇的住所是一套两居室公寓，居住条件比他们在列宁格勒强很多，一家三口住着很舒适。此外还有一辆“日古利”牌小汽车供普京使用。这辆小汽车很体面，就是在当时的东德，能有一辆自己支配的“日古利”牌汽车，也很令当地人羡慕。东德人的生活水平虽然普遍比列宁格勒高，但也没有多少人能买得起私家车。住房免费，汽车是公车，普京一家需要自己花费的只是食品。普京的工资一半是美元，一半是德国马克，与国内一般苏联人相比，苏联特工的工资算是相当可观了。夫妇俩把大部分钱都积攒下来，打算将来回国后买自己的小汽车。

普京夫妇发现，德累斯顿的生活水平比“老大哥”苏联要高，商品丰富，商店里从来没有排长队购物的现象。当然这是相对于苏联和列宁格勒而言，如果与西柏林相比，还显得很逊色。柳达还发现，这里的女人很爱整洁，玻璃窗每周都要擦拭得干净明亮，家里永远都收拾得格外整洁，一尘不染，被褥几天一换，街道也很干净，总之一切井然有序，这也和列宁格勒不一样。

普京上班的地方离住所只有几步之遥，是一座有护栏的四层独栋楼房，上下班非常方便，因此他每天午饭都会回家来吃。而他们的女儿玛莎的幼儿园就在他们居所的窗下，普京上班时站在他办公室的窗前甚至可以看见玛莎在幼儿园的院子里做游戏。

德累斯顿是德国东部重要的文化、政治和经济中心。城市地处易北河河谷盆地，气候温暖湿润，自然风光秀丽，市内随处可见郁郁葱葱的林木，绿地成片，空气清新，易北河穿城而过，更为这座城市增添了几分魅力。

历史上德累斯顿曾经长期是萨克森王国的都城，数百年间繁华兴旺，留有精美的文化艺术遗产，特别是一座座巴洛克风格的建筑，使这座城市闪光夺目，散发出异彩，也因此被称为“易北河上的佛罗伦萨”。但令人遗憾的是，在二战期间，战争即将结束时，这里遭到盟军的大规模猛烈轰炸。那场灾难不仅使几十万无辜平民丧生，还严重地毁坏了这座城市的容貌。在1985年，二战结束四十年后，城市里很多名胜古迹都还没有得到修复，市容远比不上二战前那么雍容娴雅，富有特色。普京夫妇对这座城市的历史不乏了解。因为他们即将在这里工作，这些历史知识必须很好地了解和掌握。

除了美丽的自然风光，在德累斯顿他们还看到，新老城区有很多类似于莫斯科和列宁格勒的建筑，千篇一律，死气沉沉，没有特色。这是德国共产党执政四十年留下的功绩。但在街头巷尾，还经常可以看到一些极具古典风范的宫苑和教堂，这些巴洛克风格的建筑历经数百年风雨，看上去就像饱经沧桑的老人，急需重新修建。历经风雨的老建筑虽然外观已经败落了，但依旧能让人感受到它不凡的风韵和魅力。而在城郊则保留了萨克森王宫等很多气势不凡的古迹，那里令人流连忘返。

休假日普京夫妇会驱车出游，去萨克森王宫，那里离市区开车也就二三十分钟；此外还有很多风景如画的地方。他们全家在郊外游览观光，在绿草坪上野餐，津津有味地吃着自己带来的夹香肠面包，喝着当地的名牌啤酒，然后开车回家。晚上有时会约同事和他们的家属来聚会，柳达准备好啤酒和食品，大家在一起谈笑风生，议论时政，开开玩笑，很惬意。普京在这样的场合很活跃，爱讲笑话，一扫腼腆，显得幽默风趣。

普京的工作很繁忙，每周几乎都要去东柏林一次。第一次去那里，他看到了闻名于世的柏林墙，一堵看上去似乎没什么特别的墙，很长很高，布满涂鸦，立在那个本应当是一座完整统一的城市中间，将这座城市分为两个世界、两个阵营。这个标界像是一个怪物，给普京留下了深刻的印象。

由于工作紧张繁忙，普京从不喝伏特加，只喝啤酒。离德累斯顿不远的小城市拉杰别尔科有一家啤酒厂，出产东德最好的啤酒。他和同事们定期去那里，买很多啤酒带回家慢慢享用。他很喜欢喝啤酒，每周几乎喝掉3.8升。生活条件舒适优裕，上班很近，常喝啤酒，多余的热量无处消耗，他的体重很快就增加了十几公斤。为了减肥，他开始经常打乒乓球。

总之，这里的一切都让他们感觉舒适、便利和满意，若还在列宁格勒生活的话，这一切是无法想象的。日子一天天过得很快。那几年国内的情况如何呢？

1985年是苏联发生巨大变化的开端。3月，随着契尔年科的去世，国家结束了长达几十年的老人统治，一颗耀眼的新星升起：戈尔巴乔夫担任了苏共总书记。新的领导人给国家带来了生气和希望。在春天即将来临的季节，国家也似乎将要走上一个充满阳光的新时代。苏联真的要发生变化了。不对，确切地说应当是已经在开始变化。年富力强的新的总书记上台伊始就发起了轰轰烈烈的改革。这一切也令身处国外的普京和他的同事们兴奋和激动。他们可以从电视上收看到国内新闻，他们对祖国发生的一切都极其关心和感兴趣，和当时绝大多数苏联人一样，他们对国家的未来同样充满希望和信心，仍然坚信共产主义的前景是光明的。但随后几年发生的一切，他们和所有人一样，完全没有料到。

来看看普京在这里的工作情况。像所有的第一次出国的人一样，刚来的一两个月是适应期，而首先要适应的是语言——对普京来说就是德语。普京虽然在中学就开始学习德语，而且这门功课他一直成绩优秀，并且出国前还在国内经过了强化训练，但来到德累斯顿刚开始的一段时间，语言这一关还是个问题。也像所有的人一样，在接电话的时候，德国人的讲话无论如何都使他不知所云，他们语速太快了。接听德国人的电话，能听懂并对答如流，是第一道关卡。经过很短的时间，普京就适应了。他的德语基础很好，反应敏捷。而柳达为了适应环境，也开始加速学习德语。

普京的工作是搞政治情报，首先是北大西洋公约组织的各种信息，任何信息都在他的搜集范围；一部分政治情报中包括东德持不同政见者的情况，他们的动向、想法、计划等诸如此类全在搜集范围。搜集的情报都直接报送国内的克格勃总部。此外他还要物色和发展合适的下线，东德人，经过考察将其派往西柏林搜集情报。普京派到德累斯顿之前，已经在克格勃这个机构工作了10年。虽然是在国内，但还是基本上熟悉和掌握了如何工作，积累了很多经验。国内和国外的情报工作大同小异，所以他在这里很快就熟悉了一切，工作得心应手，没有任何失误，也没有违反过任何纪律。工作好坏是按照搜集情报的数量和情报的实用价值衡量。他在这方面似乎还可以胜任。他自己后来回忆，在德累斯顿工作的5年，他干得不错，连提两级，并获得了一枚铜质奖章。这些成就已经被认为是很顺利的了。再向上提拔已经不可能，代表处最高领导只有一个职位，于是作为鼓励，普京担任了克格勃代表处的党委委员。

还有资料可以说明这位年轻的克格勃官员的工作情况。一个东德人，他的下线，那几年一直和普京“接头”，受普京领导。他认为，他的年轻领导者，一个经常腼腆的矮个子苏联克格勃军官，刚开始不很入道，没有进入“角色”，接触中一眼便可看出是个生手。但是很快，他就完全适应了环境和工作，每件事情都做得合乎要求，让人挑不出任何毛病。这个作为普京“下线”的东德人认为，普京有着很强的适应能力、学习能力，努力克服自己过于拘谨放不开的弱点，学习和任何人轻松交谈，打探情况，并且机敏灵活，又不露声色。总之，这个下线对普京的评价可谓不低。

对普京在德累斯顿工作的评价也有负面的，有人评价他做间谍比较“失败”。曾与普京一起在德累斯顿工作的前克格勃特工乌索里采夫说，他们大部分时间都在整理“没有任何意义的报告”。普京的主要任务是招募到西德工作的间谍，他5年间只发展了两名间谍，其中一人后来还被西德反间谍机构逮捕，导致至少15名克格勃间谍被挖出。前东德“施塔西”（即安全部）领导人沃尔夫的说法是，在德累斯顿工作时，普京根本就是一个“无足轻重”的人物，没什么人记得他的名字。对普京获得的一枚“为民主德国军队服务”的铜质勋章，沃尔夫说：“就连清洁工都能获得那种勋章。”（德国一份政治杂志，来自网站）

关于在德累斯顿5年的工作经历，普京后来多次在公开场合回忆，他认为那是一段难忘的时光，遗憾的是他们费了很大劲搜集到的情报，却没有看到被

普京和两个女儿

使用、起到作用。这令他们很失望。

普京忙着搜集情报，物色和发展下线，但他的工作情况妻子一概不知。她也从来不问。柳达知道克格勃的纪律，更了解丈夫的性格。普京严守纪律，在家里从不和她谈论工作。“妻子知道得越少，觉睡得越好”，这是克格勃特工都知道的一句话。因此，来到德累斯顿后，除了管好家务，带好女儿，柳德米拉开始发奋学习德语，空余时间也和德国人交往。如果她交往的人不合适，丈夫会提醒她不要来往。柳德米拉来到德累斯顿不久，就被检查出又怀孕了。这个孩子其实在国内就怀上了，但奇怪的是出国体检时，那么严格的检查却没有查出来，或许是没有告诉她。1985年，他们的第二个孩子出生了，还是个女孩，起名卡佳。家里又热闹了许多。普京每天下班回家，和两个女儿嬉戏玩闹，特别开心。

日子一天天这样过去，挺舒适，挺温馨。但是时局的变化令他们担忧。首先是苏联国内的状况。

目睹社会主义东德消亡

普京夫妇和他的克格勃同事经常收看国内电视。在电视里，看到自己的国家在新的总书记领导下在全国范围内兴起了轰轰烈烈的改革，真令人振奋。但最初的兴奋没过多久，就看到一连串的悲剧事件接踵而至：首先是大张旗鼓的禁酒运动不是很成功，不仅没有达到预期的结果，相反引发了不少问题，特别是国家财政收入因此而大幅减少；接着切尔诺贝利核电站爆炸，核污染极其严重，救治和疏散当地居民牵制了国家领导人的所有精力，花费了国家巨大财力，这对正在进行的改革无疑产生了不可忽视的消极影响，而且对不景气的经济更是雪上加霜；1987年底，亚美尼亚又发生了罕见的大地震，给国家造成了巨大损失；而改革，大力倡导的民主化公开性曾极大地激发了民众的热情，但不久全国就陷入严重的无政府状态；最令人忧心的是各地接连不断发生的民族矛盾纠纷甚至流血事件，这已经危及到国家的统一和存亡。这一连串的悲剧性事件，使普京夫妇及同事对国家的命运非常忧虑，对改革的前景极为担忧。

而国家的命脉经济也每况愈下，不断恶化。普京夫妇1985年离开苏联时，整个国家经济状况就不是很好，很多商品匮乏，北方首都列宁格勒也一样，商品供应满足不了居民的需求。总书记期望借助改革改变这种状况，人们也是这样期待的。但几年过后，经济不仅没有任何好转，相反，现在比任何时候都要糟糕，甚至连基本食品都匮乏！这些情况是他们在电视里看到的，听探亲回来的同事讲到的，自己回国探亲时经历的。

此外，还有眼花缭乱的一系列国际问题令人迷惑不解。在戈尔巴乔夫提倡的新思维，即全人类利益高于一切的思想指导下，苏联与另一个超级大国美国的关系打破了坚冰，两个一直势不两立的超级大国的关系似乎在转好，总书记试图结束二战以来的冷战局面，将核战争风险降至最低限度。那么，他们这些只有在冷战时期才可以起到重要作用的谍报人员，还有用武之地吗？将来何去何从？他们一辈子追求和为之献身的理想、抱负，难道都错了吗？克格勃近年来在国内早已不像前几年，有着令人羡慕和敬畏的权威和威望，让无数年轻人向往，现在相反，随着媒体不断披露这个秘密警察机构的种种骇人听闻迫害无辜的内幕，揭发出自斯大林以来的所作所为，这个部门已被广大苏联人痛恨、唾弃、鄙视。“克格勃”三个字简直就成了恐怖和耻辱的代名词。对克格勃人员，人们现在唯恐避之不及，就像对待瘟疫。曾经的克格勃特工现在也绝不会将自己的经历拿来炫耀。但就在几年前，他们还是那么受人尊敬，为人羡慕。这一切变化得如此迅速，令人茫然。如此巨大的变化引起普京思考，他在内心隐隐担忧：难道我当初选错了人生之路？

德国和德累斯顿的情况也使他们非常不安。苏联的改革对东欧各社会主义国家产生了巨大影响，“小兄弟”们纷纷效仿，先后都开始了改革。普京所在的东德局势也发生了极大变化。标志性的一个变化是，那堵立在东西柏林之间的资本主义和社会主义分界线的著名高墙，正在拆除当中。

柏林墙建于1961年，名为“反法西斯防卫墙”，但其实建立这堵高墙的初衷是为了禁止东德人逃往西柏林。这堵高墙自建成后一直被严加看守，东德当局采取了诸多措施，包括动用强大的秘密警察监视，但是东德人依然不惜冒着送命的危险，前赴后继，翻墙而跃，进入资本主义的西德。这股潮流从来就没有被阻止住。在苏联改革之风强劲地刮进东德后，从社会主义的东柏林到资本主义世界的大逃亡愈演愈烈。昂纳克政权看到了这一点，也囿于风起云涌的改革势头，于是在1989年3月底（28日），开始实施新的边境管理条例，放宽了对公民出境的管制。此举更直接助长了逃亡潮。此后不到一年间，先后通过各种途径辗转移民到西德和西欧的东德公民约有十余万人，这是第三次东德居民出逃浪潮。到了1989年9月，东德进一步放宽了边境管理，按照新的条例，西德公民甚至可以在东德的领土过夜，但这一次激起了东德人的抗议。各地持续爆发群众集会和抗议游行，要求当局进行改革，实行民主，改善居民生活，开放国门，自由旅行，放宽对媒体的限制等。9月下旬，同属东欧社会主义阵营的捷克斯洛伐克政局动荡不安，矛盾激化，东德遂关闭了与捷克斯洛伐克间的互免签证。不久，一度放开的边境管理重新收紧，再次禁止西德公民进入东德。此举对东德公民的抗议潮无异于火上浇油。1989年10月7日，在德国建国40周年国庆日这一天，东德各大城市居民走上街头，包括德累斯顿，举行了规模不等的抗议集会。此后这样的活动一直没有停止，抗议的内容也不断深入，除上面提到的实行民主改革、改善居民生活、自由旅行和放宽新闻管制等，还提出反对派组织合法化、多党制和自由选举等口号。成千上万的东德人走上街头，规模之大是40年来从未有过的。而恰在此时匈牙利和波兰政局发生巨变，先后宣布不再遣返出逃到该国的东德公民，这对东德局势也产生了很大的影响。

这一时期东德局势令人眼花缭乱的剧烈变化不亚于苏联。社会动荡，政局不稳，集会抗议不断，民怨沸腾。这一切普京都看在眼里。1989年10月18

日，东德德国统一社会党领袖埃里希•昂纳克宣布出于健康原因辞职，该党中央委员会选举埃贡•克伦茨接替昂纳克的职位，克伦茨立即宣布进行“彻底改革”，赦免所有外逃和参与反政府游行的人，并与西德政府正式接触。但即使如此，东德的抗议浪潮依然没有平息。原来的反对派获准公开活动，他们从地下走到台前，活跃异常。11月4日组织了柏林50万人大游行，6日莱比锡同样是50万市民走上街头。在如此强大的压力下，民主德国政府于11月7日宣布集体辞职。第二天德国统一社会党政治局集体辞职。同日选出以克伦茨为首的新政治局。9日民主德国宣布其公民无需申报特殊理由即可办理护照，东德居民获得迁徙的自由。不久，东德居民开始合法翻过柏林墙前往西德，此后，曾经令人恐惧的柏林墙形同虚设，两德居民实现了自由迁移。

这期间在德累斯顿也发生了民众围攻当地安全部的事件。普京作为当事人目睹了事件的过程。他说，那天德累斯顿民众围攻安全部的情景记忆犹新。情绪激动的东德人围住了他们的院子，他从窗户里看到了外面乱糟糟的场面，于是走出来对围在那里的东德人说：“你们想干什么？这里是苏联军事机构。”人群中有人问：“为什么你们院子里停着德国牌照的车？你们在这里究竟做什么？”普京说：“按照合同允许我们使用德国牌照的汽车。”又有人喊道：“您是谁？德语说得过于好了。”普京便说自己是翻译。

普京向上级汇报了情况，上级回答说，没有莫斯科的指令不能有任何举动。而莫斯科只是沉默。“当时我产生了这样的感觉，国家不再存在。我明白了，苏联病了。瘫痪症，病入膏肓，无可救药。政权机关瘫痪了。”普京在访谈录中说道。

“其实我明白这是不可避免的。我遗憾的只是将苏联在欧洲的地位全部断送了。虽然理智上明白，建在一堵墙或是（建在）水上的地位不可能永远存在。我希望是以某种其他方式发生。但（中央）没有提出任何建议。不过是抛弃了一切一走了之。这让人懊丧。”

这次事件发生后，普京和他的同事立刻销毁了一切，“我亲自烧毁了大量的资料。日夜不停地烧。最有价值的运回了莫斯科。但间谍工作结束了。在1989年废除了国家安全部管理局时，我们担心会牵涉我们。我突然明白，德国的状况就是多年前苏联的状况。悲剧在于，很多人真诚地相信了共产主义。我想如果我的国家发生了这样的变化，人们的命运将如何？很令人丧气！很难想象在东德出现了这样剧烈的变化。谁都没想到。偶然会出现这样的想法：这个政权保持不了很久了。我国已经开始改革，公开讨论很多以前被掩饰的问

题。”（上面引语均来自《第一人——普京访谈录》）

那些日子柳德米拉同样经历了东德的剧变和动荡。她在谈到当时的情景时说：“我从同楼的邻居那里看到东德发生了什么。和我相处很好的一个邻居哭了一个星期。正是因为理想破灭，那是他相信了一辈子的。这对某些人来说也就意味着生活和前程破灭了。这些人都失去了工作，他们被禁止继续从事自己的职业，包括卡佳的幼儿园教师……因为他们全都是国家安全部的职员。”（《第一人——普京访谈录》）

1989年底，普京夫妇即将回到自己的国家，而东德依然在迅速变化。

11月13日东德民主党派德国民主农民党主席京特•马洛伊达当选为人民议院主席，17日东德成立了联合政府。在联合政府的26名内阁成员中，统一社会党人只占15位。新政府上台后提出与西德建立契约共同体的构想。12月1日东德议会通过宪法修正案，删去了宪法中国家受工人阶级及其马克思列宁主义政党领导的条款；3日，由克伦茨继任总书记的德共政治局再次全体辞职，统一社会党中央特别会议决定，驱除包括昂纳克在内的中央领导人出党；7日包括统一社会党、民主党派、反对派在内的东德各政党，在柏林召开圆桌会议，会议决定建立东德新宪法，遣散秘密警察部队，决定次年（1990年）5月6日举行大选，逮捕包括昂纳克在内的德国统一社会党领导人，并调查他们当政时的犯罪行为。

12月8日德国统一社会党召开特别大会，选举了党的新领导人，并宣布更名为民主社会主义党，在德国实行多党制，建设民主社会主义。三天后，东德政府宣布解散负责柏林墙防务的工人阶级战斗军。此刻圣诞节将至，圣诞节期间数十万西德居民涌入东德旅游。12月28日，一家东德公司开始出售柏林墙的碎块，而部分东德共产党员亦渐渐移居至英国和法国生活。

第二年即1990年3月18日，东德大选，基民盟成为第一大党，东德社民党成为第二大党，民主社会主义党为第三大党。4月12日东德基民盟和东德社民党宣布联合组阁，民主社会主义党第一次成为在野党。

发生这一切的时候，普京夫妇已经回到了列宁格勒。他们继续关注着东德，关注那里发生的一切变化。

普京夫妇1990年初回到离别了5年的故乡列宁格勒。故土已今非昔比，变化太大。面对这一切，普京夫妇作何感想？又如何继续自己的生活呢？特别是普京，当他在德累斯顿已经感到自己一直崇尚并服务的克格勃不再有前途时，他将何去何从呢？

卷 3

从市长助理到代总统

重返故乡

在东德生活和工作了5年，1990年新年刚过，普京夫妇踏上了回国的旅途。这一次并非回国度假，而是永远回来了。不止他们夫妇，所有的克格勃同事都撤回国了。德累斯顿的苏联克格勃机构不再存在。

普京和柳德米拉一直很想念故乡，也很想早日回国，但他们没想到的竟是这样回来。东德作为社会主义阵营的一部分，关系密切的“小兄弟”，不能不受到苏联戈尔巴乔夫发起的改革大潮的波及和影响，它甚至比苏联的改革还来得迅猛和彻底。昂纳克政权很快就垮掉了，整个国家发生了根本性的变化，柏林墙正在拆除，东西德即将统一，这是最令人意想不到和充满戏剧性的“改革成果”。东西德在分离了四十多年后，有了统一的意愿和条件。“统一”过程已经开始，这一历史进程是任何人都阻挡不住的。而苏联和戈尔巴乔夫对此不仅不再反对，而是默认、赞同和促成。当然戈尔巴乔夫只是看清了历史发展的趋势，承认现实。这也是他的新思维下的国际政策的一部分。在这样的态势下，苏联克格勃驻东德办事处即情报机构，绝对不会存在下去。这一点普京已经看得很清楚了，但仍使他茫然若失。理想，志愿，报国的途径，一瞬间化为乌有，自己十几年一直为之奋斗的东西，转眼间坍塌了。而他为此消耗了自己的大好年华，整整16年！

在收拾东西准备离开东德的日子里，他也在考虑自己何去何从。回国后干什么？他暂时还不清楚。但清楚的是，他一直服务的这个机构随着自己国家和整个世界局势的急遽改变，已经失去了前途和意义。

临行前，准备撤离时，他恳请他的线人烧掉他在这里几年来工作的一切资料和他的个人档案。他确实是个合格的特工，办事永远小心谨慎。克格勃的身份已经不再是光荣的标记，而是遭到唾弃；他也不知道回国后将会发生什么。但小心行事永远没错。普京确实很有远见，办事精细。整整十年后，当他突然成为苏联解体后的俄罗斯第二任总统时，人们很想知道，这位曾经被派往东德的前苏联特工，在那里的5年时间里干了些什么，表现如何，是个什么角色。但是很令人失望，他们什么情况也没有得到，只是得知，关于当年这位极其普通的、驻德累斯顿的苏联特工的所有资料都不知去向。

临行前举行告别宴会时，他依依不舍地对德国一个同事说：“我很留恋在这里的一切。”这是他发自内心的话。在这里生活和工作的这些年，他对这里

回到列宁格勒的普京夫妇，1990年

相当了解，有了感情，工作得心应手。突然离去他确实没有料到。

他和妻子柳德米拉在一个寒冷的冬日，踏上了回国之路。窗外熟悉的城市、街道、建筑、行人，越来越远，慢慢从视线中消失。那一刻，普京的心中有一种说不出的失落感。

火车行驶在覆盖着皑皑白雪的大地上，一路向东，向家乡列宁格勒驶去。列宁格勒，他们知道，那座美丽亲切的城市正在经历改革5年所带来的一切：社会动荡、经济恶化、治安混乱、商品匮乏。这是全苏联的缩影。全国都是这个样。国家正处于最危难的时期。虽然改革刚开始他即被派往东德，但是国家几年来发生的一切他都非常清楚，了如指掌。他身在国外，但他和苏联人一样，经历了改革初期的激动，充满希望，继而在一连串的自然灾害和国内政治经济危机中的焦虑不安，最后转为茫然和失望。

东德作为一个社会主义国家恐怕很快就将消失，而自己的国家前景如何也实在不令人乐观。改革一塌糊涂，没有任何成果，国家处于分裂边缘，经济几近崩溃，百姓生活处于从未有过的艰难之中。这一切使普京夫妇忧心忡忡。几年前还是唯一一个可以和美国相抗衡的超级大国，却在短短几年的改革中变成这样！他对此实在痛惜。但他也唯有痛惜和叹气而已。他不过是一个从东德撤回来的克格勃小官员，一个特工而已，况且这个机构已经名誉扫地，遭人唾弃，他又能如何？所发生的一切都是他无力左右的。不仅如此，他还感觉到，虽然他在这个机构里一直干得不错，相当顺利，但他的事业已经结束了。他必须另找出路。

国内的经济状况本来就比东德差很多，5年前他们刚到德累斯顿时就看到了。那座城市商店里的东西比列宁格勒丰富得多，而且从来无需排长队等候。当然，东德比不上西德繁华，但比那时的苏联确实强不少。如今，家乡列宁格勒的商店里是一番什么情景？他们想象不出，只知道更糟了。好在这几年在国外工作，普京夫妇积攒了一些钱。普京的工资德国马克几乎全都存了下来。他们将用这笔钱回国后买一辆小轿车。此外，他们的东德朋友还将一台用了20年的洗衣机送给了他们，普京夫妇不怕麻烦，将这台已该淘汰的洗衣机托运了回来。买一台新洗衣机要花不少钱呢，能省干吗不省呢？要花钱的地方多着呢。这台洗衣机后来又为普京家效力了5年。

火车离家乡越来越近。终于，缓缓停在了熟悉的火车站。他们到家了。

几天后，柳德米拉上街去买东西，她发现，商店里的情景比她预想的还要坏。很多柜台上空空如也，什么也没有；有东西可卖的柜台前排着长长的购物大队，要有足够的耐心排队，才能买到你需要的基本食品。很多商店的食品仍凭票购买，而附近的小店里只能买到最必需的生活用品，价格都不便宜。稍微便宜点的物品要跑很远的路去寻找。她不可能为了便宜点的食品把时间都耗费在路途上。列宁格勒留给她的印象“很可怕”。（《第一人——普京访谈录》）在德累斯顿攒下的钱都花在购买小汽车上，剩余的钱根本买不了其他东西。两个女儿正是花钱的时候，丈夫的工作还没着落，正在寻找。刚回国的日子他们过得并不轻松。

普京仍在考虑自己的去向。有人建议他去莫斯科安全部，即克格勃的大本营工作，他拒绝了，“我已经预感到克格勃会结束。我明白了，这个体系没有未来。国家没有将来。坐等这个体系（即克格勃——作者）的结束，这相当沉重”。（《第一人——普京访谈录》）他对东德发生的一切，特别是苏联如此迅速地从德国撤回，拱手将一切交了出去耿耿于怀。他回到家乡和朋友闲聊时说：“根本不应当这样做。怎么可以？我知道，我可能会犯错误，但是那些我们认为职业水平很高的人怎么能犯错误？”他还说：“我要离开克格勃。”但他暂时还是留在了那个机构里。他要养家，先有工作干最现实。

普京很快就在自己的母校找到了工作。他担任了列宁格勒大学负责外事联络的副校长斯坦尼斯拉夫•梅尔库里耶夫的助理。他很高兴在自己的母校找到了工作。分管外事联络的副校长人很好，还是国际法方面最优秀的专家之一。

普京计划一边工作，一边写论文，能做斯坦尼斯拉夫副校长的助理对他的论文写作很有帮助。他选的论文题目是国际私法方面的。列宁格勒国立大学外事校长助理，这当然只是他的公开身份，实际上他仍然是克格勃的一名中校，在为克格勃效力。分管外事的校长助理一职就是专为克格勃人员设置的。

普京在大学一边工作，一边着手论文写作。日子过得很快，转眼几个月过去了。有一次一个朋友偶然向他提及阿纳托利•索布恰克——一位列宁格勒政坛上的明星，家喻户晓的知名人士，原来的列宁格勒法律系教授。普京当然知道此人，这个人曾经是他的老师。索布恰克现在已经是全国最著名的自由改革派人士，苏联最高苏维埃成员，不久前又被选为列宁格勒市最高苏维埃主席。那人问他："索布恰克很需要人手帮助他工作，你是否愿意？"普京不解地问："怎么帮助？"那人回答："从列大调到他那里工作。"普京早就有意离开克格勃去从政，对朋友的提议极感兴趣，况且是去投奔他自己的老师。他从德国回到列宁格勒后，一直很关注自己的这位老师，媒体有很多关于他的报道，普京在电视里能够经常看到他的老师索布恰克。普京对老师的一举一动都极感兴趣，也很钦佩和尊敬。如果可以和老师一起工作，做老师的助手，他会非常高兴。但是普京知道，他的克格勃背景很可能会妨碍他。但是无论如何，他还是决定去试一试。

他去了斯莫尔尼宫，列宁格勒市政府大楼索布恰克的办公室。他要和自己的老师叙旧情，谈想法。

多年没有见面了，普京不知道现在大名鼎鼎的索布恰克会如何对待他的请求。当年他和这位老师并没有更多的私交，不过是一周听他一两次课而已。虽然毕业论文是在他的指导下完成的，成绩是"优"，但他心里多少有些忐忑不安。今非昔比，现在的索布恰克早就不是当年默默无闻的法律系教授了。令普京感到意外的是，当年的导师尽管现在是闻名全国的政治明星，却没有一点"大人物"的架子，对他极其开诚布公。索布恰克对他直言："我需要助手，来我这里工作吧。周一就来，我和你的领导谈谈，没问题。看见会客室里的那些人了吗？我很害怕和那些人打交道，我不知道他们都是些什么人。"普京没想到索布恰克这么当机立断。他并不知道普京的身份。于是普京说："您知道，我很有兴趣来您这里工作，但事情可能没这么简单，我必须告诉您，我是一名克格勃军官。"索布恰克闻言有些惊诧地看着他。短暂地思索了一下，他挥了挥手："就算是又怎么样！"事情就这样定了。

普京又去见了他的克格勃上级，开门见山说自己打算调换工作："索布恰克提议我离开列大去他那里工作。如果不可能，那么我准备辞职。”他的上司对他说：“不用，为什么辞职？安心走吧，没有任何问题。”（《第一人——普京访谈录》）普京认为，他的领导是个相当明白事理的人。克格勃此时已声名狼藉，前途未卜，处于瘫痪状态，就连保安都人心涣散。一切都在变，干吗非拦着他呢？

1990年5月，在列大短暂工作了几个月后，普京顺利调到列宁格勒市政府，成为列宁格勒市最高苏维埃主席索布恰克的助理。他正式踏上了从政的道路。这是普京迈出的最重要的一步，成为他的人生的一个重要的转折点。这一步迈出得还不算太晚，那年他也不过38岁。在形式上，虽然他还是克格勃的人，但是事实上他已经和这个机构基本脱离了关系。他再也没有在列宁格勒克格勃的那栋大楼里出现过，也没有利用新的职务为这个机构工作。此后，他和索布恰克共事了6年：开始任索布恰克的助手，后来索布恰克当选为第一任民选市长后，任命他为外经委主席；再后来当上了列宁格勒副市长。索布恰克对他极为信任，他也不负老师的期望，工作干得非常出色。

索布恰克（左一）和助理普京

索布恰克没有因为普京的克格勃身份拒绝他来市委工作，在此后的工作中又非常倚重他。这些对刚刚回国想改行从政的普京来说，极为关键。虽然老师也刚刚涉足政坛不久，但毕竟有了一些经验。普京是个知恩图报的人。后来他一直对自己的恩师忠心不渝，在索布恰克几年后第二次竞选市长落选并且被起诉以及绯闻缠身时，普京对他始终如一，一直认为老师是一个高尚的人，对列宁格勒做出过贡献的人，值得尊重的人。1997年，普京已在莫斯科工作了一年多，担任俄联邦总统办公厅副主任兼俄联邦总统监察总局局长。他仍惦记着自己的恩师。索布恰克犯了严重的心脏病，又官司缠身，处境很糟糕，随时会被传讯，被关进监狱也是早晚的事。普京置自己的名誉和前途于不顾，决意帮助老师。索布恰克想出国治病，但谈何容易。普京托自己的朋友租用了一架私人飞机，帮助索布恰克离开了圣彼得堡（列宁格勒已经改名为圣彼得堡，这恰恰是在索布恰克力主之下变为现实的），赴法国治病。这都是后话了。

普京的恩师索布恰克究竟是一个什么样的人呢？他如何从一个大学教授意外而突然地走上了政坛，并成为一颗耀眼的明星？又为何短短几年后被抛出政治舞台？10年后，他的学生和助手普京成了俄罗斯总统，人们对索布恰克就多了不少兴趣；18年后，他的另一名得意门生梅德韦杰夫成为俄罗斯第三个总统时，这位俄罗斯早期的民主改革人士愈加引起人们的关注。俄罗斯两位总统的恩师，很有必要在这里做一番介绍。

索布恰克

普京的恩师阿纳托利•索布恰克步入仕途非常意外和突然，却迅速获得了成功。不想短短几年后，他头上的耀眼光环又急遽消退，坠落谷底。他的人生大起大落，跌宕起伏，经历堪称传奇。

索布恰克1937年出生于远东赤塔市（比戈尔巴乔夫和叶利钦小6岁）。父亲是一名铁路工程师，母亲是会计。2岁左右全家搬到乌兹别克斯坦，他在那里度过童年。1953年索布恰克进入斯塔夫罗波尔法学院学习，一年后转学到列宁格勒州立大学法律系学习。毕业后分配到斯塔夫罗波尔边疆区律师协会任律师，担任过该地律师咨询所主任。1962年，他回到列宁格勒大学读研究生，1965—1968年期间任苏联内务部警察专科学校教师三年。后来在列宁格勒工业纸浆中等技校任教三年，此期间获得副博士学位。1973—1981年调进自己母校——列大法律系，任副教授，他授课的学生当中，就有普京。1982年，索布恰克获法律系博士学位，成为教授，1985年，任经济法教研室主任，直至1990年弃教从政。离开列大法律系前，梅德韦杰夫曾是他的学生。

当戈尔巴乔夫1985年发起改革的时候，索布恰克还是一个普通大学教授兼教研室主任。他将近五十岁的人生经历主要是当教师和律师。他似乎对政治没有兴趣，从来没有涉足过政界，一直都是一名党外人士。正是戈氏这一场惊天动地的改革，彻底改变了索布恰克的人生和命运，而且极其迅速和急遽。

苏联改革的第四年，即1988年6月，51岁的法律教授加入了苏联共产党。那时已经开始有不少党员退党，他却逆流而上走进了苏共。索布恰克说，他入党的动机是想“帮助”国家的改革。改革进行了三年，除了人们的积极性被极大地调动起来，公开性民主化得到前所未有的扩大外，其他方面尤其是经济领域，未见任何成效。相反，改革引起了社会动荡、秩序混乱，积聚的多种社会矛盾频频爆发。这场改革究竟将向何处发展？会把国家引向何方？从上到下都很迷茫；而广大普通百姓也从最初的寄予厚望，转而茫然和失望。法律知识丰富的索布恰克，对国家革新的很多方面有自己的看法和建议。他是千百万被改革激发起极大的政治热情的知识分子精英之一，也是戈氏改革的直接受益者。改革为他提供了一个大舞台，他希望走上这个舞台，发出自己的声音，参与国事。但是一名普通党员的声音是很微弱的。他的命运不错，机会很快降临了。

1989年5月，国家将召开全新的苏联人民代表大会，选举人民代表的方式不同于以往，而是要从下至上进行差额选举。这是戈氏改革的重要一步。选举方式的改革更加体现民主和民意，也是为了将权力由执政党苏联共产党手中，转交到苏联最高苏维埃手里。第一步就是选举人民代表。3月，全国从基层开始，展开了声势浩大的选举。正是在这新形式的差额选举中，索布恰克脱颖而出。

列宁格勒大学只有一名人民代表的资格名额，这唯一的代表要从大学8位候选人中选出。而8位候选人中，索布恰克几乎是最不为人所知的。

列大的教职员工都清楚地记得那次在学院礼堂举行的人民代表选举大会。窗外雪花飞扬，寒气逼人；大厅内却气氛热烈。8位候选人一个接一个走上讲台做竞选演讲。演讲的重要性不言而喻，直接关系到每一位候选人能赢得多少选票，因此各位候选人事前都做了最充分的准备。台下是列大400余名教职员工。候选人演讲结束后他们要从中做出选择：投谁的票？

轮到索布恰克发言了。他从容不迫地走上讲台，神态自若。这位不太知名的法律系教授开讲的几句话，就吸引了全场人的注意。会场一下变得安静。他的演讲没有哗众取宠，也没有慷慨激昂的语气，但是讲话通篇条理清晰，分析透彻，逻辑合理，很使人折服。人们很惊讶，以前怎么没有注意到这个人？最没有知名度的他，在演讲后一下令人刮目相看。投票选举中索布恰克竟然赢得了300多张选票，成为得票最高的候选人。这次胜利很“意外”，恐怕连他自己都没有想到。他击败了其余7名候选人，当选为人民代表。52岁的索布恰克就这样在从政的道路上迈出了第一步。

苏联第一届人民代表大会于1989年5月底举行。会前的那段时间，当选为人民代表的索布恰克极其活跃，接受采访，应邀演讲，他出色的口才继续赢得人们的好评。列大教授索布恰克，一位对法律深有研究的人，凡事有自己的独特思考，直言不讳，见解深刻。他的知名度大大提高。在人民代表大会召开前，他已经成为列宁格勒政坛上一颗冉冉升起的政治明星。

5月25日，索布恰克出席了在克里姆林宫召开的苏联第一届人民代表大会。会上他多次发言，条理清晰，分析独到，直率大胆的发言再次引起上层人士和民众的注意，知名度和威望进一步得到提高。在第一届人代会上，他顺利当选为最高苏维埃成员。

人代会后索布恰克同萨哈罗夫和叶利钦一起，成立了跨地区的议员代表团，并成为该组织的联席主席之一。这个组织被认为是改革激进派。但同时他与戈尔巴乔夫关系也不错。当年戈尔巴乔夫和他都在斯塔夫罗波尔工作过，据此应该说他们是老乡呢。戈尔巴乔夫有时会就某个法律问题向他咨询。也是在戈尔巴乔夫等人的支持下，索布恰克被委以重任，当选为调查1989年4月1日第比利斯流血事件的特别委员会主席。

在1989年12月全国第二次人代会上，代表们对第比利斯问题展开了激烈辩论。索布恰克再次表现出他出色的雄辩口才和丰富的法律知识，但也在那时有不少人开始对他产生了极大不满，主要是一些将军和特工机构的领导人。

在干部任命问题上，索布恰克与戈尔巴乔夫意见不一，因此后来他们关系冷淡。那个时期戈尔巴乔夫的威望大大降低，民主激进派叶利钦的人气却不断提升。全苏联似乎形成了一股潮流：只要是和中央对着干的人，只要与戈尔巴乔夫有矛盾的人，都会立刻得到大众的同情和支持。叶利钦是这样，索布恰克也不例外。他与戈尔巴乔夫的矛盾进一步提高了他在人民代表中的声望和在全国的知名度。他已经几乎是与叶利钦齐名的在全国最有影响的改革激进派领袖之一。

索布恰克的律师背景使他在最高苏维埃中占有特殊地位。国家法律已经实行了很多年，急需重新制定。列大法律教授在这方面发挥了积极重要的作用。1989—1990年在新宪法的修改中，索布恰克付出了巨大的劳动。1991年苏联解体后，索布恰克是叶利钦总统委员会委员，1993年任俄罗斯联邦宪法制宪会议主席，负责新法律的制定。后来俄罗斯通过和实行的新宪法也被称为“索布恰克宪法”。

在国际上索布恰克的知名度也不断提高，邀请他出访的信函纷纷飞来。他也很醉心于出国访问，几乎对任何邀请都不加拒绝。

索布恰克当选为最高苏维埃成员一年后，列宁格勒开始选举最高苏维埃主席。索布恰克是最有希望的候选人。在他积极竞选期间（1990年春），一个精力充沛、个头矮小的年轻人和他的同伴，每天奔波在市区的大街小巷，四处张贴索布恰克的竞选海报，海报上印着列大教授、政坛新星索布恰克的大幅照片。这个年轻人就是18年后接任普京而成为第三位俄罗斯总统的梅德韦杰夫。梅德韦杰夫那时正在读研究生，导师就是索布恰克。他是索布恰克的得意门生，深得导师青睐。梅德韦杰夫是索布恰克竞选列宁格勒最高苏维埃主席的最积极的支持者之一。

接下来捷报频传。1990年4月下旬，索布恰克获得了市苏维埃议员席位；一个月后即5月23日，索布恰克当选为市苏维埃主席。他之所以能够胜出，除了这位新的政治明星表现出的不凡才华外，还因为当时列宁格勒上层矛盾很深，互相掣肘，于是推举了与前苏联没有什么瓜葛的自由独立人。

1991年改革使得国家诸多矛盾全面爆发，局势急剧恶化，政治危机和民族矛盾都已达到极限，联盟岌岌可危。为了走出政治危机的泥潭，中央决定在莫斯科和列宁格勒进行尝试，率先改革，由市民直接选举市长。遗憾的是，这一举措不仅没有使政治危机得到缓解，反而进一步加深了危机。但是直接选举却又一次为改革激进派提供了舞台和机会。

索布恰克参加了竞选，并以70%的支持率高票当选为第一任列宁格勒民选市长。新当选的市长在就职仪式上宣布：新的市政府是唯一的合法权力机构，是民众选举出来的；苏共机关今后没有权力干涉和影响市政府的一切活动。这番言论对苏共的消亡和苏联的解体也直接或间接地起到了推动作用。

仅仅两年时间，索布恰克就完成了一个大飞跃：从一名列大的普通教授，成为国家议员（最高苏维埃成员相当于国家议员）和列宁格勒市长。列宁格勒号称苏联的北方首都、国家第二大城市、重要军港、文化艺术圣地，成为这座城市的掌门人谈何容易！索布恰克借助改革的大环境，凭借自己的才干，到达了很多官员多少年才可能获得的权位，实属不易，可谓神速，令人瞠目结舌。可是接下来，事情的另一面就显现出来。这样快速地成为一个大都市的一把手，他做好了治理这座城市的准备了吗？他有经验来管理这座城市吗？他的那些美好理念和动人规划是否切实可行？这一切对他来说都是挑战。

这一年的秋季，在索布恰克的多次提议下，关于列宁格勒市恢复“圣彼得堡”旧名的意见举行了全市市民投票公决，55%的市民支持改名。俄罗斯联邦最高苏维埃主席团在9月6日正式确认了这一结果。列宁格勒自此恢复了它的旧名称：圣彼得堡。在那之后很短的时间，三个月左右，苏联就宣告解体了。

如此短暂的时间中发生的巨大变化和取得的巨大成就，使索布恰克陶醉。而他的诸多缺陷随后也慢慢地表现出来。他口才很好，善于雄辩，这是一名律师具有的职业优势，也是他前期取得成功的主要原因之一。虽然很多人可能没有他那样的雄辩口才，但在实际经验和管理上以及用人和与各方打交道方面比他强很多，可是选民在选举过程中首先看的是他如何说，这是第一步，而且是选举中很重要的一步。可以说，索布恰克的口才是帮助他赢得胜利的一个最重要原因。在当选为列宁格勒市长后，索布恰克并没有十分切合实际的规划，也厌倦和那些不断提出异议的人士打交道，更不善于做很多艰苦琐碎的实际工作，包括经济工作。他还不善于和军界打交道，军界一些重要会议他都会找借口不去出席，却去为一些歌星捧场。而列宁格勒恰恰是苏联北方军事重地，海军和舰队在这里都是相当重要的。不善于和军界共事，是无法管理好这样一座城市的。

另外，由于成功来得意外和突然，很快就助长了他的自负和傲慢，甚至变得“狂妄自大”，发展为“野心”。谦逊不是他喜欢的性格。而最重要的是，他不会也不愿意做那些极其辛苦细微的城市管理工作。他提出了很诱人的建议，但只是停留在口头上和纸面上，并不去切实实行。北方首都的经济交通等方面的问题开始恶化，城市建设没有任何进展，波罗的海上的“明珠”看上去破败不堪，没有任何光彩，以致一家外国电影制片厂拍摄二战场景时，居然要选在这里取景。这座城市了无生气的容貌在他们眼里很适合半个多世纪前的战时场景。

索布恰克很喜欢演讲，面对听众，他挥洒自如，侃侃而谈，即兴发挥，精彩之处经常引起一片掌声。这掌声令他兴奋不已。那种场合他是万人注目的中心。但一些人渐渐发现，他出色的演讲其实也往往失之偏颇，并非很客观公正。由于他能言善辩，所以经常将对方更合理可行的建议批驳得一无是处。他虽然占尽了风头，得到喝彩，但实际上对工作并无好处。他的另一喜好是频频出访，周游各国，与各国政要周旋。

莫斯科的第一位民选市长是另一位在改革中涌现的风云人物波波夫。他当选为莫斯科市长后，由于没有任何经验和思想准备，不久就自动辞去该职务。有人预言，索布恰克也将很快重蹈波波夫的覆辙，辞职下台。但索布恰克没有辞职。他是在四年后的选举中落选的。

担任列宁格勒市长的四年，他做的最重要的一件事即上面提到的更改列宁格勒市名，在他的大声疾呼下，这座城市恢复了原来的名称“圣彼得堡”。

索布恰克是律师和法学教师，不懂经济，也不喜欢从事经济活动。但这恰恰是任何一个城市管理者最重要的一项工作。城市经济搞不好，其余一切都无从谈起。对经济既无兴趣也无经验的索布恰克将城市的大部分日常经济工作交给了副市长弗拉基米尔•雅科夫列夫和他的学生，也是当时的副市长弗拉基米尔•普京负责。虽然索布恰克在第二次竞选市长时败选，但他在竞选时仍然如数家珍般地列举自己任职时的经济成果：在1990—1995年间，圣彼得堡出现了约六千家合资企业，这个数字占到了俄罗斯合资企业的一半以上；在圣彼得堡还成立了第一批外资银行；发起并成立了合资企业领导人协会，该协会帮助市政府为商界创造了更为宽松的营商环境……即使如此，很多当年在圣彼得堡市政府工作的人都知道，其实这些功绩大部分是他的助手和副市长普京做的。

索布恰克当选为列宁格勒市长后不久，接纳了普京来市政府工作的要求。普京担任索布恰克助手期间表现出的实干和忠诚，很快赢得了索布恰克的高度信任。市长将很多重要的工作都交由他办理。当年的老师对自己的学生普京评价不低。索布恰克这样说：“当他还是一名大学生的时候，我就非常了解他。他是一名优秀的大学生。1990年在大学的走廊里意外碰见了他，仔细打听了他的情况。他不是一个爱慕虚荣和贪恋权力的人。从性格来看，他具有领袖的品格。”

1991年“8•19”政变时，索布恰克恰好在莫斯科，他是作为俄罗斯联邦的代表成员，去莫斯科参加即将举行的戈尔巴乔夫的新联盟条约的签署仪式的。在莫斯科他得知正在黑海度假的戈尔巴乔夫被软禁在福罗斯的朝霞别墅，政变发动者宣告将实行为期六个月的国家紧急状态管制。叶利钦在莫斯科和索布恰克讨论了局势，当天索布恰克就飞回了列宁格勒，组织民众反对政变，与在莫斯科叶利钦领导的反政变行动遥相呼应。列宁格勒是全苏联唯一一座没有被政变者控制媒体的城市。在这场政变中，列宁格勒也没有发生流血事件。他的得力助手普京也表现出色。普京在政变后立即从度假地赶回列宁格勒，帮助索布恰克组织抗议政变集会，并且声明退出了克格勃。

索布恰克的耀眼光辉在他执政第一任民选市长的后期已经开始黯淡。城市建设没有任何起色；市民生活水平明显下降；社会治安极为糟糕，在国内外被称为“犯罪之都”。诸如此类的很多社会问题得不到解决，索布恰克却将很大的精力放在非要将所有的列宁纪念碑推倒这件事情上。那是一个国家和民族的历史，有必要吗？很多列宁格勒人不明白为什么非要这样。他们也不明白为什么索布恰克非要恢复这座城市的旧名称，更不理解市长还将罗曼诺夫王朝的后人邀请来做客。市长的主要精力没有放在他该做的事情上。人们很失望。正是他的这一系列言行致使其支持率大幅降低，据测当时已降至不足20%。其中支持他的主要是一些企业家和知识分子。

市长任期在1996年即将届满。虽然他的民意支持率大不如前，但他仍决定参加连任竞选。投票选举前夜索布恰克和他的对手进行了电视直播竞选辩论。一向口才颇佳、自信从容的索布恰克仿佛换了一个人，电视里他显得不知所措，词不达意，力不从心。他居然在所有的辩论题目上都输给了对手。投票最终结果是原副市长弗拉基米尔•雅科夫列夫胜出。虽然索布恰克只落后两个百分点，但毕竟是输了。一直负责具体工作的雅科夫列夫被一些人轻蔑地称为“管道工”“卫生技术设备专家”，在索布恰克眼里他也不过是个平庸的官

索布恰克和普京

僚。但在民众眼里这恰恰是雅科夫列夫的优势。他们需要的正是一个实干的技术性的市长，而不是只会夸夸其谈，不做实事的官员。

对索布恰克来说，1996年的选举不仅成为他短暂政治生涯中的“滑铁卢”，还带来了更大的灾难。竞选对手搜集了很多不利于他的材料，圣彼得堡到处散布着关于他在奥地利银行有大量存款、在法国和西班牙海边购置豪宅以及他在职期间侵吞大量钱财等丑闻。这些传言极大地损坏了索布恰克的威望和形象。而且更糟糕的是，还有人正式起诉他收取贿赂和滥用职权罪，而且不只是一桩起诉，至少有五桩。索布恰克一时身陷流言和官司之中。8月他被传唤到市检察院，被迫作为证人来提供证词。

这是一个多事之秋。国家权力中心克里姆林宫内争夺权力的斗争异常尖锐，内务部长阿纳托利•库利科夫和国家安全会议秘书亚历山大•列别德、总理维克多•切尔诺梅尔金和总统办公厅主任阿纳托利•丘拜斯以及许多寡头和大企业领导人分别加入了不同的阵营。而索布恰克的主张妨碍了这些人，包括刚刚从心梗病发作的死亡线上被救治过来的叶利钦。索布恰克的倒台符合所有权势人物的利益。对索布恰克的问题，叶利钦明确表示，他不打算介入圣彼得堡的事务。

被官司和疾病缠身的索布恰克很想离开，去巴黎治病。但是正在接受审讯的他很难离开，因为随时会传唤他到法庭接受讯问。最终在他的忠实助手和弟子普京的帮助下，1997年10月飞离圣彼得堡，去了巴黎。在莫斯科工作的普京那时任俄联邦总统办公厅副主任兼俄联邦总统监察总局局长。他担着极大的风险，帮助了自己的恩师。正是普京的这一举动，令叶利钦肃然起敬。他认为这个人值得信赖，任何事情都可以托付给他。

在巴黎，索布恰克隐姓埋名，躲开了一切媒体的追踪。俄罗斯记者和巴黎媒体明知道他住在哪里，却找不到他，那里的人告诉他们：我们这里没有叫索布恰克的人。索布恰克的那段时光过得富足和安闲。他长时间在森林中散步，在某个大学讲课，著书，他的几本著作都是在那段时间写出来的。

他其实是像逃跑一样飞往了巴黎，虽然物质生活富足安逸，但心中的失落可想而知。昔日的朋友和下属都远离他，甚至不接他从巴黎打给他们的电话，唯独一个人一如既往，像从前那样对待他，不时从莫斯科打来电话问候一下。这个人就是普京。

1998年9月，俄联邦总检察院宣布撤销有关针对索布恰克收受贿赂和滥用公职的诉讼。1999年7月12日，索布恰克回到圣彼得堡。在普尔科沃机场举行的欢迎仪式上，索布恰克激动地以曼德尔斯塔姆的诗句作答：“我眼含热泪，

普京夫妇安慰索布恰克遗孀和女儿克谢尼娅（右一）

回到了我的城市……”他还说：“我永远回来了。”当晚他安排了一场规模很大的新闻发布会，宣称自己将参加国家杜马选举。索布恰克决定重返政坛。

1999年底和新世纪相交之际，他终于看到，他一直倚重和评价很高的年轻人，他的学生普京正在一步步飞跃式上升，最后终于被叶利钦发现，并钦定为接班人。这个个头不高，任何时候都不张扬而是实干的年轻人，终于破茧而出，将成为这个国家的最高领导者。这令索布恰克极为欣慰和兴奋。新年过后他不顾年迈体弱，积极为普京的竞选到处奔波。2000年2月19日深夜，索布恰克在斯韦特洛戈尔斯克市心脏病再次发作，猝然去世。

得知索布恰克的死讯后，正在积极竞选总统的普京派一架专机往加里宁格勒市将索布恰克的遗体运回圣彼得堡。普京在从克里姆林宫发给索布恰克妻子和女儿的吊唁电报中写道：“因他的离去我们无法平静。阿纳托利•亚历山德洛维奇（索布恰克）是我的亲人和老师。他不仅启蒙了我，而且将永远是我做一个品行端正和信念坚定者的榜样！”

2002年2月18日，圣彼得堡市长签署了关于永久纪念索布恰克的决定。按照此决定竖起两块纪念碑，在他当教授工作过的地方和他最后居住过的公寓前。几天后普京总统签署了命令，从2002年始，在国立大学和其他国家认可的高等职业院校为法律系大学生设立10名“索布恰克”个人奖学金。

戈尔巴乔夫谈到索布恰克时，对他的评价是：他像那时的很多民主人士一样为那场悲剧不安。他融入了民主浪潮，起了积极的作用，但是后来他们使人失望，被抛弃了。他渴望成为名副其实的列宁格勒市领导人，保护了规划，但他并非总是那么走运。当然这与我们的体制有关。我觉得，体制挤压了他。我认为他任人民代表时期是他的辉煌时期。特别记得他在解决第比利斯事件中表现出来的公民勇气，巨大的责任感。他当时领导了苏联最高苏维埃委员会。

索布恰克的政治生涯极其短暂，却非常耀眼，将其比喻为一颗一闪即逝的流星十分恰当。他1988年入党，仅两年后，就在1990年苏共最后一届党代会上宣布退党，和叶利钦一起走出会场。他和戈而巴乔夫曾经关系密切，他们有着不少共同的话题和境遇：一样的专业，并同在斯塔夫罗波尔工作过，但后来由于分歧逐渐疏远；他和叶利钦在很多方面不谋而合，但他绝不是叶利钦团队的成员。

市长助理

普京从列大调到了市政府，成为索布恰克的助手，也走上了他的从政之路。索布恰克没有把普京的克格勃身份当作什么特别的事，接纳了他。普京曾经是他的学生，他对这个学生印象不错。

1991年，索布恰克高票当选为列宁格勒（1991年9月6日正式恢复原来的名称“圣彼得堡”）第一位民选市长，普京成为市长助理。在索布恰克竞选市长期间，普京为他的老师顺利当选做了大量工作。他积极找人谈话，沟通，交换意见，分析局势，为他的老师争得了不少选票。他在德累斯顿练就的与人打交道的能力派上了用场，并且很令索布恰克欣赏。他的这位学生既实干，又能抓住时机，还善于与人交谈，获得好感。并且在他看来，年轻人不抱任何个人目的和私欲。这一点很重要。

索布恰克没在乎他的克格勃身份，对普京的工作也很满意。但市政府其他人并非都是这样。现在早已不是改革前，公开性使克格勃骇人听闻的历史和所作所为广为人知，这个秘密警察机构早就变成了一个声名狼藉的令人恐怖的组织，自称改革民主派领袖的索布恰克，居然任用这样一个人，他们实在难以理解。任用克格勃官员给他们提供了一个批评市长的机会。一些人曾当面责问市长："为什么要任用一名克格勃军官做自己的助理？"索布恰克只是笑笑说："他是我的学生。"

走进政界的普京也发现，市委的情况很复杂，别说干出点什么不容易，就是站稳脚跟也非易事。反对索布恰克的人总是先把矛头指向他，用他做靶子，批评市长；而他自己更是经常受到或明或暗的挑剔、责难，甚至要挟。一些人走进他的办公室，暗示他的克格勃经历会带给他麻烦，借此提出非分的要求。这样的困扰很影响他的工作，也使他厌倦和气愤。他不想永远在受到这种威胁的环境里工作，也不愿看到自己的老师因此受到诘难。他要找一个办法，使这事一了百了。怎么办呢？干脆公开，让大家都知道他的那段经历好了。他没有干什么见不得人的事，不过是为了自己的理想选择了克格勃的工作。将这段经历公之于众，可能会堵上所有人的嘴巴。

普京找到了在电视台工作的一位人民代表，将自己的烦恼和想法告诉他，希望电视台搞一个他的专访，公开播出，他将利用这个机会开诚布公讲述自己在克格勃的服务经历。

普京的专访很快就在电视台播出了。干练、个头不高的市长助理，极其坦率地讲述了自己的经历，没有掩饰，没有隐瞒。那些要挟过他的人都为这样的节目惊讶不已，惊讶之余，突然发觉，这个人并非他们想象的那么无能。他居然有魄力将自己的克格勃经历公之于众。这是当时很多克格勃人员唯恐涉及的话题！

普京的电视访谈播出后，结果果然如他所料，情况变得简单多了，他自己也卸下了一个沉重的包袱。后来再有人影射他的这段"不光彩"历史时，他就会说："你没看电视吗？我没有必要再重复，人人都知道我的那段经历。"

市长助理的工作极为繁忙，与列大不可同日而语。做市长助理的那段时间，普京很快就熟悉了一个大都市的情况，也了解了如何处理各种繁杂问题。他曾经是索布恰克的好学生，现在仍然是。在给自己的老师做助理中，他从中又学到了很多东西。1991年，普京担任了列宁格勒市国际联络委员会主席，主管市政府的对外经济关系。这是他第一次负责一个城市的某个方面的工作。他利用自己在德国的关系，为列宁格勒引进了第一家外国银行。他踏实工作，成绩斐然，不仅受到市长的好评，也得到同事的赞扬。

1991年8月，普京去度假了。在度假中他听到一个非常令人震惊的消息：国家突然被军事管制了，正在黑海度假的国家总统戈尔巴乔夫全家被软禁在福罗斯别墅；副总统亚纳耶夫和军界首领亚佐夫成立了国家紧急状态委员会，宣布将在全国实行军事管制6个月，并称总统戈尔巴乔夫的改革将国家引入了死胡同；现在总统身患重病，已经无法履行最高领导人职责，因此出于对国家和人民的负责，良心驱使他们采取了全国紧急状态管制。

普京听到这个消息后，当即中断休假，返回列宁格勒。索布恰克也在第一时间从莫斯科赶了回来。他们完全站在叶利钦一边，反对紧急状态委员会，认为这是一次政变。政变者由于违背大多数人心，没能赢得民众支持，而且没有深孚众望的领袖人物，仅仅维持了三天就宣告失败。在那三天时间里，普京一直和索布恰克在一起奔波，组织全市反政变集会，劝阻军人不要开进市区，以避免流血事件。克格勃最高领导人也是这次政变的主要参与者和领导者。鉴于这种情况，普京当机立断，毅然决然，决定一定要离开这个机构。此前他已经写过一次辞去克格勃工作的书面申请，但交上去后不了了之，没有下文；现在他很快又写好了辞去克格勃工作的书面申请，并和索布恰克谈及此事，希望他的老师能出面帮他解决这个问题。索布恰克明白，普京如果还留在克格勃里，不仅会断送他自己的前程，也会对自己产生极大的负面影响。他当即给亚佐夫打了电话，说明情况。普京的第二次辞职申请迅速得到批准。他终于离开了早就想离开的克格勃，成为一名文职政府官员。

“8•19”事件后不久，戈尔巴乔夫即宣布苏共党组织自行解散。随后全国掀起一股汹涌的反对共产党的浪潮。在这种情况下，普京没有追潮流宣布退党。他知道他的老师索布恰克早在1990年苏共最后一届党代会上，就和叶利钦一起宣布退出苏共。但是普京并不在任何事情上都追随自己的老师，他是独立的，他有自己的看法。苏共解散后，他没有扔掉自己的党证，把它放在了抽屉里。那是他的一段历史，也是国家一段历史的见证。那个证件一直躺在他的抽屉里。

年底，戈尔巴乔夫最后一次以苏联总统的身份出现在电视上，宣布辞去总统职务。第二天，最高苏维埃正式宣布苏联解体。普京在圣彼得堡看到这一切。东德消亡的一幕重现在眼前。他没料到苏联这么快就走上了同样的道路。而且更糟糕。苏联解体了；而东德的结局却是与西德恢复了统一。昔日的大国雄风早已丧失殆尽，而今又分裂为十几个国家。叶利钦走进了克里姆林宫，但情况越加糟糕，国家处于灾难深重之中。

改革的必要性，公开性民主化，国际新思维，这一切离他似乎很远；国家体制的弊端，集权制的危害，他也从未像戈尔巴乔夫和叶利钦以及他的老师索布恰克看得那么清楚，思考过那么多，理论上有深刻见地。他一直只是红色帝国这个庞大机器上的一颗小螺丝钉，一个怀抱为理想献身的克格勃小军官，一个听话的小卒子。红色帝国轰然倒塌了，虽然他和所有的苏联人一样，对此早有预感，但是悲剧真正发生时，仍然使他感慨万千。他感到那么茫然痛惜和不甘心。他非常热爱自己的国家，他非常看重自己国家在世界上的地位和形象，他非常为自己国家昔日的强大自豪，至于这种强大用何种方式达到，这一点对他来说并不是第一位的。现在一切都结束了，留给他的是深深的遗憾、失落和痛苦。

1991年12月31日午夜，新年钟声在圣彼得堡上空响起，在已经解体的原苏联大地上响起。这钟声预示新的一年即将到来，也预示着一个新的历史时期的来临。在普京听来，1991年的新年钟声特别沉重，它不仅是新的一年来临的标志，也是有着近70年历史的苏维埃社会主义联盟的丧钟。

叶利钦走进了克里姆林宫，执掌了苏联解体后的俄罗斯大权。他和俄罗斯第二大城市市长索布恰克关系并不融洽。虽然一直以来在很多问题上他们是一致的，但索布恰克从来不认为自己属于叶利钦一伙。有人猜测，原因之一是索布恰克威望很高，有可能盖过叶利钦，成为叶利钦攀上权力顶峰的最强有力的竞争对手。权力欲望极强的叶利钦因此始终对索布恰克怀有警惕和提防。

普京仍在自己的岗位上兢兢业业地工作。他是个踏进政坛的新手，只在圣彼得堡才有人知道的市委官员。克里姆林宫和叶利钦离他很远。他虽然遗憾自己国家在一夜之间的崩溃，怀念前苏联的强大，但是在具体事务上，他坚决完全地追随他的老师，毫不手软。砍旗杆事件是最好的例证。

“8•19”事件后，苏联共产党被戈尔巴乔夫宣布自行解散，共产党拥有的巨大财富也被各级政府接管，首先是各地共产党的办公大楼。莫斯科老广场上的原苏共所在地，一栋气派的建筑成了叶利钦的政府所在地；圣彼得堡的市党委大楼斯莫尔尼宫也被索布恰克的政府接收，市政府搬到了那里。原苏联国旗自然也被俄罗斯联邦的白蓝红三色条形旗所替代。新国旗是俄联邦在叛乱事件后确定为自己的国旗。现在，无论是在克里姆林宫上空，还是在新的莫斯科议会大厦上，抑或圣彼得堡市政府大楼斯莫尔尼宫上，都飘扬着新国旗。圣彼得堡的共产党在原有基础上组建了新的政党，作为一个下野党派，在斯莫尔尼宫旁边的大楼里得到了一块地盘。他们坚信固有的理想，不甘心退出政治舞台。在自己的新据点里，高高升起了自己的红色旗帜。那面红旗飘扬在斯莫尔尼宫旁边，与市政府大楼上的三色条形旗相互对视，是示威，是抗议。两面旗帜在风中飘动，引起过往行人侧目而视。索布恰克在自己的办公室里就可以看见那面红旗，很扎眼，很不舒服。于是普京每天都派人在夜里将那面红旗取下来，但是到了第二天早上，另一面红旗又高高飘扬在那栋楼上，也飘在所有人的视线里。晚上继续有人取下红旗，但是无济于事，第二天照样有一面红旗迎风飘扬。拉锯战持续了一段时间，以至共产党人已经没有了红旗，而是将一面橙黄色的旗帜升起在空中。市委的人似乎想不出更好的办法解决这个难题。普京也感觉这终究不是长久之计。于是在一天早上，他亲自带着电焊工上到楼顶，指挥工人用电锯将立在楼顶的旗杆锯断。自此，这个令人头疼的问题才彻底解决了。

1994年3月，普京晋升为圣彼得堡市第一副市长，兼任国际联络委员会主席。几年的历练已经使他变为一个干练而有经验的政府官员。他在繁杂琐碎的各项工作中都展示出自己的不俗才能，每件事都办得很出色。他不善于在公开场合高谈阔论，没有他的老师那么出色的演讲才能，雄辩不是他的特长，但他的实干和处理问题的能力似乎比演讲更能给人留下深刻印象。市长只是夸夸其谈，具体工作都是普京落实。人们还发现，很实干的第一副市长面对摄像机和来访的客人，从来都站在其他人的后面。他总是深藏不露，不出头露面，也不多言语。他的精明在于他能准确地把握自己的位置和角色，不越雷池一步。当然这也是他的特工职业养成的习惯。虽然他辞去了克格勃军官的职务，但特工的烙印在他身上依然存在，而且对他并非无益。总而言之，普京的才干和处事低调使索布恰克深为满意。此外，他还和市长周围的人总能找到交谈的话题，得到相互理解，并通过他的沟通，缓解和消除一些人对市长的不满。这一点对索布恰克来说太重要了。

普京成为第一副市长后，工作人员问他在自己的办公室里挂谁的画像，他说要挂彼得大帝的画像。工作人员送来两张彼得大帝的画像让他挑选，一张是年轻时的彼得大帝，卷发下是一张充满朝气、聪慧、期望的面孔；另一张是彼得大帝去世前不久的肖像画，画面上的彼得大帝成熟、强悍、自信，目光炯炯有神。普京选择了后一张。那时的官员们在自己的办公室里，有的挂叶利钦的肖像，有的干脆什么也不挂。选择彼得大帝的肖像挂在办公室，普京恐怕是第一人。彼得大帝治理下的俄罗斯变得强大、繁荣，他是普京心目中最钦佩的帝王。在国家支离破碎后的今天，他对历史上的这位帝王更加崇敬，也反映出他期待俄罗斯重振雄风的愿望。

索布恰克在担任市长期间，放心将一切大事交给普京去做，出访时经常带着普京，如果将普京留在“家”里，会将签好字的公文纸留给他，以防急需时普京可以以市长的名义签发文件。普京已经是索布恰克不可缺少的左膀右臂，深受信任和重用。在决定一些重大问题时，索布恰克事前都一定会听听普京的意见再做决定。

在索布恰克任职期间，北方首都创建了俄罗斯第一家合资企业，此后合资企业迅速增加，1990—1995年间出现了约6000家合资企业，占俄罗斯合资企业总数一半以上；北方首都还成立了第一批外资银行；铺设了第一批互联网宽带线路，为互联网的普及和应用打下了很好的基础；倡议成立了合资企业领导人协会，促进该市商业发展……市委官员都知道，普京为这一切做了大量工作。

让我们换一个角度来看看本书的主人公，这样可以对普京在圣彼得堡那段时间的工作，以及他的行事风格、人品个性等有一个更全面客观的了解。

普京在圣彼得堡市政府工作6年期间，玛丽亚一直任他的秘书。在《第一人——普京访谈录》中，她这样谈到自己的上司：

> 普京第一天来上班时，我从正对着办公室门的一面镜子里看到的他：个头不高，相貌平平，走路略微左右摇晃，没有任何特征能让人记住他——我知道这就是我的新主人。而我正对着镜子抹口红。普京走到了办公室门口，我赶紧收起化妆品，心想这下完了，第一天上班就留给他这样的印象，他一定会立刻开了我。普京看见了抹口红的女秘书，但他什么也没说，极其自然地打了招呼，谈了工作。我松了一口气，感觉自己的上司人还挺宽容。

在后来的工作中，玛丽亚家和普京全家建立了密切友谊，两家关系亲密无间。女秘书和丈夫经常驱车去普京郊外的别墅做客。在柳德米拉出了车祸后，普京工作繁忙，晚上无法按时回家照看两个女儿，玛丽亚就去别墅陪伴两个女孩过夜。普京在索布恰克败选后，要离开市政府时，玛丽亚对她的上司就这样离去很抱不平。她说：“像他这样有能力有才干的人，一定会很快找到需要他的地方。”4年后，当普京当选为俄罗斯总统后，他特别邀请了当年的女秘书参加他的总统就职典礼。

普京在工作中不仅实干，而且注重成效。他历来觉得结果很重要，特别是对一个决策者而言。他的另一个特点是行事低调。他刻意不在公众场合露面，面对摄像机一般都躲在人后，也很少接受媒体采访。1994年，圣彼得堡记者贝拉•库尔科娃对他的访谈是一个很少的例外，记者颇费了一番口舌才得到他的同意。采访的题目和普京的回答很有意思，从中可以看出普京在做什么，如何工作。

记者：你的一个主要任务是和龋齿牙病斗争？

普京：圣彼得堡是全国极为稳定的一个城市。从社会、政治、经济及其他各个方面的意义上来说都是如此。我们打算使它成为某种意义上的另一个文化首都，金融中心，但不是政治首都。

记者：我知道，您相当关注口腔学的发展，还有我市医学中其他方面的最新科技的发展，请谈谈这方面的情况？

普京：当然，我们城市里90%以上的居民都受到牙病困扰和折磨，所以我对此高度关注。根据市委决定，我们又一次成功地实现了计划，按照该计划将全市85个牙医医疗点重新装备。在牙科医疗方面如此巨大的设备更新计划，俄罗斯大概没有其他哪个城市能进行。确实是这样。不是大概。目的是要达到很高的（牙医）水平，当然不是国家级的水平，但是圣彼得堡在全国也不是最末流的水平。500万人的城市，有大型工业企业，我市仅科学家就有37万人。占前苏联所有科技人员的10%。

普京希望将自己的城市建设得美好、富裕、强盛，他对索布恰克提出的要将圣彼得堡变成国际旅游中心、俄罗斯科学文化中心、世界金融中心的设想极为期盼。但他同时也看到实现这些美好的设想并非易事。老师描绘出的所有那些美好的前景，在索布恰克任期内都没有办成。原因是复杂的。有领导者自身的原因，也有客观原因。索布恰克自身的弱点和反对派制造的绯闻都妨碍了那些规划实行。普京步入政坛的这些年，同样看到了政治这一行当的险恶、肮脏、艰难，看到他的老师如何在权力角逐中艰难沉浮。

索布恰克为期6年的执政将要结束。是否继续掌管圣彼得堡，要看1996年的选举。反对派散布的种种耸人听闻的关于他的消息、谣言，对他再次竞选市长极为不利。索布恰克组织了竞选班子，自己担任领导，不久又委托自己的妻子担任。普京曾对他说，应当由专业人员组成竞选班子，但他并未十分重视这一建议。普京的精明再次可以窥见。他深知当时尚不成熟的民主选举究竟是什么货色，怎么回事。俄罗斯初期的民主与真正的民主是两回事。竞选根本谈不上公平和诚实，只不过是一场“卑劣肮脏的游戏”（普京语）。

普京依然全力以赴支持他的恩师第二次竞选。为了使竞选班子的人全力支持索布恰克，普京代表索布恰克竞选班子表示，他们的市长若再次当选，他们就留下来继续在市政府工作；若败选，他们将随同老市长一起离开圣彼得堡斯莫尔尼宫。

索布恰克败选后，普京信守自己的诺言，离开了市政府。期间，新当选的市长雅科夫列夫邀请他在新的市政府工作，他毫不犹豫地拒绝了。他还直言说雅科夫列夫是"叛徒"。但他们后来还是保持了交往关系。

1996年6月，普京结束了在圣彼得堡6年的从政生涯，离开了市政府，也离开了他的老师。但是他一直和他的老师保持着密切的联系，直至索布恰克2000年2月去世。

当他走出斯莫尔尼宫市政府大楼时，感慨良多。6年的官员工作，使他受到很大磨炼，收获颇丰。他熟悉了一个大城市的全面管理，也了解到如何展开国际交往。他全神贯注于自己的工作，体会到了其中的乐趣，也深知每一项工作的艰辛和要付出的劳动。他也看到了政治的肮脏和政客们的另一面：不择手段争权夺利。对此他深感厌恶。

走出了斯莫尔尼宫，他一下子成了一个没有职业的人。克格勃的工作已经辞掉了，去哪里工作？做什么工作？这是44岁的普京面对的一个迫切问题。

火灾和车祸

普京在圣彼得堡市政府工作的最后时期，家里发生了两件不幸的事情：一是妻子柳德米拉出了车祸；另一件事是他们位于圣彼得堡郊外的别墅发生了火灾。

柳德米拉是在去学校接大女儿的路上出的车祸。车上还坐着小女儿卡佳。当时一辆小车突然斜着撞上了她的小车，汽车猛然刹住，她的头却被重重地撞在了车上的某个地方，眼前金星乱冒，身上的某个地方也被撞击。她被人扶下了车，卡佳吓得不知所措，所幸哪里也没有伤到。路边围了一些人，一个过路的女人极为热心，帮助打电话到市政府，告诉她的丈夫赶快赶来，还打电话叫来救护车。很快，柳德米拉被送往了医院。在医院拍了片子，颈椎骨受伤，需要立即动手术。那所医院医术很糟糕，普京得知消息后立即联系了军队的医院。柳德米拉又被送往部队医院。治疗她的医生恰好和他们认识，他告诉柳德米拉必须马上做颈部手术。普京处理完紧急公务后，和女秘书玛丽亚一起来到医院看望。手术已经完成，挺成功，只是在脖子上留下了一道疤痕。柳德米拉看到自己脖子上那道扎眼的疤痕，伤心地哭了很久。那位外科医生说："真是个傻妞，留点疤痕算什么？重要的是你的命保住了，残疾的隐患也消除了。"

别墅的火灾发生在一个休息日。那天玛丽亚全家正在普京家做客，他们会在这里住上一两夜。这幢别墅建了6年，不久前才建好。别墅宽敞舒适，比普京父母位于托斯诺的旧别墅不知强多少倍，而且修建了可以洗桑拿的浴室。

晚饭后，玛丽亚和柳德米拉在客厅家长里短地聊着，普京和玛丽亚的丈夫在新建好的浴室洗桑拿。突然，桑拿室里冒出一股浓烟，继而燃起了大火。火苗势头很猛，很快就变成了熊熊大火，浓烟到处弥漫，呛得人喘不上气。普京和玛丽亚的丈夫急忙穿衣出了浴室，赶紧招呼家里人逃到户外。两个女儿已经躺下睡觉，赶紧将她们叫醒；玛丽亚从楼上下来甚至看不清楼梯，先下楼的柳德米拉在楼下大声呼喊，招呼女儿和玛丽亚迅速离开别墅。他们逃了出去，没有受伤。站在院子里，看着屋里的一切在大火中化为灰烬。别墅中的钱财都被大火吞没了，柳德米拉没有来得及带出一个戈比。她后来说，我一点也不心疼那些财物，重要的是所有的人都得以逃生。

克里姆林宫的新职务

6月离开圣彼得堡市政府后，普京失业了大约两个月。他挺着急，有家有孩子，没有收入怎么行？

圣彼得堡政坛变化很大。选举搞得乌烟瘴气，索布恰克落选了，他原来的助手、副市长雅科夫列夫成为新市长。克里姆林宫中央权力机构中是另一番情景。重病缠身的俄罗斯总统叶利钦，奋不顾身，冒着生命危险参加竞选，第一次没有得到足够的票数，又举行了第二轮投票，最终如愿，再次当上了国家总统。叶利钦心脏病已经相当严重，竞选期间再次复发，但他周围的人替他严守秘密——这种关乎国家命运和前途的大事，在一个透明、民主的国家里，保守这样的秘密是违法的，但在俄罗斯则不然，不仅他周围的人替他保密，媒体也一起愚弄民众，将一个"充满活力"的健康形象展示在公众面前。于是叶利钦得以继续坐在总统宝座上。在他第一任期间国家不仅没有任何起色，而且各方面情况继续恶化；再次当选的胜利解决不了这些问题，改变不了严酷的现实。接下来怎么办？叶利钦和他的班子也为此焦虑不安。不断撤换各级领导，特别是高层领导人，走马灯般更换政府总理及其班子，是叶利钦执政期间最突出的特点。圣彼得堡原市政府不少人都去了莫斯科，为叶利钦政府效力。其中很多人和普京都很熟悉，他们在圣彼得堡共事过。这为普京在莫斯科找到新工作提供了条件。但普京在中央找到新的工作并非很顺畅，而是一波三折。

圣彼得堡老乡波罗金诺第一个从莫斯科打来电话，建议他去总统事务管理局工作。波罗金诺已经和总统事务管理局负责人尼古拉•叶格罗夫谈了普京的工作。普京接到波罗金诺的电话倒是有几分奇怪：他和此人没有深交，不过是在圣彼得堡工作期间见过几次面而已，他怎么会想起了他？

普京被总统事务管理局局长尼古拉•叶格罗夫叫去了莫斯科，他建议普京做他的副手。普京同意了。尼古拉给他看了已经起草好的任命书，告诉他总统下周即将签署，让他回家安心等待。普京回到圣彼得堡静候消息。没想到，一周过去，没等到下达对他的任命书，尼古拉却突然被撤了职，丘拜司接替了总统事务管理局局长的职务。原本答应普京的副职干脆取消了。普京的工作依然没有着落。

又过了一段时间，开始组建切尔诺梅尔金领导的政府班子。阿列克谢耶维奇•波利沙科夫做了切尔诺梅尔金的第一副手。此人也是圣彼得堡人。他对波罗金诺说："怎么回事，你答应了普京，却不了了之，撒手不管了，他可还在家里坐着没事干呢。"波罗金诺说："这事哪能怨我，还不是你们的新政府让这事泡了汤。"但他随即答应再为普京想想出路。库德林也给普京打来电话，他那时是总统监察总局局长。他对普京说："来一趟吧，看看有什么适合你的工作。取消了总统事务管理局局长助理职位，并非没有其他机会。"普京听了他的话，再次来到莫斯科，和库德林会了面。后者将他的情况告诉了丘拜司。正要去度假的丘拜司建议普京领导社会联络局的工作。这个工作完全不合普京的心意，但又能怎么办？联络局就联络局吧，反正还属于总统事务管理局。他同意了。

库德林开车送他去舍尔米耶捷沃2号机场回圣彼得堡。在路上库德林说，为何不给波利沙科夫打个电话祝贺他？他是第一个成为第一副总理的圣彼得堡人。说话间在车上库德林拨通了克里姆林宫的总机，很快接通了。库德林说："瓦洛佳（即普京）祝贺你，他就在我身边。"波利沙科夫说："把电话给他，我和他说几句话。"他问了普京的情况，得知普京将来莫斯科负责联络局的工作，现在要飞回圣彼得堡。电话那头的波利沙科夫说："请过30分钟给我回个电话。”库德林的车还在向机场开去。到了机场，登机前最后一刻普京应波利沙科夫的要求给他回了电话。波利沙科夫问普京：“你是否可以留下来？明天去找波罗金诺。”普京不清楚明天将谈些什么，但是留了下来。他甚至没想到，波利沙科夫能记得他。

普京在圣彼得堡市政府工作期间和波利沙科夫仅有的一点交往是，波利沙科夫当年被索布恰克从市政府赶走后，处境不好，非常落魄。他不断来到斯莫尔尼宫，为了什么事情要求见副市长普京。来见副市长的人很多，需要排队等候。但是普京从没有让他排队等待接见，每次都立刻放下手边的事，赶走其他人，亲自招呼他进来。也许正是因此他还记得普京。这个当年在索布恰克执掌圣彼得堡大权时落难的人，谁也想不到他还有今天。他现在在首都莫斯科中央权力机构中占据要职。

第二天早上普京去见了波罗金诺，波罗金诺建议他做自己的副手。普京回到家里和柳德米拉商谈了他的新工作，尽管不完全适合他，但没有其他可能，应该去。柳德米拉并不是很愿意离开圣彼得堡。他们刚有了自己的新公寓和别墅，别墅位于著名风景区阿尔汉斯克，虽然是一栋陈旧的二层楼，但有6个房间，很宽敞，刚刚装修过。去莫斯科一切都要重来。对于丈夫的仕途，她历来不很看重。权位在她眼里并不比其他事情更重要。但是这对普京来说是最重要的。任何一个男人都是这样，视事业高于一切。

和丈夫一起来到莫斯科后，她立刻喜欢上了这座大都市。这里的一切——街道、气氛、建筑、环境，都让她喜欢。但是与圣彼得堡相比，北方首都仍是她最喜欢的地方。

1996年8月，失业两个月后，在自己老乡的举荐下，普京终于在莫斯科找到了新工作。他来到莫斯科，在老广场那栋原属苏共的大楼里开始上班了。职务是波罗金诺的助手，俄联邦总统事务管理局副局长。

这个职务在叶利钦的权力机构中很不起眼，但正是这个小角色，敲开了普京通往克里姆林宫的大门，使他在后来短短三年多的时间里，直线上升，坐上了国家最高权位的宝座。总统事务管理局副局长，这是他迈向克里姆林宫权力顶峰的第一个台阶，是他仕途上一个重大的转折。那时不会有人意识到这一点，包括他自己。有着17年克格勃经历的他，是个极有理智和自知之明的人，他一向清楚自己的位置和角色，相当明确地知道。无论在哪里，他都会尽全力做好分内的工作，不张扬，不炫耀，不出风头。在莫斯科的新职位上也是如此。莫斯科官场上这样的官员并不多见。因此他很快引起了很多人的注意，包括总统叶利钦。正是他的这些品格，加上当时的客观条件，使他在此后短短时间里迅速攀升，扶摇直上，以令人炫目的速度，不可思议地在1999年8月被叶利钦任命为总理和总统接班人。年底，他已经成为俄罗斯的代总统。听来真像一个神话。

普京在总统事务管理局工作了仅半年时间。1997年3月，他被调任俄联邦总统办公厅副主任，兼监察局局长。其间的工作范围和内容大同小异。对这样的工作他确实没有一点兴趣，并差点辞职。他曾经有过建立自己的律师事务所的想法。他的不少学法律的朋友都开了自己的律师事务所，挺成功。但是他最终没有走。

总统事务管理局的工作是和各省省长打交道，省长是国家权力机构的基础组成部分，很重要。和他们保持良好的关系，关系到中央政权的稳定，也是国家把握方向中最为重要的事情。反之会带来很多麻烦。普京和他们的关系不是很融洽，而自己目前的工作恰好可以调整和他们的关系，也是一个很好的锻炼自己的机会。在圣彼得堡6年多的工作中，普京在经济和城市管理上都积累了很多经验。但那毕竟只是一个城市，而不是整个国家。普京希望在更大范围中积累更多的经验。

1996年8月始，直至调离他去安全部工作（1998年7月）的近两年时间里，他熟悉了各省的情况，建立了和各省头面人物的关系，并很快熟悉了克里姆林宫中央政权的方方面面，了解了总统事务的处理方式，和同事也建立起良好的关系。尤其是和总统办公厅主任瓦伦丁•尤玛舍夫关系密切（尤玛舍夫后来和叶利钦的女儿塔季扬娜结婚，成为叶利钦的女婿），尤玛舍夫在叶利钦面前说了不少普京的好话。1998年7月，普京被任命为俄罗斯联邦安全局局长。很快，叶利钦又任命普京兼任俄罗斯联邦安全委员会（前身克格勃）主席。1999年3月底，任俄联邦安全会议秘书长。

屈指算来，普京来到莫斯科不到两年的时间，工作却频繁变换，职位不断上升。他在那个他不十分感兴趣但觉得很有必要历练一下的岗位上（包括俄联邦总统办公厅副主任和俄联邦总统监察总局局长的职位）干了近两年，现在，他又要回到他最初走上工作岗位的地方，即克格勃。真是很有意思，辞去克格勃工作7年后，绕了一个圈，他又回到了原地。准确地说，是螺旋形上升的一个圈，并非原地踏步。辞职时他不过是个小小的克格勃上校，刚刚步入政界，在索布恰克身边任副职；回来时却成为那里的主管。世事变迁令他也令他原来的克格勃同事感慨万千。

自从1991年辞去克格勃工作之日起，他便再也不想回到那个地方。无论如何也不能回去。但是这事没有人事先征求他的意见，问他想不想去，总统一纸任命书就决定了。任命下达后，第一时间他甚至都不知道，总理基里延科祝贺他成为俄联邦安全局局长时，他才惊讶地得知这个消息。

1998年7月，普京来到位于卢比扬卡广场的安全部大楼上任，他对那里迎接他的人说的第一句话是："我回到娘家了。"原局长科瓦廖夫带他来到局长办公室，这里即将成为普京的办公室。科瓦廖夫打开了保险柜，告诉他机要记事本都放在这里。眼前的一切使普京回想起很多往事……

普京在这里看见，迎接他的克格勃官员们小心而谨慎。这个几年前在我们的机构里辞去了工作的小军官，如今却如此风光地回来了，令他们惊讶，也令他们捉摸不透：他会做什么？会搞大换班吗？也有人心怀不平，让这样一个上校级的人回来当我们的领导人，太过分了！他没有资格。普京在《第一人——普京访谈录》中回答记者问时说："是的，我早就离开了克格勃，有了自己的新生活，完全不同于在克格勃工作时的生活。我很自由并且已经习惯了这样的自由生活。我可以在饭店会朋友，可以畅所欲言，可以做自己喜欢做的任何事。我感受到了生活的五彩缤纷。我没想到还会回到那里，也真的不想回去，不想第二次走进同一个水塘，再过那种封闭的生活。记得'8•19'政变后，索布恰克曾建议我去领导圣彼得堡的克格勃，我很不愿意去，尽管我个人对索布恰克一直很尊重。警察在我们国家里一直声誉很差。我当初离开那里多么不易……但是任命了你，有什么办法？在这个机构里工作的人，我很理解他们的不易，没有正常人的生活，受到很多纪律约束，规定繁杂，还要接受没完没了的明的暗的检验、考察。对于我个人的那段经历，早已不是秘密。是的，众所周知，我离职时只是个小小的上校，但是现在，我并不是以上校的身份回来的，我不是军人，而是一介百姓、一个公民、政府官员。我是以总统事物管理局副局长的身份来这里任职的，我还曾担任过列宁格勒市副市长。据此可以说，我是第一个非职业军人的克格勃领导人。"

据柳德米拉说，叶利钦任命丈夫为安全局局长时，大概也觉得他以前的上校军衔恐不能服众，因此建议他直接升为将军军衔。但是普京坚持保留自己的公务员身份。他认为最重要的是有否能力胜任这个工作，而不是军衔。他是作为一个人去领导这个部门的工作，而不是以上校的身份去指挥那里的将军们。

普京上任后在安全局没搞大换班。他仔细观察了安全局的现状，和那里的人交谈，然后开始撤换不需要的人。当然，从圣彼得堡调来不少他认为合适的

莫斯科克格勃大楼

自己人。

普京在安全部门的岗位上只干了一年多。1999年8月，总统对他又有了新的任命。

第五任总理

1999年8月的一天，当叶利钦请普京来到自己的办公室，告诉他想解除斯捷帕申的总理职务，并让他担任时，普京的第一想法是：好了，现在轮到我了，我的仕途、从政之路也即将和前几任总理一样，很快结束。他既没惊讶，也没惊慌，更谈不上自信还是不自信，脑海里出现的不过就是这样的想法。但他也注意到了，总统对他使用的词不是一般的“总理的接任者”，而是“有前途的总理”。即如果一切正常，那么总统认为他有可能与几个“短命”的前任不一样，而是能够成为真正的总理。但什么是情况正常，这个标准没人知道，除了叶利钦。这次任命也像以往每次调动他的工作一样，并没有征求他的意见，只是说已经“决定”了。

普京从1996年8月来到国家权力中心工作后，已经看到了国家总统是如何走马灯般不断撤换他的手下人的。谢尔盖•斯捷帕申是叶利钦在不到一年半的时间里解除的第四位总理了。他被叶利钦任命为总理是在1999年5月19日，在位还不足3个月就被解职，真如同儿戏般轻率，斯捷帕申本人和所有的人都没料到。不少人对斯捷帕申抱有好感，普京也一样，对此人怀有尊重，因为他从不以长辈自居，平等待人，令人感动。

斯捷帕申的前任是叶夫根尼•普里马科夫，他是在1998年9月叶利钦签署命令任命的，在位9个月，1999年5月被斯捷帕申接替；再往前是维克多•切尔诺梅尔金任代总理，此人是第二次被叶利钦任命为总理，他接替的是谢尔盖•基里延科；后者在1998年4月底被总统任命，只工作了4个月即被免职。在总理职位上时间最长的还数维克多•切尔诺梅尔金，他第一次任总理是在1992年12月14日开始，在职5年半，于1998年3月被解职，其政府班子宣布解散。普京来到中央工作后，看到的就是这令人目不暇接变化无常的政坛。如今，他也将走进这个漩涡，参与其中，大概也会像前面所有的人那样，很快会被漩涡吞没，遭遇同样的命运。但是他不怕。

总统告诉普京打算任命他为新总理时，说还要和斯捷帕申谈一下。谈话在叶利钦位于戈尔基的别墅里进行。那天晚上四个人在座：叶利钦、斯捷帕申、阿克谢宁克和普京。叶利钦表情严肃，桌上放着关于斯捷帕申丑闻的录像带和录音，总统指着那些东西说：“我认为你已经不适合再在这个位置上工作了，应当提出辞职。”场面挺尴尬，普京感觉很不舒服。因为正是他将接替斯捷帕申，而斯捷帕申和他相处挺不错，他们曾共过事，现在面对面坐着。斯捷帕申没有说话，他考虑了一下，拿起一张纸开始写辞职声明。

杜马8月16日通过了总统的提议，普京成为第五任总理。

叶利钦频繁换马，这次居然将政府总理换上了既没有知名度也缺乏从政经验的毛头小子普京，让很多人惊讶不已，包括老到的有威望的普里马科夫。他们都心存疑问：这个人行吗？他才47岁，从政也不过9年时间，来到首都3年左右，没看到他有耀眼的政绩和过人之处，知道他的人也没有多少，甚至很多人连他的姓名都念不全。叶利钦为什么做出这样的选择？在杜马表决大会上，有杜马议员不知是有意还是无意，将他的姓名都念错了，这明显是轻视新上任的总理，是一个小小的挑衅。新总理走上讲台，不动声色，也将对方的姓名故意念错。一直保持低调的名不见经传的年轻人，此举给人印象深刻。他有个性，不会任人摆布，面对挑战绝不示弱。

普京总理

接下来更让人震惊的是，年轻的新总理在对待车臣非法武装问题上的坚决、强硬、毫不留情和敢于承担责任。在这个问题上，普京早有自己的看法。苏联解体后在车臣出现的民族分裂现象，不过是前联盟解体的继续，早该坚决制止。一味忍让、姑息，不是办法。现在不断恶化的糟糕局面就是一直以来没有采取坚决打击的结果。车臣匪徒有恃无恐，不仅要求民族独立，还入侵了达吉斯坦。普京说："我曾经寄希望于这一点，即随着经济和民主政治的发展，国家分解应当停下来，但是这种情况并没有出现。如果那里的局面得不到控制，继续恶化，那么俄罗斯将不会存在。现在提供给了我这样的机会，我要亲自解决那里的问题。不论能否见效，我都要尝试一下。这是我接受担任总理的主要理由。……没什么，结果可能和前几个总理一样，仕途到此结束，但是我要尝试一下，解决这个问题，最坏的结果就是失败了，下台完事。我愿意付出这个代价。"（《第一人——普京访谈录》）当他谈到这一点时，记者的看法也极为精彩。记者说："是的，这确实是最小的代价，而每一次战役，军事行动，都会以牺牲战士的生命为代价，那是活生生的生命啊，那才是最大的代价。比起他们的牺牲，其余的代价都算不上什么。"

普京接过了总理职务。歼灭车臣非法武装分子决心已定，他有2—4个月的准备时间，然后将展开军事攻势。这是他上任后面对的最重要的一件事。他每天都和将军们在一起商议，调集军事力量，做出行动计划，制定出击方案。他的决定得到了大多数俄罗斯民众的支持，也得到了总统叶利钦的完全信任和支持。

第二次车臣战争

普京接任总理时，面临的局势非常严峻，国内其他各方面情况暂且不说，单仅高加索地区车臣武装匪徒就令叶利钦当局头疼不已。第一次车臣战争俄罗斯军队一败涂地，伤亡惨重，付出了高昂的代价。结果呢？不仅没有丝毫改变那里的局面，相反，车臣非法武装力量更加猖獗。1999年8月至9月，车臣匪帮与圣战者组织有联系的沙米尔•巴萨耶夫率领两支武装分子部队，公然从车臣入侵邻近的达吉斯坦共和国。普京接受总理职务就在此时。

车臣非法武装分子入侵达吉斯坦共和国，这是第二次车臣战争的起因。

对于如何解决车臣问题，国内意见始终不一，有人主张严厉打击，有人反对出兵，包括索尔仁尼琴等一批著名作家和文化人士在内，一直反对车臣战争，力主寻求和平解决方式。他们认为俄罗斯在打一场愚蠢的战争。他们的看法也得到不少民众的支持。新总理普京是前者，认为解决问题的唯一出路就是狠狠打击，这样才能制止事态进一步恶化，彻底解决问题，恢复那里的安宁。

叶利钦并非不这样想，之前政府也不是没有打击那里的非法武装力量。1994至1996年进行过第一次车臣战争，其结果众所周知：俄军遭到惨重损失。车臣战争打了好几年，没有解决任何问题。国际上更是一片反对之声，西方媒体大肆谴责俄罗斯违反人权，使用暴力，杀死了很多车臣无辜平民。而俄罗斯广大民众也持有颇多负面看法。普京上台之后如何处理呢？就在此时，车臣非法武装分子入侵了邻近的达吉斯坦共和国，他们的举动让很多俄罗斯人看到，事态有进一步扩大的可能，车臣非法武装分子太过分了，原来对他们抱有一定同情心的人，转而持怀疑和不满态度。车臣非法武装分子已经不仅仅是要求民族独立，还表现出侵占邻国土地的野心。接下来车臣武装力量8月底9月初在达吉斯坦境内和首都莫斯科制造了几起严重恐怖事件，接连炸毁了几栋居民大楼，几百人死于非命，这更激起了俄罗斯人的愤怒。在这样的情况下，坚决出兵，狠狠打击车臣恐怖分子已经成为很多人的愿望。普京顺应并抓住了这一有利时机，坚决而果断地采取了一系列强有力的打击措施。

1999年莫斯科的夏末秋初必定会永远铭记在很多俄罗斯人的心里。那是一个可怕的时刻，一幅恐怖的画面，是俄罗斯人经历的无数苦难中的又一个插曲。8月14日电视上播出了头一天一栋居民大楼遭到恐怖分子安放炸药爆炸后的场面，目击者说，在巨大的爆炸声中，大楼顷刻间倒塌，残存的楼体下是一堆瓦砾。画面令人觉得恐怖和震惊。很多莫斯科平民命丧黄泉。

首都人知道车臣局势一直动荡不安，那里在进行一场战争，每天都有自己的军人战死，也有很多无辜的车臣人死于炮火。战争的残酷和恐怖，他们在电视上和电影里都看到了，硝烟弥漫，血染大地，横尸遍野，还有令人惨不忍睹的野蛮屠杀……令他们没想到的是，如今战火已经近在眼前，恐怖分子居然跑到了首都，随时可能危害他们的生命。车臣恐怖分子的行为确实到了无法再容忍下去的程度，需要立即用一切办法解决。但莫斯科的恐怖事件还仅仅是个开始，更恐怖的事情还在后面。紧接着，首都第二栋居民大楼又爆炸了，几天后是第三栋——在9月13日凌晨，一声巨大的爆炸声再次响起，这一次是从位于莫斯科市中心的卡什尔大街传来，那里的一栋八层居民大楼发生了爆炸，那座建筑几乎被夷为平地……在不到一个月的时间里，首都就有三栋居民大楼发生爆炸，莫斯科的空气里散发着浓浓的硝烟味道，人人惊魂不定，不知道下一栋被安置炸药的居民楼是哪一栋，什么时候会发生爆炸……媒体惊呼，这是一场看不见战线的战争，它已经蔓延到了莫斯科。新任总理普京心情沉重，也更加坚定了要平息车臣匪帮的决心。他说："朋友来了用美酒款待，敌人来了以枪炮还击。"

车臣问题是普京接任总理后面临的诸多问题中的一个，却是最关键和最主要的问题。解决这个问题对他来说是一场战斗——不仅是指战争本身，而且这也是就他的个人命运而言。普京虽然曾经是一名军人，却从未打过仗，也没有任何指挥作战的经验。但他是个聪明人，一旦决定做某件事，他会很快掌握情况，并做出迅速准确的判断，制订出周密可行的计划。

8月10日，刚刚被任命为俄罗斯新政府总理的普京就与总统叶利钦及有关部门领导人讨论了越来越严峻的车臣形势。新总理态度十分强硬，他说："车臣问题已经不是简单的俄罗斯内部问题，它正在逐渐演变为一个敏感的国际问题。外部势力的插手和干涉再加上我们自己反应迟缓已经让我们有了第一次（车臣）战争的教训，我们决不能重蹈覆辙！对于那些不知悔改、一再坚持分裂国家、肆意屠杀无辜的刽子手，我们已经别无选择，只能用坦克和子弹来和他们说话！现在车臣地区已被车臣分裂势力和外来势力变为攻击和颠覆整个俄罗斯的前哨基地……对车臣问题，如果今天我们还是姑息纵容软弱无力，那么我们明天将可能失掉整个俄罗斯！"普京特别强调要彻底消灭分裂势力，坚决维护俄罗斯的国家主权和领土完整。普京的一句反映其强硬态度的话流传甚广："如果在厕所遇见那些杂种，就把他们塞进马桶里去！"

为了避免像第一次车臣战争那样溃败，普京仔细研究了上次战争的教训，总结其经验。但是首先，他请求叶利钦赋予他全权处理车臣问题的权力。叶利钦答应了他的请求，要求各部门无条件坚决服从新总理的各项命令，叶利钦甚至还赋予了普京“先斩后奏”的特权。

在采取军事行动的同时，普京展开了外交攻势，接见了所有相关国家的驻俄大使，向他们表明俄罗斯为了维护国家统一和安定，将大力打击恐怖主义分子，车臣的非法武装力量是国际恐怖活动的一部分。平息那里的乱局，是维护世界和平的一部分。俄罗斯将运用军事力量坚决予以打击。此举是普京吸取第一次车臣战争的教训所采取的对外策略。目的是与这些国家展开对话，进行沟通，求得他们的理解，至少使他们保持中立，以减少国际社会对俄罗斯解决车臣问题散布不利舆论和制造障碍。普京的方法很奏效，不少国家的大使表示理解甚至支持俄罗斯的做法，整个国际社会也没有掀起反俄大合唱。这与第一次车臣战争时国际社会的反应有了显著的改变。

在总统的全力支持下，普京打击车臣非法武装的计划在国家杜马也赢得了有力的支持。接下来就是制定作战方案，并加以具体实施了。为恢复整个高加索地区的秩序制定了一套非常完善的作战方案。

这一次的军事行动任务明确，目标清晰。整个行动分为三个阶段：第一阶段要在达吉斯坦境内彻底消灭一切入侵的车臣分离主义分子，并封锁车臣边境；第二阶段将对车臣首府格罗兹尼发动总攻，并完全占领该市；第三阶段是清剿逃进山区的非法武装人员。

8月底，俄军在车臣开始大规模空袭，这次空袭中至少有10万车臣人逃离家园。9月中旬，在达吉斯坦境内的车臣非法武装力量受到俄军重创，除巴萨耶夫带领少数人员逃回车臣外，大部分武装分子不是被击毙，就是做了俄军的俘虏。第一阶段的任务很快就完成了。第二阶段开始了。俄联邦军队切断了车臣境内的能源和通信网络，关闭了石油和天然气管道，中断了车臣的铁路和航空运输。

9月19日起，俄罗斯空军每天都出动不同架次的飞机，对车臣境内的军事目标和基础设施进行轰炸，由于定位精确，车臣非法武装力量的基地、重要据点、雷达站、防空系统、弹药库、燃料库、炼油厂、机场、通信设施以及广播电台和电视台都遭到了沉重打击。此间马斯哈多夫提议用“外交手段”“和平解决”“两国”关系问题，“车臣人民和俄罗斯人民都不希望再流血了”。普京第二天即果断回答：“可以同车臣领导人（而不是国家领导人）进行谈判，但前提是无条件谈判，否则一切无从谈起。”普京堵死了马斯哈多夫的要害即完全独立，在谈判中以“国家”的面目出现，于是马斯哈多夫转而很快和巴萨耶夫商谈守城计划。9月底10月初，俄军10万人已经开始渡过捷列克河，进入车臣，向车臣首都格罗兹尼推进。经过一系列的激战，俄军不断向前推进，占据了不少城镇，11月底，格罗兹尼已经成为一座孤岛。12月初，北高加索俄军司令维克托•卡赞采夫称，俄军已完成对格罗兹尼的封锁，从三面包围了这座城市。总攻即将开始。在发起总攻前夕，俄军从空中撒下传单，告诫市内居民务必在12月15日午夜12点之前撤出本市，否则将按恐怖分子对待。传单上还画有撤出的路线图。

12月16日零点刚过，俄军即展开了对格罗兹尼的总攻。战斗极其惨烈，俄军士兵顽强战斗，车臣匪徒也拼死顽抗，巷战和近距离的枪刎搏斗使双方死伤无数。几乎每一米都经过激烈争夺。特别是在争夺市中心米努特卡广场和车臣匪徒总指挥部时，双方对峙，僵持了几天时间，最后在车臣亲俄民兵的帮助下，俄军捣毁了车臣非法武装分子的大本营，最终占领了广场。俄军攻下这座城市极为不易，付出了极大代价。最终占领这座城市，已经是新千年——2000年的2月了。这场持续了几个月的战斗指挥者、原总理普京此刻已经成为国家代总统。

普京上任后即展开对车臣非法武装的强硬攻势，那里的战况成为全国人民关注的焦点，这关系到他们的切身利益和安全，也关系到国家的安危和前途。每一天的战事新闻报道，人们不仅看到了那里激烈的战斗，流血，牺牲，还看到了希望——俄军艰难地但有成效地收复了一个个城镇，最后攻下了格罗兹尼。人们更看到了新总理的令人想不到的能力。不起眼的新总理原来是一个行事坚毅果敢的人，有魄力的人，是一个硬汉。

转眼到了1999年底。新年前夕俄罗斯政局传出一个爆炸性新闻。

总统叶利钦在即将过去的一年的最后一天，宣布提前辞去总统职务，任命普京为代总统。无疑，叶利钦除了种种考虑之外，普京这一时期的表现，特别是在指挥车臣战争中表现出的果敢坚决、准确周密以及取得的进展都令他极为满意。这个年轻人果然不负他的厚望。俄罗斯交给这样的人，他放心。

另一个惊人的消息是，代总统兼总理普京新年前夕和夫人及一些将军飞往车臣前线，看望正在那里浴血奋战的官兵。当他出现在战士们的眼前时，一些人不敢相信自己的眼睛，官兵们惊讶而兴奋，士气受到极大的鼓舞。全国人民也在电视里看到了这一幕。四个多月前被任命的新总理，刚刚被叶利钦宣布的接班人、代总统普京声名大振，威望大增。

政坛上层人物也极为关心那里的战况，除了上述原因，普京个人的表现也是他们极为关注和感兴趣的。这不仅关系到俄罗斯的命运，还关系到下届总统的竞选。下届总统选举的日子已经不远了。叶利钦肯定不会再连任，他已经连任了两届；况且重病缠身，早就根本无法正常理政；此外他面临的情况也不太妙，对他的几项起诉有可能让他进监狱。谁能够当选下届总统？各方人士都在考虑。对于普京，开始各党派并没有怎么重视这个人，他们认为他会像前几任总理那样短命，不过是叶利钦的又一个牺牲品罢了。但是随着车臣捷报频传，他们突然感到，此人决不可小觑。而叶利钦提前辞职，对于他们更是一个突然的袭击；他们完全没有料到，下届总统选举局势突变，代总统的职位大大增加了竞选下届总统的筹码。

对于普京来说，车臣战争为他提供了一个极好的舞台，这是历经多少年才会出现的机遇，加上他个人具有的素质、禀性和能力，使他获得了极大的成功。他愿意赌上自己的前程，也要按照自己的想法来平息车臣乱局。他的这个赌打赢了，而且赢得极为漂亮。普京重拳出击车臣叛匪，发起了第二次车臣战

笼罩在炮火硝烟中的格罗兹尼

争；而车臣战争造就了普京，开创了普京时代。

第二次车臣战争狠狠打击了车臣民族分裂主义分子和非法武装力量，将他们控制的格罗兹尼等地夺取回来，但也付出了巨大的代价。据俄官方公布的统计数据，在这次战争中，牺牲的俄军将士共计3438名，受伤士兵11661名；被击毙的车臣匪徒11000名；平民伤亡数据没有评估。与第一次车臣战争相比，代价还是小很多。这也是由于普京吸取了第一次车臣战争的教训，改变具体方式，更有成效作战的结果。但俄士兵母亲委员会调查的结果与官方的数据相差很大。俄罗斯士兵母亲委员会经过对医院和停尸房文件的调查统计显示，在第二次车臣战争中死亡的士兵人数比政府公布的要高出近三倍。

普京领导的第二次车臣战争虽然以比第一次车臣战争小的代价取得了胜利，总体上达到了目的，但也留下了隐患。马斯哈多夫和巴萨耶夫冲破重重包围逃脱了，据说是重金收买了俄军人员得以逃脱，这为他们后来继续在俄罗斯包括莫斯科在内的城市制造一系列恐怖事件埋下了伏笔。

战争没有真正的胜者。这话没错。战争不仅造成双方大批人员伤亡，还使得大批平民无辜遇难，包括车臣人和俄罗斯人。车臣首都格罗兹尼变为一座名副其实的废都，几乎没有一堵墙上没有留下子弹的孔隙，也几乎没有留下一座完整的建筑。修复这座城市需要很多年。

战争能够打赢，但人心的征服比打赢一场战争艰难千百倍。战争只能将仇恨的种子埋得更深。俄罗斯媒体那一时期时有报道说，车臣的孩子从懂事起就在学习射击，他们瞄准的靶子就是俄罗斯人，因为父母和亲人从小就告诉他们，俄罗斯人是他们的敌人。俄罗斯人杀死了他们的亲人，毁坏了他们的家园。他们活着的唯一目的就是要复仇。看着那些充满稚气的孩子的面孔，和那不相称的严肃和仇恨，令人心痛，也令人深思：这一切为什么会是这样？这一场民族恩怨，源远流长，时至今日。想真正抚平两个民族心灵深处的悲伤，化解怨恨，真正和睦相处，还要付出相当大的努力。

第一家庭

普京的政治地位急剧上升，他的家庭也随之有了极大的变化。

柳德米拉•普京娜看着丈夫以令人震惊的速度不断升迁，感觉惊异。她有时会这样想：我嫁了一个人，昨天他还是个名不见经传的圣彼得堡市副市长，今天他就成了俄罗斯的国家总理。真是不可思议。不过，她早就感觉，她的瓦洛佳准行，他干什么都会成功。她不担心他被突然推上这么高的位置。

丈夫担任总理后，越来越繁忙。肩上的工作，在柳德米拉看来简直不是人所能承受的，只有神话里的人才有可能担当得起。他每晚就寝很晚，但早上照样准时起床，精神饱满。周六周日也经常忙于工作，不在家。和丈夫一起去度假和休息？她早就不做这样的计划了，因为她知道那根本就不可能。以前如果有这样的情况发生，例如他们准备好了一起去度假，瓦洛佳突然不能去了，柳德米拉会感到委屈、不愉快、很生气，但是现在她不会这样。她知道丈夫身上承担着什么样的重担。

不久，叶利钦在电视上宣布普京为代总统，他的接班人。柳德米拉没有看到这个轰动全国和世界的新闻，这消息是她的一个女友打电话来告诉她的。开始她不相信，后来知道这是真的，她为此哭了整整一天，她感觉作为一个人的个人家庭生活就此不存在了，少则三个月，多则四年，不论多长时间，反正这事使她伤心。她不愿意做第一夫人，不愿意自己和自己的家庭生活在公众的眼皮下，那种感觉很可怕。但是她的命运取决于丈夫的命运。对此她很无奈。她哪里想到，丈夫一旦进入这个角色，欲罢不能，绝对不是几个月，也不是四年，甚至不只两个四年；她的丈夫在履行国家总统的职责中，从未有过的责任、重负、难题和挑战，国家第一人的各种感受，都令他兴趣盎然。在一片赞扬声中（主要是第一任期和第二任期期间）感受到从未有过的愉悦。看到国家在自己的领导下逐步走上正轨，在国际上恢复了以往的地位，他由衷地感到满意。他喜欢这样的工作，将国家的命运掌控在自己的手中。渐渐地，由开始的不那么自信，青涩，身不由己，到逐步习惯，直至最终，他已经绝对不想离开政坛，离开决策中心，去过另外一种生活。

在柳德米拉知道了叶利钦宣布辞职并任命丈夫为代总统后，她接到了普京打来的电话，普京问她是否愿意和他一道在今天飞往车臣战地，看望和慰问正在那里作战的官兵。柳德米拉思考后，决定和普京一起前往。

他们乘坐一架小型战斗机，向车臣飞去。飞到离前线不远的地方，不能再向前飞了。柳德米拉看到普京有点失望。她知道，普京不会罢休，他想做的事一定会千方百计实现。果然，和当地官兵分享了迎接新年的香槟酒后，普京让人弄来一辆军车，他和几个人坐进这辆车，冒着炮火的威胁，一路开往最前线。俄军官兵看到他们后，那惊诧的眼光和兴奋的表情，令柳德米拉久久难

普京夫妇新年前夕飞往车臣

忘。这就是她的丈夫：不达目的不会放弃。

两个女儿玛莎和卡佳经历的是另一种感觉。爸爸当上总理后，突然之间，周围的人——同学、老师、熟人、邻里都对她们无比尊敬，还掺杂着某种敬而远之的东西，令姐妹俩惊讶不已。当然，爸爸使她们自豪。不久，叶利钦宣布普京是他选定的接班人，这消息更是轰动，姐妹俩成了学校所有人关注的焦点。新年最后一天，叶利钦宣布提前辞去总统职务，爸爸成了代总统，接着无数个祝贺电话打到家里。那个新年除夕玛莎和卡佳独自在家里度过，爸爸妈妈说有事不能在家和她们一起过新年了。她们完全不知道，没有在家里和她们一起迎接新年的爸爸妈妈，却乘军用飞机飞往了炮火连天的车臣战场。有妈妈的朋友给姐妹俩带来了新年礼物——每人一台电脑。姐妹俩邀来了她们的朋友共度除夕，她们打开电视，刚好看见爸爸正在向全国人民祝贺新年，爸爸与往常没有什么两样，脸上没有特别的表情，非常平静。姐妹俩的想法是，爸爸啊爸爸，我们多高兴你当上了总统，但我们又不想让你当总统……

第一家庭的两个宝贝女儿，在爸爸从代总统竞选胜利，真正成为国家第一人时，她们不再去学校上课了，而是改由老师到家里授课。姐妹俩说，其实她们真希望到学校去读书，那里有很多有趣的事，还有她们要好的朋友。她们的好友，在爸爸成为国家总统后，仍然与她们保持了友谊。

姐妹俩的生活并非是封闭的，她们经常去看电影，听歌剧，和朋友聚会。专门的保镖形影不离地跟着她们，去影院，去剧院，在她们和朋友逛街时，这些小伙子一般看不出来是她们的随身保镖，他们尽量做到不妨碍姐妹俩的活动。玛莎和卡佳说，我们一千次邀请过保镖和我们一起喝咖啡，但他们都拒绝了。

代总统普京向俄罗斯人祝贺新年

普京被任命为总理几天后，他的父亲弗拉基米尔•斯皮里多诺维奇去世了。普京是个孝子，在父亲生命的最后那段时间里，虽然他工作异常繁忙，但是在休息日他总是争取回到圣彼得堡，陪伴在父亲身边，有时太忙脱不开身，哪怕只有半天时间，他也要飞回去陪陪老人。他一直担心父亲临终时自己不在父亲身边，但有幸的是，老人生命的最后几个小时是在儿子的陪伴下度过的。他陪伴父亲走过了他生命的最后时刻。他的母亲玛丽亚•舍洛莫娃已于1999年年初患癌症去世，比他父亲早去世半年多。父母去世后，都葬在了圣彼得堡谢拉菲莫夫墓地。此后那里成为普京经常去缅怀亲人的地方。

卷 4

普京时代（上）

新千年总统选举战

2000年，一个新的千年，新的世纪，也是俄罗斯一个新时代的开始。俄罗斯新时代的开始，要归功于叶利钦总统，更要归功于叶利钦选定的接班人弗拉基米尔•普京。普京在叶利钦的大力支持下，并以自己任总理及代总统几个月时间里的一系列不凡表现，在这一年成为饱经沧桑的没落大国俄罗斯的最高执政者，开启了普京时代。

新千年前夕，1999年最后一天，俄罗斯人都在翘首企盼新年的到来。中午12点，电视里播出了一个惊人消息：叶利钦宣布提前辞去俄罗斯总统职务，任命刚担任总理四个多月的普京为代总统。这消息顷刻间传遍了俄罗斯和世界。

叶利钦的惊人之举，像以往每个关键时刻的举动一样，出其不意，震动朝野，乃至世界，并达到他预期的最佳效果。而这一次在他总统任期届满还有几个月的时候，为何宣布提前辞职？究竟是什么驱使他自动提前放弃一向紧握的大权？

俄罗斯新千年总统选举战在1999年下旬已经拉开了序幕。按照宪法，叶利钦不可能再次连任，谁能当选为下届总统，成为俄罗斯人和世界关注的焦点。俄罗斯各党派极为活跃，忙着造势，积极备选。而即将下野的叶利钦面临的局势则非常糟糕。自他执政以来，国家政治经济状况越来越糟，反对声浪日益强烈，民族分裂活动猖獗，车臣局势持续恶化，战争劳民伤财，政府损失巨大。他每况愈下的健康状况也早就不是秘密，国家这副担子对他来说已经十分沉重。他早就不堪胜任了。尤其使他忧心的是反对派对他提起五大诉讼，指控他犯了分裂国家和严重违法等罪行，而其中还牵扯到他的两个女儿犯有收受贿赂罪。国家杜马议员们正在准备再度提出对叶利钦的弹劾，如果弹劾成功，足有可能让他立刻下台并坐进监牢。因此，走下政坛是早晚的事，需要的是选择最好的时机，最好的时机取决于何时选定可靠的接班人。而谁能够当选为下届总统即他的接班人，不仅对国家前途非常重要，而且对他本人平稳走下总统宝座安度晚年也极为关键。

下届总统人选，一定要选自己的人。此人不仅要有才干，深孚众望，果断坚毅，还要对自己忠实，即能够在他走下政坛后，完全保证他和他的家人的安全和利益，任何时候都免于法律起诉。挑选出这样一个人来也不是那么容易。叶利钦早就煞费苦心多方挑选，但始终未能选出一个放心、可靠、中意的人来。不想偶然进入他的视线的普京，却令他眼前一亮。此人机敏干练，年富力强，言必有信。他对自己的恩师索布恰克一直忠心耿耿，甚至置自己的前程于不顾，帮助老师逃离俄罗斯。这一点尤其令叶利钦欣赏。这不是最合适的接班人吗？于是他开始对普京深入考察，频繁变换普京的工作，将他放在不同的岗位上锻炼。经过一段不长时间的观察，年轻人的表现都令他满意。终于，在1999年8月，他任命47岁的普京担任政府总理。这是对他选定的接班人的最后考验，也是给他提供了一个最不容易的锻炼机会。此后几个月普京的表现同样令他极为满意，而且他也看到，新总理的不俗表现同样让俄罗斯社会满意。这样一个果断坚毅敢于负责和担当任何重任的人，俄罗斯托付给他应当没有问题，唯一的问题是，他能否被俄罗斯大众接受，顺利当选为下届总统？

普京的威望和经验，虽然在他任总理的短短时间里，通过第二次车臣战争有了长足的提升，但是与其他几位竞选总统的候选人来说，似乎还不够，至少在叶利钦看来他并没有绝对赢得选举胜利的把握。比如叶夫根尼•普里马科夫和尤里•卢日科夫两位竞选人，前者是深孚众望、经验丰富的政治家，后者是人气极高、政绩显著的莫斯科市长。这两个人无论哪方面都比普京略胜一筹。唯一不足的是，就年龄而言他们都不具有普京的优势。普里马科夫和卢日科夫长期从政，有着深厚的社会基础，身后有大批支持者。他们是当时公认的最有希望的下届总统人选。

但是，无论是普里马科夫，还是卢日科夫，叶利钦都不希望他们当选下届总统。他们都不是“自己人”，他们不会忠于自己，也不能保证自己下野后不会遭遇不测的命运。普里马科夫任总理期间反对腐败的坚决，对任何人的不留情面，他记忆犹新。而卢日科夫也从来都不是好惹的，自有一套，他当上总统对自己和自己家族会持什么样的态度也很难说。只有普京最可靠。他知恩图报，对此，叶利钦确信无疑。因此他要全力确保自己钦定的接班人当选。

叶利钦苦思冥想，如何才能最大限度保证普京顺利当选呢？结论是自己提前辞职。这样就可以将他中意的接班人早早推上前台，使民众有一个更加熟悉和了解他的过程，也给暂时威望和人气还不够强大的年轻人提供一个进一步展示自己才干的机会。他相信普京会抓住这个重要时机，有出色的表现，并在即将来临的总统大选中获胜。

提前辞职还有另一个重要效果，即按照相应法律，现任总统提前辞职，那么大选日期就会从6月提前到3月。这一招将会使其余的总统候选人措手不及。他们想不到形势会突然发生这样急剧的变化，根本来不及做相应的竞选准备。

而代总统普京的身份，对他竞选新的俄罗斯总统太有利了。

正是出于凡此种种考虑和当时形势所迫，叶利钦才做出令世人震惊的选择。声明辞职的时刻选定在了新千禧年即将来临的前夕，这个时刻释放这样的信息意义重大。随着新千年开始，俄罗斯也将开启一个新的时代。

普京早在1999年8月10日刚刚成为俄罗斯政府总理时，就在克里姆林宫举行的记者招待会上宣称，他打算角逐即将于2000年举行的总统竞选。他说："我肯定将参加大选。"普京担任总理后的表现，主要是在车臣战争中的坚决强硬和取得的战果，为他竞选总统打下了牢固的基础。而叶利钦的提前辞职，更为他赢得大选提供了最重要、最关键的条件。1999年12月，普京在互联网上发表了长文《千年之交的俄罗斯》，提出了俄罗斯"新思想"，明确表示不接受任何专制独裁、暴力压制、"休克疗法"和"新革命"，表明他的治国目标是建立"可控市场经济"和保持社会稳定为前提的改革。这篇长文被看作是他竞选总统的纲领。

2000年春天，离3月的大选越来越近。2月，普里马科夫宣布退出总统竞选。普里马科夫曾经是呼声最高的下届总统候选人。他当属戈尔巴乔夫和叶利钦的同龄人。1929年10月29日生于基辅，后随全家迁至第比利斯，在那里度过了童年。1953年毕业于莫斯科东方学学院，1956年国立莫斯科大学研究生毕业。毕业后在国家广播和电视委员会工作至1962年。1962年起任《真理报》评论员和副主编，中东军事冲突期间，任该报驻阿拉伯国家记者。70年代调任苏联科学院世界经济和国际关系研究所副所长、所长。1988年，戈尔巴乔夫改革时期任苏联科学院主席团成员。第二年被选为苏共中央委员、苏共政治局候补委员，并担任苏联最高苏维埃联盟院主席和苏联议会党团主席。1990年3月被任命为总统委员会成员。1991年普里马科夫任苏联国家安全委员会第一副主席，10月该机构解散后，他担任新成立的苏联中央情报局局长。1991年12月苏联解体后，他任俄罗斯对外情报局局长和外交部部长。1998年9月至1999年5月叶利钦执政期间任俄联邦政府总理。

普里马科夫在外交方面有着丰富的实践经验和理论基础，对很多国际问题深有研究，撰写出版过不少这方面的著述。由于普里马科夫坚决反对官员腐败，牵扯到叶利钦家族及其亲信，引起当政者恐慌和利益团体的反对，遂辞去总理职务。他在俄罗斯经历最大的金融危机时受命，帮助国家渡过难关，功不可没。但他反腐的做法涉及高层权贵的利益，最终还是被无情罢免了。他是一位独立、廉洁、有个人魅力的高水平的政治家，民众威望很高。

普里马科夫在1999年秋季宣布将参加下届总统大选。他当时组建了政党，担任政党主席。但在叶利钦突然辞职并任命总理普京为代总统后不久，他表示不参加总统竞选。因为叶利钦突然辞职，使得第三届总统选举提前到了3月，这使他来不及做好竞选准备。而普京占据了天时地利的很多优势。他转而表示支持普京。

莫斯科市长卢日科夫是另一个有希望当选的总统人选。但他也随后表态，不参加总统竞选，不反对普京当选总统。这样，横在普京顺利走上总统之路的主要障碍已经自行消失。大选日益临近。有10名候选人将与普京竞选，其中有共产党领导人根纳季•久加诺夫、“亚博卢”领导人格里戈里•亚夫林斯基和自由民主党主席弗拉基米尔•日里诺夫斯基等。但除了共产党领袖久加诺夫外，其余几位似乎都可以忽略不计：他们无论是在名望，还是在能力，以及经验上，都不是普京的对手。

我们来看看其他几位总统竞选人的情况。

俄罗斯资深政治家和俄共领袖久加诺夫，1944年6月22日生于俄罗斯奥廖尔州，毕业于国立奥廖尔师范学院数学系和苏共中央社会科学院，获哲学副博士学位。1966年加入苏共。此后长期在奥廖尔州做党团工作，曾任奥廖尔市党委书记和州宣传部长等职。1983年起任苏共中央宣传部督导员、处长和中央意识形态部副部长。1990年6月当选俄共中央委员和中央政治局委员、俄共书记。1995年1月当选为俄共中央委员会主席，同年8月当选为俄人民爱国联盟协调委员会主席。1996年6月久加诺夫第一次参加总统竞选，在全国左派的支持下，第一轮投票几乎与叶利钦旗鼓相当，获得32%选票，只比叶利钦低3个百分点。第二轮投票孰赢孰败是个未知数。但老练的叶利钦略施计谋，将头脑简单的总统候选人列别德将军拉入自己的阵营。列别德在第一轮投票中的得票率位列第三，支持者不少。列别德退出第二轮选举后，他身后的大批人马将选票投给了叶利钦。这样叶利钦才赢得了选举的胜利。2000年的总统竞选，是久加诺夫第二次参加。他的实力仍不可小觑。以人民疾苦的代言人自居的久加诺夫，反对实行总统制共和国政体，反对激进的经济改革，反对“亲西方”外交政策。作为全国最大的反对党领袖，久加诺夫一直以叶利钦为斗争对象，其支持者大多是叶利钦的反对者。如今叶利钦突然辞职，使久加诺夫失去了攻击的靶子，竞争力也有所下降。

右翼反对派组织“亚博卢”主席亚夫林斯基，此人也是第二次竞选总统。1996年6月底第一次参加总统竞选，得票率名列第四。亚夫林斯基，普京的同龄人，1952年出生。毕业于莫斯科国民经济学院，学业优秀，有经济学“神童”之称。他曾是前苏联国家劳动社会问题委员会一个部门的小官员。戈尔巴乔夫改革时期担任过苏联国家经济改革委员会某司司长，1990年升任副总理。当年著名的市场经济“500天计划”，即出自他和沙塔林之手。1991年8月，他任国民经济应急管理委员会副主席。苏联解体后任俄经济政治研究中心理事长。同年与博尔德列夫和卢金一起组建“亚博卢”集团，出任主席。亚夫林斯基精通英语，一直受到国际金融机构以及西方国家政府的喜爱。他是俄罗斯国家杜马改革派领袖，在知识分子和开明派中较受欢迎。

俄自由民主党主席、总统政治协商委员会副主席、国家杜马副主席弗拉基米尔·日里诺夫斯基，1946年4月生于哈萨克斯坦阿拉木图市。1970年，他以优异成绩毕业于莫斯科大学亚非学院，后又在莫大法律系修完全部课程。他虽然根本不是普京的对手，但他参加了1992年的第一次总统大选，得票率仅次于叶利钦和雷日科夫，位居第三。值得一提的是，在1993年12月俄杜马选举中，他领导的自民党获得的选票最多，名列第一，他成为国家杜马中自民党议员团主席。2000年1月起任第三届国家杜马副主席。此人博学多才，通晓俄、英、法、德和土耳其五种语言，是法学家、中亚和高加索问题专家。

随着大选日期的临近，每一位竞选者都在积极做准备。电视里，报刊上，广播中，街道上，到处都弥漫着浓浓的大选氛围。竞选者相继在电视中亮相，发表演讲，接受采访。其中最为引人注目的当然是叶利钦举荐和让贤的代总统普京。这个半年前还不为人知的陌生名字，如今越来越频繁地出现在一切地方。人们现在对名叫“普京”的代总统并非完全陌生，但也谈不上有更深入的了解，对他没有特别的反感，似乎也没有更多的好感。这个身材矮小的年轻人在他们眼里其貌不扬，没有能激发人们热情的口才，也谈不上幽默感，更没有个人魅力。他表情呆板，不苟言笑，举止拘谨，而且他还有过一段克格勃的经历。克格勃一般在俄罗斯人的心里可是一个罪恶累累的可怕机构，是斯大林和苏联历届领导人迫害人民、压制民主的工具，也参加了前苏联“8·19”政变。这是一个恐怖机关，迫害机关，没有人性的机关。普京正是来自这样一个机构。此外他还是叶利钦一手扶持上来的，而叶利钦在俄罗斯人的眼里，不仅早就完全失去了政治家的光彩，而且是一个心力交瘁的丧失了执政能力的病人，一个酒鬼，一个将国家搞得支离破碎却使自己的家族和亲信发了大财的人。因此很多人对叶利钦的黑马普京依然抱有怀疑和不信任；很多投票给他的人也不过是实在没有其他人可以投票而已。如果普里马科夫参加竞选，如果他们最信任的市长卢日科夫参选，他们会将选票投给他们，而现在……2000年的俄罗斯总统大选期间我恰在莫斯科，首都浓烈的竞选的气氛，百姓的不同反应，投票结果出来后电视上播出的叶利钦家族狂喜的镜头，新总统极为隆重的就职仪式，我都记得很清楚。

2月的一天，我和俄罗斯友人一起去办事，走在莫斯科特维尔大街上，我和她聊起了即将举行的俄罗斯总统大选。普京，这个名字对我来说挺陌生，不久前才经常听到，也在电视上看到过，一个没有给我留下深刻印象的人，既看不出此人有什么过人之处，也全然不见政治家的风采。就是这个身材矮小，不善言辞的人，将要支撑一个危机四伏、破碎不堪的国家？我问薇拉他会当选总统吗？薇拉说她绝不投普京的票，因为他不是一个诚实的人，“他说的话没有一句是实话”。我吃惊地看着她，对普京持这样看法的人，不止一个。周围还有俄罗斯人说，他们不相信任何人，弃权投票，搞政治的没有一个好人。也有对普京抱有好感的人，更准确地说是抱有希望。普京任总理和代总统后的不俗的表现，使他们寄希望于这个人将国家带出危机的泥沼，使俄罗斯走上兴旺发达之路。

普京任总理期间和代总统后表现出的坚定、勇气、魄力以及不俗的能力，让所有的人大吃一惊，也引起很多人的不满不快。媒体对他并非全是赞扬、褒奖，报刊杂志不乏批评贬损之声；俄罗斯媒体对叶利钦的“黑马”毫不客气。大选在即，随着竞选战的激烈展开，反对的声音到处都可以听见，甚至夹杂很多谣言、诋毁和谩骂。“普京是一位没有也不可能有明确纲领的虚无缥缈的领导人”“普京什么也不干，无论是大选前还是大选后，什么也不需要他去干”“普京的无所事事只是掩盖了他的不自信”“在普京领导下，作为完整国家意义上的俄罗斯很难支撑到2001年”。来自共产党方面的意见是，叶利钦指定的接班人普京，是叶利钦主义的继承人，他将会继续实行“对俄罗斯极为不利的反人民改革方针，他是俄罗斯寡头和国际资本利益的代言人和忠诚仆人”。（参看罗伊•麦德维杰夫《克里姆林宫四年时光》）

普京对所有这些非议不理睬，不反驳。他组建了竞选班子，他非常重视竞选班子在选举中的作用。竞选班子一定要由专业人士组成。这一点极为重要。他清楚地记得他的恩师索布恰克在1996年竞选圣彼得堡市长时是如何失败的。原因之一是，他不重视也没有组建很好的竞选班子。那次竞选给他的印象是，肮脏卑鄙，不择手段。他根本不喜欢这样的竞选。但是现在，他必须做他不喜欢的事，还要做好，获胜。他的竞选班子极其专业，“高参们”对他进行了设计和包装，从这位竞选者的着装、举止、言谈、面部表情，甚至走路姿态都一一指导。普京走路的姿态左右摇晃，有失国家领导人身份，更被一些人讥讽为“鸭步”。竞选班子从指导他应当如何走路开始，训练他的言谈举止，方方面面。国家领导人的步态要庄重，不能左摇右摆；讲话语速不要太快，要条理清晰，抓住要害；幽默感很重要，可以获得好感；服装很重要，给人第一印象等等。普京任何时候都是个聪明好学的好学生，他很快就接受并学会了这一切。但是暂时，有些东西并非很快就能掌握，譬如演讲才能。普京在当选总统前和之后很长一段时间，在公开场合的讲话都显得不自然、不自信，表情僵硬，语言枯燥。挥洒自如、引人入胜的演讲与他毫不沾边。

大选的一天终于来到。3月26日俄罗斯人纷纷走向自己的选区，为自己选中的人投上一票。第二天俄罗斯中央选举委员会主席韦什尼亚科夫宣布，根据对选票的初步统计结果，代总统普京获得52.52%的选票，超过法定票数，当选俄罗斯联邦第三届总统已是定局。普京最终获得的选票是52.94%。

大选结果出来后，电视中播出了对叶利钦的采访。我看到了那个画面：叶利钦和他的女儿塔季扬娜在自己家里接受采访，他们满面春风，高兴地对记者说，普京胜利了，我们胜利了，激动兴奋，满意和得意之情溢于言表。

普京在竞选期间对于他的各种议论和传言一直保持沉默。直到3月26日夜里选票结果基本出来后，他终于做出回应说，那些传闻纯属“无稽之谈”。他特别感谢俄罗斯选民对他的信任。

新千年总统选举战就此落下帷幕。一个年轻的新总统出现了。年轻的面孔给俄罗斯人带来了希望，但更多的人并不相信国家会有多大的改变。他们对新当选的年轻总统并不了解，不过感觉他总会比叶利钦强一点吧。至少他年富力强，精力充沛。没有人想到，正是这个人将开启俄罗斯一个新的时代，并且恰在新千年伊始之际。此后的8年，普京在俄罗斯大舞台上发挥淋漓尽致，表演出色耀眼，展示出一个铁腕总统硬汉形象，引起世界瞩目。俄罗斯也从灾难和泥沼中走了出来，恢复了一个大国的地位和尊严。

叶利钦果然有眼光，没看错普京。新总统对他的提携者叶利钦也是绝对地投桃报李。当他成为代总统的当天即签署了《保障俄罗斯联邦前总统及其家庭》的命令，其中规定：“俄国总统在离职后仍然享有豁免权。俄罗斯联邦总统在离职后，不得受到刑法与行政的惩罚，不得被拘留、逮捕、搜查、审讯或调查。离职俄国总统的豁免权，延伸到其居住和使用的房屋以及运输工具和通讯。”此后叶利钦家族屡遭腐败诉讼，但无奈有普京的保护令，任何诉讼都无果而终。

总统就职典礼开启普京时代

2000年5月7日，这个日子无论是对俄罗斯还是对普京个人来说，都是一个具有划时代意义的重要时刻。俄罗斯新总统将在这一天举行就职典礼。普京将正式成为俄罗斯第二任总统，掌管国家大权。他的个人命运由此发生了巨大的变化；在他上任后俄罗斯也走上了康复之路，有了转折性的变化，进入一个崭新的历史时期。这一天可以说是俄罗斯一个新时代的开始，即普京时代。

莫斯科很多人在电视上观看了新总统的就职典礼，其中包括我。

五月的莫斯科阳光明媚，天气晴好，阳光下万物复苏，生机盎然。沐浴在春光中的克里姆林宫越显得巍峨壮丽，庄严肃穆。皇家宫苑今天又将见证一个历史时刻。

上午11点45分就职典礼正式开始。一向关闭的斯帕斯基钟楼打开了大门，总统车队从这里缓缓驶入克里姆林宫。端坐在车上的普京神情庄重严肃，但内心激动万分。窗外熟悉的莫斯科街景和克里姆林宫宫廷内的一幢幢典雅、大气、恢宏的建筑从眼前缓缓流过，他不禁浮想联翩，感受颇多，一种重大的使命感油然而生。这座皇家宫苑，几百年来历经了多少朝代，目睹过多少风云变幻。自14世纪中叶伊万一世起，至1917年十月革命前，这里一直都是莫斯科公国大公和沙俄皇室所在地；1917年十月革命后，皇家宫苑成为苏联社会主义最高权力所在地，列宁、斯大林都曾经在这里居住和办公；历届前苏联领导人的身影都留在了这里，直至戈尔巴乔夫。苏联解体后，这里成为俄罗斯总统府。普京自1996年来到莫斯科官场发展后，虽然经常出入这里，克宫对他来说一点也不陌生，但今天他是以一个国家最高领导人的身份走进克宫。他现在是这里的主人。他将在这里领导这个国家。国家，俄罗斯，提起这个名字他心中充满苦涩。苏联解体是一个国家的悲剧，是所有苏联人的悲剧，也是俄罗斯的悲剧。那么强大的一个国家，取得那么多辉煌成就的一个国家，唯一能和美国抗衡的世界超级大国，一夜间解体了，不复存在了，千百万人为之奋斗寄予希望的家园坍塌了，精神寄托没有了，这一切令他悲伤和痛惜。苏联解体前夕他从德国回到家乡圣彼得堡，经历了国家解体的巨大痛苦，也目睹了苏联解体后俄罗斯人经受的一切苦难。他多么想使自己的国家重新富强，重振国威。从政之后这一愿望尤为强烈。他之所以无论在哪里都一直勤谨工作，尽职恪守，就是想为国家尽一份微薄之力。随着他的职务不断升迁，肩负的责任越加重大，现在对于他来说，已经不仅仅是如何为国效力，国家的命运就在他手上。握有国家大权的他，有可能通过自己的最大努力，使国家尽快摆脱这些年造成的破败状况，提高百姓生活水平，恢复社会安定，使俄罗斯走上复兴之路，重新立于世界强国之列。这是他唯一的心愿，是他同意接任国家总统的主要原因。他知道这不是一件容易的事情，他面对的是巨大的挑战，但是他做好了准备，他将无畏地迎接这一挑战。

他接手的俄罗斯目前处于何种状况，普京对此十分清楚。支离破碎、千疮百孔，一个已经沦为世界二流的国家。贫困、犯罪、吸毒、卖淫四处泛滥，随处可见，已然成为这个国家的主要特征，而高加索车臣分离主义者挑起的战争，更使得自己的家园动荡不安，充满了战火的硝烟味。国家还有可能继续解体，这是眼前最大的威胁。苦难的俄罗斯，苦难的人民，我是否可以将你们拯救？虽然我没有十足的把握，但我将竭尽全力为之奋斗。一句使他震撼又完全道出了他的心声的话响在他的耳畔：若给我20年时间，我将还你们一个强大的俄罗斯……这是斯托雷平当年的豪言壮语，也是他如今心怀的理想。

12点整，新总统的车队已经停在大克里姆林宫前。普京走下总统豪华车，在军乐队的伴奏下，穿过克里姆林宫格奥尔基和亚历山大大厅，走进安德烈大厅。将与他进行交接仪式的前总统叶利钦已经早他一分钟等候在那里。身穿1812年卫国战争时期军服的士兵已将俄罗斯联邦国旗、总统旗、唯一的一份俄罗斯宪法正式文本和总统徽标护送入安德烈大厅。俄罗斯中央选举委员会主席韦什尼亚科夫宣读了大选结果和普京当选总统的决定。接下来俄联邦宪法法院院长巴格莱宣布，现在请尊敬的弗拉基米尔·普京向俄罗斯人民宣誓。普京此刻心潮澎湃，淡蓝色的眼睛闪闪发光。他将右手按在宪法上，一字一句宣读誓言：“我发誓，在行使俄罗斯联邦总统权力期间，我将尊重并捍卫公民权利与自由，遵守并维护俄罗斯联邦宪法，保卫国家的主权与独立、安全与领土完整，忠实地为人民服务。”新总统宣誓完毕后，宪法法院院长正式宣布：弗拉基米尔·普京出任国家元首。随后，总统旗便在克里姆林宫总统官邸上空升起。

此刻，我正坐在莫斯科南城一栋高层民宅的公寓里收看电视转播。电视中出现了新当选的俄罗斯总统在极为隆重的就职典礼上对人民庄严宣誓的庄重场面。看着那张严肃的面孔，我会想象，在这个不平凡的时刻，还有哪些思绪会涌上他的心头？普京当时在想些什么？除了巨大的使命感外，还会有感激之情，他感谢站在他身边的叶利钦；正是这个备受争议的人，大胆果断地起用

叶利钦将俄罗斯交予普京

了他，信任他，委以他重任，为他提供了展示自己才干的机会，并出人意料地提前离职，将他委任为代总统，才为他今天登上最高权力宝座开辟了顺畅的道路。普京之所以如此迅速登上国家权力顶峰，可以说全部仰仗了这位前总统。没有叶利钦，不会有他的今天。但是接下来就要全靠自己了。他会努力工作，让人们看到他并非是靠着什么人当上了国家总统。他是有能力的。他还感到惊异，像自己这样一个出身如此卑微的普通人，从政10年，或者说来到莫斯科仅仅几年就完成了权力阶梯上的巨大飞跃，可惜，母亲一年前去世，父亲几个月前去世，他们没能看到这一幕：他们的儿子、大杂院里的顽童、克格勃小官员今天居然能在前沙皇举行加冕仪式的大克里姆林宫举行总统就职典礼，从此登上国家最高领导人的宝座，父母在天之灵若能看到这一幕，该多么自豪！

新总统宣誓完毕，俄罗斯首任总统叶利钦发言。他祝愿普京顺利履行并不轻松的总统职责，大胆工作，并祝愿全体俄罗斯人民幸福美满。他将象征总统权力的徽标“祖国功勋”一级勋章交给普京时，对新总统说：“请珍惜俄罗斯！”

新总统宣誓

普京接过象征总统权力的徽标，“珍惜俄罗斯”几个字嵌入他心中。从这一刻起，国家的重担落在了他身上，自己的命运与国家的命运紧紧联系在一起，不可分离。

普京在随后简短的就职演讲中说：“身为总统，我认为最主要的责任就是爱护俄罗斯。我明白自己肩负着巨大的责任，我深知，在俄罗斯，国家元首要对一切负责，对国家所发生的一切承担责任。”他阐述了自己工作的优先方向：将致力于使俄罗斯成为一个繁荣与富强的国家，团结俄罗斯各族人民，捍卫人民的利益和俄罗斯公民的权利，保护和推进民主等。同时，他还强调了权力的合法与和平交接以及俄罗斯历史的统一性和继承性的重要性。

大厅奏响了国歌，克里姆林宫上空升起了总统旗帜，鸣礼炮30响。随后，普京和叶利钦在教堂广场共同检阅了总统警卫团。

参加就职仪式的代表共计1500人，包括前苏联总统戈尔巴乔夫、俄罗斯宪法法院法官、联邦委员会成员、国家杜马成员及各国使节等。在礼炮声中，约1个小时的就职典礼宣告结束。

晚上，金碧辉煌的总统官邸举行了隆重的庆祝晚宴。新总统神采奕奕，频频向来宾敬酒。晚宴中除了政界高层领导人外，普京没有忘记邀请他中学时的德语老师薇拉·古列维奇，他当年的柔道教练后来一直是他朋友的阿纳托利·谢苗诺维奇，情报高等学校教师米哈伊尔·弗罗洛夫，他的家庭朋友、原圣彼得堡市政府女秘书玛丽亚•延塔尔采娃以及其他一些亲密朋友出席。第一夫人柳德米拉在晚宴上“非常低调，尽量使自己不引人注意”。普京在来宾中看见前苏联总统戈尔巴乔夫时，特意走上前去向戈尔巴乔夫敬酒。这一举动引人注目，非常得体，表现出新总统的风范。戈尔巴乔夫和叶利钦的宿怨世人皆知。而叶利钦是新总统的提携者、保护人。普京此举表明他并非是叶利钦的附庸，他对叶利钦并非亦步亦趋。

总统就职典礼后，俄罗斯的重大节日胜利节来临。5月9日，新总统在红场举行了阅兵式。场面宏大，彰显出昔日帝国的尊严和气派。阅兵式的豪华场面与俄罗斯当时的败落状况有些脱节，引起一些非议，民众指责新总统太讲排场，搞得如皇帝登基般奢华，完全不像通过民主选举出来的总统的就职仪式。西方媒体也认为，“克里姆林宫超奢华庆典可以证明，普京个人对‘尊严标志’有着异乎寻常的追求，这表明普京有控制克里姆林宫的能力，同时也显露出身份‘低微’之人的某些不足。这是一次形而上学意义上的继承，不仅是对国家政权，也是对整个荒谬绝伦、阴森恐怖的叶利钦主义的继承。”（《参看罗伊•麦德维杰夫《克里姆林宫四年时光》）另一些人则认为这样很好，能够提升一个民族的士气。

俄罗斯媒体在普京执政初期还很敢讲话，大胆发表各种看法。普京很快就会失败的预言比比皆是，见诸各个报端。《今日报》的文章说，“普京是个弱势领导人，事实上受在车臣作战的将军们指挥”。《特韦尔大街13号》报的一名编辑评述道：普京正在黑暗中摸索自己的路，许多俄罗斯人都漠不关心地看待新总统宣誓就职仪式。一些人对走马灯似的更换政治家们已经提不起任何兴趣了；而另一些人跑到郊外别墅的小园子里种土豆去了；第三类人则生活在赤贫之中，当他们看到克里姆林宫如此金碧辉煌，就气愤地走过去关掉了电视。（《参看罗伊•麦德维杰夫《克里姆林宫四年时光》）

这些评论多少反映了真实。俄罗斯人还没有意识到，一个新的领袖横空出世，脱颖而出。很多人觉得他只是俄罗斯人无奈之下做出的选择，并没有体现出真正意义上的民选。当选总统没有以前那些领导人的丰富阅历、经验、眼光、才干。严格来讲，他不具备一个大国领袖的素质和能力。他只是叶利钦出于某种目的放出的一匹黑马。俄罗斯媒体对新总统的预言和评论在很大程度上反映出这一点，而不仅仅是出于对新总统的诋毁和贬低。

新总统究竟怎样？是否有能力将叶利钦留下的烂摊子整顿为一个焕然一新的国家？完全取决于普京自己。事实将胜于所有的评论。

改革

新总统普京走上了最高权位，将一副沉重的担子压在自己肩头。周围是各种眼光，有期望，有怀疑，有担心，有蔑视，还有看笑话和别有用心的。一个小小的克格勃上校，不过10年的从政经历，现在一步登天，要来治理一个国家，开玩笑！

普京对这一切知道得很清楚，在一定程度上也理解人们对他的各种看法。在没有任何实际成果之前，这一切都是不可避免的。他涉足政坛时间确实太短，在治理国家方面也真的谈不上有任何经验。这方面与他的前任叶利钦无法相比，与戈尔巴乔夫也不能相提并论。他没有任何基础，没有具体策略，没有思想准备。但这一切可能恰恰就是他的优势也说不定。他可以边干边学。他一向都是一个不服输的好学生。这次一定也是。别人或许不了解他，但妻子柳德米拉确信这一点。而普京则坚信事实胜于言谈。事实可以回答一切。他要用事实来回答。他只有用事实来回答。

如何治理接手的这个国家？泱泱大国俄罗斯犹如一个病入膏肓、一蹶不振的病人，西方有人预言任何人都无力改变解体后被叶利钦搞得支离破碎的这个国家的现状，而现实也确实非常糟糕。这是一个无论是在政治上还是在军事上都还在继续崩溃的国家。车臣分裂主义已经明目张胆要求独立，并且用武力来实现自己的主张；其他一些民族地区在观望中央如何处理，如果中央不能坚决果断迅速解决这个棘手的问题，控制局面，那么车臣完全可以成为他们接下来效仿的榜样；此外，地方权力也大大超越了允许的范围，个个都是小小的独立王国，有自己的法律，常常和中央的想法相悖，与中央唱反调，以致中央毫无权威可言。中央的命令根本无法畅行，受到太多掣肘，这对于一个国家的统一管理极为不利，尤其是对于俄罗斯的今天。最要命的是经济，这个问题的严重性毋庸多言，休克疗法以及世界金融危机导致的俄罗斯两次金融危机，几乎将这个国家的经济彻底摧毁，这不是危言耸听；如今一半俄罗斯人都生活在贫困线以下，百姓的生活用“水深火热”来形容一点也不为过；而少数在叶利钦时代靠攫取国家财富暴富的人却过着极为奢侈的生活，即使如此他们仍不满足，还把手伸进了国家政坛。普京早已看到，一些人靠着自己非法得来的大量财富，过着豪华奢侈的生活，同时还在贪婪地盯着国家官员的高位。普京认为，国家大权若落在这些人手里，只会加速衰亡。其他社会问题也堆积如山：官员腐败，犯罪猖獗，卖淫吸毒，青少年缺乏信仰……所有这一切就是新总统普京接手的遗产，一个曾经拥有过辉煌而今破败不堪的帝国。

当然，年轻的总统也看到了另一面：俄罗斯仍然是世界上最大的国家，它的家底并不薄弱；有世界上受教育程度良好的民众；一大批高水平的科技人员（如今不少已经移居他国，但还有这样一支队伍）；发达的太空科学和航天技术；装备不俗、训练有素的军队；还有最重要的是，它的地大物博，丰富资源，天然气和石油、森林和水资源都在世界上首屈一指。它是世界上唯一可以不用进口任何资源而自给自足的国家。此外它横跨欧亚大陆，这样得天独厚的地理位置也是它必将在国际舞台上充当不可缺少角色的条件。这一切使普京心中充满不平和决心：这样一个国家，绝不应当是现在这副模样。一定可以将它变得富强，重振以往的国威，恢复大国的尊严。

怎样才能将国家从深陷的泥沼中解救出来，使它走上复兴发展之路？沿用叶利钦的老一套肯定不行，国家衰落到如此不景气的境况，已经证明了那是一条失败的道路。他必须走新路。他要改革，在政治领域、经济领域、外交领域以及军事领域。

国家之所以衰败若此，最主要的原因是缺乏稳定，而不稳定的状况除了上述原因，还因为高层领导频繁更换、社会混乱、人心涣散，因此首先要维稳。这是解决所有问题之关键。普京于是从管理体制着手解决。中央权力机构缺乏必要的有法律意义的权威，致使地方权力机构握有太多的自主权，客观上给民族主义、民族分离主义和民族分立主义提供了滋生和发展的土壤，由此严重影响到俄罗斯作为一个国家的统一。俄罗斯是一个有着100多个民族的国家，这是基本国情。要想有效地管理好这样一个多民族国家，使其和睦相处、共同发展，要采取适合其国情的相应办法。确立中央权威，国家才能稳定，有了稳定，才谈得上发展和富强。否则一切无从谈起。俄联邦现有89个联邦主体，有各自的地方法规，握有各种特殊权力，其中有些和中央实行的法规相矛盾，对于国家统一管理十分不利。当务之急就要改变这种状况。

普京首先对叶利钦实行的松散管理体制进行坚决有力的调整。为便于中央统一管理，改组了联邦委员会，将地方行政长官请出去，在全国设立七大联邦区，各联邦区都派驻总统特别代表，从而加强了对地方的管控。

其次，普京还改革了地方领导人的选举制度，地方行政长官不再由全民自由选举产生，而是由总统提名，再经由地方议会批准产生，这样就把权力从地方集中到了中央，从而实现了中央对地方的垂直领导。各联邦主体成为单一制国家下的行政单位，自主权力大大削弱，中央权威大大加强，联邦中央有可能通过相关程序解除地方行政首长的职务。从而更加有效地实行中央的统一管理。

普京还改变了国家杜马议员的产生办法。现在全部议员人选将根据政党得票比例产生，地方议会要接受执政党议会的领导，形成“垂直立法体系”。“垂直行政体系”即各地方由中央垂直领导和行政长官由总统提名，与“垂直立法体系”并存。这样的管理体制有利于国家政局稳定，也有利于经济发展。

新总统还通过立法，消除了俄罗斯多年来政党林立的混乱无序局面。2001年6月国家杜马通过的新政党法规定，不少于1万人的政治团体才能在司法部注册为政党，参加联邦选举；不足1万人的只能作为社会团体和政治俱乐部保留，只有参加地方自治部门选举的权利。法律还规定，政党应在20个以上的地区设有基层组织，每个地区组织的成员不少于100人。国家对政党的资助应与政党在选举中取得的票数成正比。新政党法效果明显，俄罗斯登记在册的政党由2000年的150个减少为2003年（5月底前）30余个。

此番改革可谓大刀阔斧，步伐不小。改革大大加强了总统的权力，加强了中央对地方的管理，削弱了地方权势，有利于制止民族分离主义，有利于保持俄联邦的统一，也有利于中央政令在地方顺利执行。这些举措相继实行后，效果十分明显，国家一直以来混乱不堪、动荡不安的局面得到了有效制止，政局变得极为稳定，而政局的稳定为经济发展打下了基础。

普京上台以来实行的政治改革，再一次表现出他的强人风格。在之前的车臣问题上，他的强硬作风表现突出，人们对此印象深刻，也正因此大多数俄罗斯人选择了他做国家总统。如今，他延续了自己的风格和理念。他是一位强势总统。他要用自己选择的道路和方法，达到强国富民的目标。

普京上台伊始的改革，得到了大多数民众和政界、商界人物的支持和肯定，包括前苏联总统戈尔巴乔夫。戈尔巴乔夫认为，就当时的国家局势而言，普京的管理体制改革似乎显得不是很民主，甚至倒退了。但是暂时实行这样的垂直管理是必要的，国家混乱了这么多年，无政府主义在民主的旗号下一直肆虐泛滥，造成了一个大国的没落。并非是民主不好，而是在这样一个时期和这样一个国家，动听的民主暂时需要加以限制。国家现在太需要纪律、法规、约束了，太需要一个强势人物来管理了。普京正是应运而生。他的做法顺应了当时大多数人的诉求。

经济是一个国家的命脉，也是强国富民之根本。经济改革至关重要。叶利钦治国几年来，国家几近赤贫，无数人生活在贫困线以下，民不聊生是现实写照。但小部分人暴富，攫取大量国家财富，生活奢华，贫富差距大得惊人。经济寡头不仅掌控国家巨大资源，还妄图左右国家政局。改变这种状况迫在眉睫，并且一定要从经济体制模式改革入手。

普京摒弃了叶利钦和盖达尔实施的经济全盘自由化的西方模式，也没有重拾前苏联高度集中统一计划的模式。他致力于实行国家资本主义，即实行国家在经济活动中起主导和调控作用的方针，实行“可控市场经济”。具体实施的措施有：加大力度，严厉打击非法掠夺国家财产，垄断俄罗斯经济命脉的金融、财政、石油以及传媒领域中的寡头和财阀；惩治刑事犯罪，反对腐败，强化法制，健全社会经济秩序，力求将重要战略资源掌控在国家手中，将大型资本主义企业的运营置于国家监督之下；对中小企业完善法规，运用行政手段干预，保障其合法运行的权力。事实证明，普京进行的改革和选择的这一道路，适合俄罗斯国情和实际，很短时间内即产生了很好的效果。经济得以发展，民生得以改善。

俄罗斯在经济上还存在重工业过重，农业严重滞后，原材料产业机制膨胀，能源企业比重过大等一系列诸多产业结构不合理的问题。这些问题普京暂时没有大动作改进，他将稍后处理这些问题。

经济方面引人注目的是税务改革。多项税额大幅度减少，纳税额度定在了一个合理的范围之内，从而大大减少了企业的偷漏税行为。这项改革被认为非常成功，一直沿用至今。

在对外政策方面，普京的定位是：俄罗斯无论是从面积、资源、地理位置看，还是从科技水平以及航天和核科技方面的优势来看，它都是一个大国，理应发挥一个大国的作用。两霸主宰世界的格局早已不存在，当今世界是多极化的，俄罗斯应当是多极世界中独立的一极。俄罗斯是联合国安理会常任理事国，在世界政治舞台活动的各个领域，起着不可忽略的作用，具有极大的潜力和资源。它同世界上主要的国家保持着紧密的关系，“对新世界格局的形成施加着实质性的影响”。俄罗斯的地理位置也决定了它必定应当实行东西方兼顾的全方位外交。

在对外世界关系中，独联体各国的关系在普京眼里格外重要。前苏联解体后各自为政的众多独联体国家，成为普京上任后俄罗斯外交的重点。普京将独联体国家称之为“俄罗斯外部的生存空间”，是俄罗斯的“特殊利益地区”。

其次，俄罗斯与西方国家的外交也是新总统的侧重点，其中的重点是与欧盟的关系。俄罗斯与欧盟在反对霸权主义和推动建立多极世界格局战略方面是一致的，有着共同利益，在经济上也相互依存、各有所求。双方的战略合作关系有助于制衡美国。当然，普京也清楚俄罗斯与欧盟存在的矛盾。欧盟继续推行东扩方针，并经常对俄人权、安全和政经改革等问题指指点点，横加指责，这都表现出俄罗斯与欧盟之间的矛盾。

俄美关系仍然是普京关注的中心，但他绝不想步叶利钦对美关系的后尘。普京借“9•11”事件之机，对美发动反恐战争提供全方位支持，试图以此改善两国关系。无奈这只是一厢情愿。美国并没有做出相应的反应，公然指责普京的改革是“民主倒退”，继续借反恐之名扩大在中亚和高加索地区的军事存在，继而又在独联体一些国家搞“颜色革命”，企图渗透到俄传统势力范围中。普京的应对是在一些事物上对美说“不”，毫不示弱，态度强硬。

与此同时，普京越来越重视俄罗斯与亚太各国的关系，展开东方外交。中国和印度是俄罗斯亚洲外交的两个重心。此外在拉丁美洲、非洲和中东地区也积极展开外交活动，扩大影响。国家利益是普京外交策略的核心。在具体实施中充分利用自身的优势，扬长避短，务实灵活。俄罗斯是能源大国，普京利用其资源优势，和对独联体油气资源和输送管道的控制，最大限度地谋求地缘战略利益。“石油外交策略”有力维护了俄罗斯的国家利益。

至于军事领域的改革，普京的设想是，富国必须强兵。国防建设和投资都须大力加强，军队必须实行改革。军队改革的目标首先是裁员，人数规模保持在100万，实行合同兵役制。鉴于国内兵员不足，计划吸引其他国家公民在俄军服役，期满三年后可获得俄国籍。此外，还要逐步解决军官住房和提高军人待遇。国家的强大离不开军队的强大。普京上任后，军队建设和改革就是他关注的一个重要领域。

新总统在上述各个领域实行了坚决、果断、大刀阔斧的改革后，很快就见到了成效。中央权力大大加强，他的个人威望也大大提升，对地方管理卓有成效，政令可以通畅实行，社会安定，政局稳定，多少年看不到的秩序与纪律得以恢复。在这样的大环境中，又得到老天爷相助，石油价格一路走高，经济上没费什么周折就有了很大好转，国家财政增长，税收增加。有了钱就好办事，可以搞基础建设，可以提高百姓的工资，按时发放养老金。而得到实惠的民众自然感到高兴。2001年年底，普京回顾第一年的执政颇为满意。他说这一年取得了很大的成就，这让他更有信心。

还有一件事值得一提，这件事对于提升、团结和振作俄罗斯人的精神有着重大意义。2000年10月，普京签署了俄罗斯国歌修改法案，新国歌就此诞生。新国歌沿用了1991年前苏联国歌的曲调，配上富有新意的歌词。这样，国歌既有新意，又照顾了很多人对前苏联的怀旧情绪，可谓新旧结合，表达了大多数俄罗斯人的意愿。

仅仅一年时间，国家发生的变化使不少人不得不重新审视他们原先并不太相信的小个子总统。很多人惊讶地想：此人其实并不简单。他自有一套治国方略。在广大民众中，普京的支持率也在节节攀升。这也是可以想见的。此后的民意支持率持续上升，很长时间都维持在一个惊人的高度。

但是一些人有另外的看法。普京实行的行政改革有利有弊。他结束了叶利钦时期的混乱，改变了总统与杜马的紧张关系，同时也结束了分权和制度制衡机制。权力顶层是总统及其办公厅，其余权力机构则实际上附属于总统。结果使俄罗斯成为了一个单一制国家。三权分立架构基本上被解除，政治行为也基本上不再成为公开活动。这在某个阶段是可行的、必需的，但长此以往绝对不行。集权和垂直领导与前苏联的管理模式有太多的相似之处，不利于民主发展，从根本上说也不利于经济发展，长此下去必定会遭到反对。作为国家最高统治者应当对此有清醒的头脑，在垂直管理见到成效后，逐步实行民主治国。可惜，普京有着先天的政治不足，他没有预见到这一点，或者说他本身就不是一个具有现代民主意识的国家领导人，他崇尚的是强权治国，他看重的是结果，只要能使国家强大，民生提高，什么途径都行。他最尊崇的统治者就是彼得大帝。几年后，在他试图第三次谋求俄罗斯总统权位时，遭到了前所未有的反对。虽然有惊无险，没有阻挡他再次当选总统，但是深层次暴露出来的问题已经说明，他的强权政治似乎已经不合时宜，行不通了。他需要根据形势的变化与时俱进，再次改革，否则他的第三任期前景难以预测。

随着俄罗斯各方面情况的好转，它的国际形象也很快得到改善，开始恢复了它在国际事务中应有的地位和作用。很快，俄罗斯已经被称为四大金砖国之一。

严峻的考验：库尔斯克号悲剧事件

2000年8月，莫斯科正处于温暖的夏季。在这样一个享受阳光的日子，媒体突然播出的一则消息，像一层厚重的阴云，顿时蒙在所有俄罗斯人的心头。在北冰洋例行潜水航行的一艘核潜艇“库尔斯克号”突然与海上指挥系统失去联系。这消息让人们惶恐不安。核潜艇，哪里去了？会不会出什么意外？潜艇里的官兵情况如何？能否得救？而潜艇里的核反应堆……天！这个问题想都不敢想。11年前发生的切尔诺贝利核电站爆炸事故，那惨烈的情景人们至今记忆犹新，而受到核扩散物伤害的无数人，心灵和身体现在还在经受着核爆炸后果的影响，他们将在磨难中生活，直至生命终结。而眼下的核潜艇……

美好的8月，一下变得凄苦悲凉。莫斯科街头每一张面孔都显得无比凝重。坐在电视机前，人们最关心的是库尔斯克号核潜艇的后续报道。俄罗斯所有的电视频道都在报道这件国家大事。很多人满怀希望，期待有消息说那不过是一场虚惊，核潜艇安然无恙，只是暂时与地面失去了联系。但随着一次次令人失望的报道，看着电视画面上波澜起伏海天相接的北冰洋，人们的心情越来越沉重，希望越来越渺茫。终于，他们看到了结果，他们最害怕的结果、最不愿看到的结果，也是最坏的结果：核潜艇在海底爆炸，艇上118名官兵无一幸存，全部遇难。所幸核潜艇的核反应堆没有爆炸，不会对环境造成危害。在最后关头，潜艇上的官兵关上了核反应堆的四号机舱……

大海波涛汹涌，吞没了俄罗斯最优秀的118名官兵，面对这不幸的事故，俄罗斯人无奈而悲恸。电视中118名海军官兵的名字一一出现在大海的画面上，那一刻，很多人流下了苦涩的泪水。

核潜艇出事的时候，总统普京正在索契和雅尔塔度假，他将在这里与俄罗斯科学院主要成员以及九个独联体国家元首举行一系列重要会晤。得知这一消息后，他并没有立即从度假地赶回来，亲临现场指挥救援，只是要求将领们每隔两小时向他报告一次库尔斯克号核潜艇事故的情况，但总统的心情格外沉重。据说，在驶往雅尔塔的船上，普京一直在顶层甲板踱步，一言不发，神色阴沉。普京没有及时赶往出事地，这是他后来受到众多责难的一个主要原因。而他的解释是，我不是专家，乱指挥没有用，还会坏事。但是他至少应当释放出作为一个国家总统在这样一个民族悲剧中应有的关心和反应，然而没有。

核潜艇事故后，遇难官兵的亲人对政府采取的措施多有不满和怨言，她们组织起来，大声向媒体疾呼，要求政府和总统关注核潜艇事故。媒体给予了大力报道。一时全国情绪都很激昂，怨声四起，矛头直指普京。不少人认为，普京政府处理危机事件表现极为不力。《路标报》这样说：情报官员普京能给舰队的帮助不会有多大。但在这种情况下，最高统帅亲临现场是一种必要的政治步骤。总统不仅有义务向事故的直接当事者，而且应该向全体人民宣布，最高当局始终掌握着事件的发展进程，始终分担着人民的苦痛。因此，普京没有出现在灾难现场是一个可能被反对派抓住把柄的政治错误。《新报》的作者说："普京欺骗着我们"，"他因为要承担责任而表现得惊慌失措"，"以他现在的声望，不仅难以治理一个庞大的国家，就连领导一个小办事处恐怕都会成问题。"

8月21日17时，当确认艇上无一生还者，所有媒体开始大声责难政府。电影导演鲍里斯•托卡列夫说政府"将所有精力都放在隐瞒悲剧真相上了"。根纳季•谢列兹尼奥夫和鲍里斯•涅姆佐夫指责"让英国人和挪威人帮忙的时间太迟了"。还有各界名流纷纷扬言："这不是一场救援行动，而是在犯罪。"前苏联总统戈尔巴乔夫说："军人蒙蔽了普京。但他有责任迅速搞清情况，让撒谎者自量，亲自把握事态。他行动迟缓，人们是无法忽略这一点的。要是我，会有另外一种做法。"而俄共中央机关报《真理报》肯定地认为："总统简直就被压垮了，这种压力主要来自于利用'库尔斯克号'潜艇的命运而在全国范围内导演的妖魔化他的运动。"该报还诘问道："叶利钦的接班人能否撑得起这样一副沉重的大国十字架呢?" 著名历史学家麦德维杰夫在列举上述媒体发表的各界指责后说："但是，普京并没有被击垮。他性格严肃、沉默寡言而表情忧郁，但同时也充满力量。"（参看罗伊•麦德维杰夫《克里姆林宫四年时光》）

库尔斯克号核潜艇沉没事件，是俄罗斯这些年来受到的又一次重大打击，是这个国家的又一个民族悲剧，刺伤着每个俄罗斯人的心。而总统和政府的表现不尽如人意。

库尔斯克核潜艇事件也是普京上任后遇到的第一个重大突发灾难，是对执政仅100多天的新总统的第一个考验。普京的最初反应令很多人失望，民众认为他做得很不到位。接下来普京将如何处理这一事件？人们关注着。

8月22日下午，普京终于决定亲赴摩尔曼斯克北方舰队所在地，看望此次事故中牺牲了的海军官兵的遗孀和他们的孩子。那一天，海军官兵的家属们早早就聚集在一起，他们有太多的不满和抱怨，情绪激动，等待总统到来时理论一番。

普京从机场直接去了位于维佳耶沃“库尔斯克号”官兵驻扎的营区，从全国各地赶来的600多名遇难官兵的亲属聚集在那里。他先去看望了核潜艇艇长的妻子。寒门出身的普京，不难体会失去丈夫的妻子的处境，也完全理解下层官兵家属的疾苦。但他在艇长家中看到的一切还是令他惊讶。他没有想到这些军人的生活条件是这般艰苦和贫寒。这令他产生了很大的同情。他真诚地向舰长遗孀表示了问候和同情，坦言身为总统在事故处理中做得不够，保证一定尽全力打捞核潜艇和遇难者遗体，向国家和人民，向遇难者家属做出交代。他的这番言词顿时感动了艇长妻子。她的情绪渐渐平静。随后普京和艇长的妻子一起去见所有等待他的遇难者家属。

600多名家属还处于情绪激动之中。普京走近他们时，可以感觉到他们脸上的紧张和愤慨。普京明白，只有真诚，才可以得到理解，平息他们的情绪，缓和矛盾。他诚挚地跟他们谈话，气氛逐渐缓和，有人开始提出问题，普京一一认真回答，其间还指出：“有这样一些人，他们偷光了国家、陆军和海军，今天又妄想操控社会意识。”总统的讲话通情达理。有人当场哭了起来，为自己遇难的亲人，也由于总统的关怀而激动流泪。会场气氛越来越融洽，这些军人的妻子都相当坚强，此时此刻已经被总统的真诚感动。而总统许诺的不菲的抚恤金和无论何种代价都要打捞潜艇和遇难官兵的遗体，更让她们感觉到，国家是关心她们的。她们原谅了悲剧刚发生时政府的冷漠，原谅了普京在这么重大的事件中竟然没有表现出应有的同情心和迟到的关怀。

普京的摩尔曼斯克海港之行化解了一场不大不小的矛盾，而且获得了完全成功。《生意人报》说：“普京是作为这些人的总统离开此次会面现场的，可就在刚才他还差一点被这些人给撕碎了。”海军官兵的妻子和家属得到了安抚，没有闹事。俄罗斯媒体说：全国由此紧绷的神经也即刻得以放松。

8月23日晚，普京长时间接受了“俄罗斯电视台”的采访。他回答了过去10天来令全社会躁动不安的所有问题。普京说：“尽管我在总统职位上才100多天，但我还是应该对这次悲剧负有全部责任，我有过失。我将与军队、舰队同在，也将与人民同在。我们大家不仅要一起来重振军队、舰队，还要振兴国家。对此，我深信不疑。俄罗斯永远拥有未来。”（参看罗伊•麦德维杰夫《克里姆林宫四年时光》）

对于此次事故的处理，普京没有照惯例去做，寻找什么责任人。他说自己不打算玩“寻找替罪羊”这个俄罗斯古老游戏，他对海军指挥部和“北方舰队”领导人也没有任何不满。这一做法得到军方和大众的赞赏。

看望安抚海军官兵家属

普京说到做到。此后，政府花费巨大代价，借助外援，打捞核潜艇和遇难官兵遗体。众所周知，终于在将近一年后的2001年7月9日，在荷兰打捞公司的帮助下将潜艇打捞出海，并找到了12具失事海军的遗体。摩尔曼斯克为遇难官兵举行了隆重的葬礼。莫斯科街头也竖起了纪念库尔斯克号核潜艇失事的纪念碑。这件事就此画上句号。而在整个事件的处理中，略显经验不足的普京，在关键时刻表现出冷静（如果不是冷漠），临危不乱，以情动人，最后化险为夷。从处理这一事件的完整过程和最后结果看，总体而言显示出普京处理突发事件的能力，并提高了他的威望。他渡过了这一难关。上任后的第一个难关。

与百姓直接对话

2001年12月。还有几天就是圣诞节了，莫斯科街头，行人脚步匆匆，男男女女手提大包小包，忙着购买节日礼品；大商场和主要建筑物前已经竖起高大漂亮的挂满饰物的圣诞树，璀璨的灯光将莫斯科的夜晚装点得十分美丽。莫斯科已然笼罩在浓郁的节日气氛中。普京执政将近两年，国家状况得到很大好转，经济连续增长，人民收入开始上升。短短两年，政绩不菲。

媒体发出的一则消息更使人们好奇而兴奋，总统普京将在圣诞节前一天即12月24日，通过公共电视台（OPT）和俄罗斯广播电视公司（PTP）这两个国家电视台，与百姓直接对话，回答任何人提出的任何问题。所有的俄罗斯人都可以通过打电话或者上网提出自己的问题。为了能够顺利直播，政府在俄罗斯境内共开设了10个电视信号中转站。

普京的这一决定勾画出总统的亲民形象，表明他愿意倾听百姓的声音，关注民众的生活。直接回答所有人提出的任何问题，这又是何等的气魄！其实人们都知道，他们的总统还是个新手，在言谈方面尤其不擅长，没有骄人的口才。因此做出这样的决定，首先，需要总统本人有足够的勇气并克服很多自身的不足。其次，以这样的方式和百姓对话，任何意想不到的甚至令人难堪的问题都会通过电视屏幕传播到千家万户，万一回答不合适，那也会丢尽总统的颜面。普京既然做出这样的决定，表明他有勇气迎接这样的挑战。当然，这也是总统学习和锻炼自己的一个最好时机。

12月24日，普京准时走进电视台直播间，开始与百姓对话。俄罗斯媒体说，几十万人早在等候。

总统表情平静，但还是能感觉到他内心的一丝紧张。对话持续了两个半小时，普京与10个城市的47位居民进行了连线交谈，回答了他们的问题。大多数问题涉及民生，诸如工资和养老金太低，没有取暖保障等。除了抱怨生活艰难外，一些人还毫不客气地就社会腐败、车臣战争以及严重的吸毒、黑社会等问题质问总统。对话显示出，尽管两年来国家状况有了很大改善，人们的生活也有一定程度提高，但大多数俄罗斯人的生活仍然不尽如人意，百姓不太满意。普京在回答问题时对生活困难者表示了同情，他说：“俄罗斯现在正在偿还外债，所以还不能大幅度提高工资水平。”对一位参加过卫国战争现在每月却只有1000卢布（当时合33美元）的伏尔加格勒的老太，普京向她许诺说：“我向您保证，您的问题一定会立即得到解决。”按照规定，这位妇女每月应该领到3400卢布。普京当即谴责了当地有关官员。摩尔曼斯克的一名海军军官也抱怨他的工资太低。普京回答说，政府明年将把军官的工资提高40％至60％，军官的工资水平将会比公务员高出25％至30％。普京在回答问题指出，他出任总统的第一年，居民当年收入比前一年增长了6％，今年又比去年增长了6.5％。社会失业率也有所降低，从占就业人口总数的11%降到8.9%。粮食产量达到了创纪录的8370万吨。据统计显示，俄罗斯的生育率也出现增长。当然，由于政府关于降低通货膨胀率的目标没有能够完全实现，所以居民收入增长还很有限。而明年的主要任务是继续保持今年取得的积极成果。最令他高兴的是，他看到俄罗斯人在心理和情绪上都产生了具有转折意义的变化。这样的变化对国家来说极为重要。

普京这次与百姓对话极为成功，在国内外影响很大。没有任何预先安排，没有客套，一切都顺其自然。总统共收到近50万个问题，直播中回答了其中的47个。有幸得以与总统对话的人，他们的问题在很短的时间里百分百得到了解决。总统通过对话，实际上对俄罗斯这一年的工作和取得的成果做了一个简短的回顾和总结。这些原本应当是在国务会议上进行的总结，如今在亿万电视观众前说出，效果和影响可想而知。普京的威望由此得到进一步提升和巩固。此外，这样的对话也使国家最高领导人直接了解到民意民情，对今后的工作大有裨益。

总统与民众的对话从此每年举行一次，时间都安排在12月。这已然成为俄罗斯全国性的一个传统节目。百姓的热情一直不减，普京的兴致也一直高涨。2008年普京卸任后，与百姓对话依然没有间断，至今已经举行过11次。每次对话的时间也越来越长。俄罗斯大众对这样的节目基本持肯定的评价，但也不乏其他看法。一些人认为，极爱作秀的普京，找到了最大的舞台。“对话”不过是他作秀的一种形式。还有人认为，普京之所以如此喜爱以这样的方式“对话”民众，因为在对话中，他可以大力宣传自己执政取得的成果，可以借这样的机会发表对各种问题的看法，抨击自己的对手和反对派。达到这样一些目的，这是再好不过的方式了。

向寡头开战

普京当选总统后不久，就有惊人大胆的举动。6月13日，有名的传媒大亨弗拉基米尔•古辛斯基被拘押在看守所；稍后，7月，另一位大名鼎鼎的商人兼政治新星鲍里斯•别列佐夫斯基敏锐地嗅出了不利于自己的风声，宣布放弃自己国家杜马议员的授权。鲍里斯•别列佐夫斯基也拥有多家电视台等媒体。

他们是何许人也？为何普京上台伊始就拿这两个人开刀？这样做对新总统执政有何意义？

古辛斯基与普京同岁，是俄罗斯犹太族人。生于莫斯科普通百姓家庭。曾就读古布金石油天然气工业学院和国立卢那察尔斯基戏剧艺术学院导演专业。此人发迹于20世纪苏联解体前。1989年，古辛斯基的咨询公司与美国阿尔诺尔德•波特尔法律公司联合成立合资企业——桥公司，古辛斯基拥有该公司50%的股份。同年10月该公司涉足金融界，开办银行，古辛斯基出任总裁。苏联解体后，古辛斯基将目光瞄准媒体，创办《桥》媒体集团公司。他的远大抱负是：不做总统也要左右国家。而唯有媒体能做到这一点，所以他不惜任何代价也要拥有强大的媒体。

古辛斯基创建的《桥》媒体集团，在1996年为选举中面临危机的叶利钦启用，竞选中为其不遗余力大造声势，甚至弄虚作假，愚弄选民，从而使叶利钦在第二轮投票中击败了俄共领导人久加诺夫，再次胜出。古辛斯基为叶利钦当选立下汗马功劳。而叶利钦的连任见证了媒体的巨大作用，也使古辛斯基备受鼓舞。叶利钦第二次当选总统是媒体的杰作，也是他的杰作。他正是俄罗斯媒体帝国的主人，是关乎国家命运选举的幕后操手。此后，他的媒体集团发展迅猛，覆盖率不断提高。1997年，古辛斯基借助国营天然气工业公司对电视公司的资金支持，新建和兼并了多家媒体，迅速扩充了《桥》媒体集团的实力。

古辛斯基的媒体帝国对俄罗斯影响巨大，像看不见的第三只手，左右着政府的决策。1999年，当叶利钦钦定了普京作为接班人，普京坚决果断地打击车臣分离主义，开始了第二次车臣战争。俄罗斯媒体则对此大唱反调，加助民众的反战情绪。古辛斯基旗下的独立电视台全程跟踪报道车臣战事，惨不忍睹的血腥画面天天出现在俄罗斯大众眼前，很多负面的报道对代总统普京展开的打击车臣非法武装力量的军事行动形成了极大的干扰。在2000年的总统大选中，古辛斯基改变了态度，不再与叶利钦合作，公然反对叶利钦选定的接班人，他支持的是普里马科夫。普京顺利当选总统后，古辛斯基自然成为新总统眼中不可容忍的沙粒。而古辛斯基掌控的媒体帝国已经强大到完全可以和政府相抗衡的地步。这对新总统执政极为不利。过去的事暂且不说，现在受他操纵的媒体帝国还会不断给普京政府制造麻烦，总统在实行新政的很多事情上也会受到传媒大亨的左右和制约，普京绝对不愿意这样执掌政权。但扳倒古辛斯基并非一件易事。他有西方的支持，还有千万张喉舌，需要谨慎行事。

普京宣誓就职总统后仅一个月，古辛斯基的厄运就降临了。6月12日，不知是有意还是无意，在普京出访西班牙期间，俄联邦总检察院突然将古辛斯基拘捕，理由是他涉嫌侵吞巨额国家财产，宣布暂时拘留10天。俄罗斯舆论哗然，各方反应强烈。迫于压力，拘捕四天后，在普京的暗示下总检察院放了人。古辛斯基随即出国躲避风头。有人感觉拘押和释放都如此迅速，这很像一出预先编排好的戏。对于拘捕古辛斯基，向来对叶利钦时代侵吞国家财产的暴发户没有好感的民众自然不会反对。但不少人觉得，对古辛斯基的打压主要目的是为了夺回传媒工具，维护总统威望，并非是公开宣称的原因。

事情不会到此为止。接下来俄联邦总检察院正式指控古辛斯基，说他非法获取3亿美元贷款和50亿卢布，并通知他出庭接受质询。古辛斯基没有在指定时间出庭，总检察院在12月初发出了红色国际通缉令，要求各国刑警组织协助将其缉拿归案。几天后，古辛斯基在西班牙的家中被捕。西班牙法庭经过三个月的审理，2001年4月18日最终裁定古辛斯基无罪，并拒绝将古辛斯基引渡给俄罗斯。古辛斯基拥有俄罗斯和以色列双重国籍，在西班牙获释后他便去了以色列定居。

“鹅掌柜”古辛斯基（古辛斯基名字的词根意思是“鹅”，“鹅掌柜”是很多人对他的尊称）是叶利钦时代形成的七大寡头之一，号称俄罗斯媒体帝国的掌门人，叶利钦第二任的幕后操手。如今他迅速消失了。他对俄罗斯媒体的影响在他流亡国外期间还一度存在，但要不了很长时间，一切都会改变。

需要指出的一点是，据知情人士透露，在古辛斯基案件的整个审理和缉拿过程中，普京政府一直在私下里与他接触和商谈。古辛斯基自己曾经宣布，决定不再继续与政府作对，旗下的大众传媒也将缓和对政府和总统的批评强度。后来他将股份全部投入了天然气，彻底放弃了对俄罗斯大众传媒的控制。由此有人认为，这证明对他的缉拿和审判，并非由于他在国家巨变的非常时期侵吞了巨额国家财富，也不是因为冠之以他的非法接受国外贷款的罪名，而是当局出于利益考虑的举动。按照俄罗斯刑事诉讼法规定，在重新审理古辛斯基案件时，理应直接查封他在国内外的一切财产。但是，俄罗斯当局并没有这样做。古辛斯基的财产没有被扣押。其中原因耐人寻味。

普京在对俄罗斯寡头的第一个回合的较量中取得了胜利。传媒大亨流落他乡，国家收回了不少媒体，政府可以控制舆论。普京认为这一点至关重要。现在他可以没有阻碍地做他想做的事，媒体不会再胡言乱语，也不会大唱反调，而是变得温顺，甚至成为施政工具。

与古辛斯基的博弈还只是总统刚刚开始对寡头们的宣战。接下来矛头指向了鲍里斯•别列佐夫斯基。

别列佐夫斯基和古辛斯基一样，有着以自己名字的词根意思得到的绰号：白桦树。他也是叶利钦时代暴富的七大寡头之一。“下海”经商前别列佐夫斯基曾经是一名出色的数学教授。在20世纪90年代改革的大潮中，看到很多人一夜间发了大财，有着数学头脑的别列佐夫斯基很快就明白，自己的行当绝对不可能这样迅速致富，想发财要转行。于是他毅然决定去销售汽车。

头脑灵活的别列佐夫斯基销售汽车业绩卓然，在短短一两年中就赚了几亿美元。他很快成为这一行当中最大的销售商。数学教授在赚钱上自有一套自己的秘诀：他按出口价格每辆约4800美元搞到“拉达”车，然后按7500美元卖掉，差额相当大；他往往将买主预交的购车定金拖延几个月再付给工厂，别小看这一手，几个月赚得的利润非常可观，甚至相当于一辆“拉达”牌轿车价值的一半。此外他还销售其他名牌汽车，并像那时所有的商人一样偷税漏税，以此赚取最大限度的利润。

倒卖汽车使别列佐夫斯基挣得了自己经商的第一桶金，很大的一桶。他在莫斯科和圣彼得堡购置了3亿美元的房地产。别列佐夫斯基从此加入了俄罗斯暴富者的行列，而此后的势头越加迅猛。

1993年，别列佐夫斯基与原副总理卡丹尼科夫一起创建了全俄汽车联盟（ABBA），出任董事会主席。汽车联盟宣称将与美国一家汽车厂合资生产新型汽车，项目估价为15亿美元。该项目由于美国方面撤出而搁浅。尔后汽车联盟在芬兰建立了年产5万辆汽车的制造厂。

“鹅掌柜”古辛斯基（左）和“白桦树”别列佐夫斯基

除了汽车行当，别列佐夫斯基开始涉足石油部门，并赚取了大量黑钱。通过此前他在金融界的成果，1995年底，他以自己的银行财团和斯摩棱斯基的“首都储蓄银行”一起，以抵押拍卖的方式收购了51%的“西伯利亚石油”控股公司的股票，任董事长。该公司规模和石油储量都相当可观，石油开采量在俄罗斯排行第六，储量为第八位。在拍卖过程中，别列佐夫斯基方打压其他银行购买，被媒体指出严重违法。他的对手——被剥夺了拍卖权的“国际商业银行”董事会还向莫斯科法院递交了对别列佐夫斯基的起诉书。但别列佐夫斯基凭借与政府高层的特殊关系，最终不仅使原告败诉，还以其他罪名将这家银行几乎搞垮。与此同时，他还收购了俄罗斯民航。

在传媒界，别列佐夫斯基也插上了一足。1995年他收购了俄罗斯公共电视台16%的股份、电视六台29%的股份，《独立报》《星火》周刊的部分股份。1996年11月得到《消息报》19.5%的股份。他是公共电视台最大的股东和实际控制者。国家杜马几次力图将公共电视台的控制权归为国家所有，但一切努力都没有成效。在叶利钦第二次竞选总统前，公共电视频道和其他国家、私人的电视频道一样，都成为叶利钦的竞选工具，为他大张旗鼓摇旗呐喊。1999年，他收购了俄罗斯最大的出版企业“商人”出版集团，由此，他掌控了俄罗斯的5报5刊、2家电视台和1家广播电台。

身家据说有30亿美元的别列佐夫斯基，1992年开始涉足政坛，一度成为一颗政治新星。1992年至1993年，他担任过政府工业政策顾问，1996年担任联邦安全会议副秘书长，1998年4月被叶利钦任命为独联体国家执行秘书处秘书。1999年12月，成为国家杜马代表。他是叶利钦家族的密友和座上宾。在叶利钦第二次竞选总统中，他和其他金融寡头一样，为其效尽犬马之劳。在叶利钦政治生涯面临最后的困境时，也正是他为叶利钦积极举荐了普京，并为普京当选总统出了力。但是没有想到，他和古辛斯基遭遇了同样的命运，普京上台后不久就砍掉了积极支持过他的这棵“白桦树”。

金融寡头别列佐夫斯基为何要在政坛插上一足？他在一次接受英国《金融》记者采访时说：参政是为了保护俄罗斯的资本主义，假如俄罗斯商界得不到巩固，假如我们不强大和果断，就会丧失机会。自动过渡到市场经济是不可能的，因此，必须运用我们的权力去实现这一过渡。

别列佐夫斯基后来被莫斯科检察院以诈骗300万英镑的罪名判处15年监禁。那时他已经流亡在英国，他坚持认为这是俄罗斯政府对他的“政治迫害”。

普京向媒体大亨和金融寡头的开战，意在掌握俄罗斯媒体，消除自己不需要的声音，与将要实行的政治改革——集权和垂直领导相一致。在这些事情上他不想听到杂乱的不一致的声音。而媒体作用的重要，普京早就深有体会。掌握媒体的这些大亨，在叶利钦时代似乎属于“家族”一伙，不过主要还是相互利用。在一定程度上叶利钦很多时候都受制于他们。现在他们依然会利用手中的工具，对总统施加影响，以达到自己的目的。在竞选总统前后，普京对此已经深有体会。他可不想受人摆布。他是独立的，不论做什么，不论什么时候，这一点至关重要。他儿时与小伙伴们在圣彼得堡的大杂院里玩耍时，就深知这一点并努力在任何时候任何情况下保护自己的独立人格和尊严。现在身为国家总统，更不能丢掉这一点。否则难以有所作为。

此举也让人们看到，叶利钦举荐当上总统的他，并非是一个俯首听命的傀儡。他就是他自己，是独立的总统，有自己的治国策略。还不仅如此。弗拉基米尔•古辛斯基和鲍里斯•别列佐夫斯基一直被认为是叶利钦的亲信和“家族”的一员。普京迅速果断的举动，使很多人看到，新总统有魄力甚至敢于和自己的提携者叶利钦划出了界线。这正是一直以来不少人对他是否会这么做的质疑。现在他们的质疑消除了。

扳倒古辛斯基和别列佐夫斯基还有杀一儆百的效果。如此有权有势的两个大人物，却被新总统如此轻易击垮，令所有的大富豪惊恐：不要和总统作对，老老实实做自己的生意，否则他们的下场就是自己的未来。在苏联解体后混乱中爆发的富人们，哪个背后没有不可告人的秘密？哪个的财富又完全是干干净净、清清白白，靠自己的辛勤劳动得来的？对此他们心里最明白，老百姓也很清楚。只要审查，个个都该判刑坐牢。哪个富豪不害怕这样的下场？果然，此后那些大富豪老实安静了许多，没有谁敢于和政府说不。国家实现了稳定，总统有了绝对权威，从上到下政令畅通无阻，一盘散沙的局面得到极大控制。民众对此反映出有些担心，表现在民意测验上，那一阵对总统的工作持积极评价的人数暂时从61%下降到了54%，但是没过多久，7月下旬的统计显示，支持率回升到70%，普京的支持率创立了新高。（参看罗伊•麦德维杰夫《克里姆林宫四年时光》）

确实不必担心民众的反应，与寡头开战百姓没什么强烈不满，那些暴发户早就是他们痛恨的对象，叶利钦也早就使他们厌恶和唾弃。媒体一直以来过分的民主言论也早就令他们不安，他们需要的正是这样一位敢作敢为的领袖，打击寡头的领导人，能使国家稳定的总统。普京的威望飞快上升，之后再也难以听到不同的声音。掌控媒体是这场较量的主要目的，他的目的已经达到。被总统掌控的媒体渐渐开始只发出同一个声音，齐声合唱一首赞歌：他们的总统英明伟大，是几百年才横空出世的旷世奇才。

普京在使用铁腕治理的同时，也不忘怀柔政策。一边是出其不意狠狠打击，另一边却将大富豪请到克宫，一再声明他不会改变市场化与私有化的政策。而寡头们对此有着另外的理解：不要参政，听话就行。

别列佐夫斯基2013年3月23日被发现死于伦敦寓所，死因不明；古辛斯基一直在以色列流亡。

媒体“宠儿”

大约从2001年末2002年初开始，俄罗斯媒体一改以往对总统和政府的大胆直言，其中不乏尖锐的批评和甚至不负责任的抨击，开始对普京做大量的全方位的不知疲倦的正面报道。普京完全成为媒体的中心，名副其实的“宠儿”。打开每天的报纸，不仅能看到他们的总统在做什么，还可以看到关于他的趣闻轶事。他的身世、家庭、孩子、父母、初恋、饮食、家居风格、生活习惯、穿衣特点、领带颜色、保镖以及他家养的狗狗、赛马，无一不是媒体津津乐道的话题。文章大多都是赞誉加吹捧。

2002年底，《环球时报》恰好有一篇约稿，内容是关于近日在莫斯科流行的一首总统的歌曲《嫁人就嫁普京这样的人》，歌词是一个女孩在与她的男友吵架后，唱出的心愿：想嫁普京这样的男人。这是一首流行歌曲，据说在某电台播出后已经广为流传，深受年轻人青睐。但在莫斯科的我还没有听到过这首歌，后来才听到，曲调似有几分忧郁，但基本上节奏明快，挺好听。接到约稿后，我开始搜集有关资料准备写作。歌曲的出炉过程不复杂，需要搜集的是关于普京个人的相关资料，这是歌曲流行的大背景。没想到，报刊上有关普京的文章随手翻翻就是一箩筐，五花八门，应有尽有。时政要闻不必说了，总统的活动天天都是头条；而其余斑驳陆离的趣闻轶事也比比皆是，让人眼花缭乱。记得有这样的文章，记者在普京家里采访，对总统的家居产生了兴趣，客厅里很耀眼的黄色沙发与其他家具很不协调，记者问普京对沙发的颜色感觉如何，普京回答“挺好，没什么”；还有谈到不久前哪个外国政要送了普京一匹良种赛马，于是乎围绕如何呵护那匹纯种马、饲养、训练的细枝末节，成为一篇文章的话题；还有普京宠爱的小狗，吃喝拉撒也成为另一篇文章的内容；而普京传奇般地在巡访某个城市中被早已等候在那里多时的普通百姓拦下，述说生活苦难和不平，然后他们提出的请求和问题神奇般一夜之间得到解决的报道，让俄罗斯千百万人羡慕不已，我们什么时候会有这样的好运气？一些人开始效仿，得知总统路经哪里时，会早早在那里等候。他们的愿望很简单，原因也很简单，解决地方官吏永远不会解决的关乎他们切身生活的问题。他们知道，只有冒险用这样的方式，才能解决多年来迫切需要解决而得不到解决的困苦。这样的传奇式报道不止一篇。普京由此威望大振，地方官员更显无能。俄罗斯总统很有点旧中国“包青天”的味道。那些芸芸众生只有靠总统来拯救。

关于那首歌曲，其实很多俄罗斯人如我一样，并不知道有这么一件事，或是知道有这么一首歌，但没有听过。“流行”完全谈不上。国外对普京的关注超过了本国人。那篇文章后来以《莫斯科流行一首歌：要嫁就嫁普京这样的人》为题刊登在《环球时报》上，随即中国各大网站广为转发，现在这首歌名已经成为人们赞誉普京的一句流行语。但在当时，通过这篇文章知道有这样一首歌的中国人，很可能比俄罗斯人还多。

在写作这篇文章时，我发现俄罗斯媒体对普京的热捧真是不遗余力，令人羡慕：俄罗斯总统的威望这样高。也使人担忧：真像一场新的造神运动。

俄罗斯确实有一部分民众对普京大加赞扬，其狂热使人联想到个人崇拜。但也有不少人（我周围大多数人是后者）对总统没有太多的好感。普京热其实主要反映在媒体上，是媒体的炒作，加上部分人的过分赞扬和吹捧。俄罗斯人有一种深深的崇拜权势的特性，或者可以称之为“奴性”，任何执掌大权的人，特别是强势人物，都会引起他们发自内心的崇拜。历代当权者身后都会有一大批盲目尊崇的普通俄罗斯百姓。这大约和他们历史上曾经长期政教合一的治国模式有关。在百姓眼里，统治者都带有神圣的色彩，他们的至高无上的权力是上帝赋予的，是上帝为民众选中的。对上帝的顶礼膜拜使他们对统治者恭顺有加。这几乎成为一个民族的心理特质。普京现在遇到的情形也不例外。

看看那几年俄罗斯的主要报刊，与他刚刚执政时相比，舆论的变化可谓巨大。媒体在普京上台前后的变化，其中一个重要原因自然是普京执政后取得的成果以及个人表现出来的优秀品格和行事风格。这一点不容否认。一个将国家从“乱”中拯救出来，引上康复之路的人，可以称之为民族英雄，难道不该赞扬？况且上台伊始时，很多人看低了他，包括很多民众。而他执政后的作为令所有的人都大吃一惊：我们的总统原来这么能干又如此低调，俄罗斯人的好运来了。媒体充斥一片赞扬正是基于国运的好转。但是还有另一个重要因素，即普京实行的是强权政治，管理体制几乎与前苏联相仿，垂直领导导致总统说了算。总统的权力非常大。民主得到某种抑制，不同的声音越来越弱。官员们都要小心谨慎，他们的前程握在总统手里；商人也要格外小心，中规中矩，不越商参政，否则利益不保，甚至进监狱也说不准；受控的媒体则不敢说三道四，其作用也从监督转为服务。这样的体制一般来说，领导人的威望不能不高。当所有人的命运和国家的前途掌握在一个人手里的时候，谁愿意赌上自己的命运对总统说三道四呢？大家都会听话。媒体会加大对当权者的示好，赞扬，吹捧，甚至神化。也许这一切并非普京本人的初衷和意愿，但他所实行的管理体制在获得某些重要成果的同时，也必然结出了另一种果实。

除了媒体对普京大加赞赏，社会上也盛行着另一股普京热。普京挂像、普京套娃、普京挂历都在街头销售，普京的生辰八字也被传说得神乎其神。历史学家麦德维杰夫在《克里姆林宫四年时光》一书中写道："一位著名占星家绘出了普京的星象图，在普京的图中，冥王星与降交点上合起来；太阳和土星合起来，还有天平星座里强大的海王星。这表明，普京能够适应任何职位，善于在复杂的形势中达成妥协。他有发达的直觉，能够在错综复杂的局面中得心应手地应用这些。普京是一个拥有极佳逻辑能力的知识分子，这一点能帮助他应付和控制住极为艰难的处境。他渴求权力。"

2002年9月18日的俄罗斯《大都市快报》有这样一篇文章，从中可以看出"普京热"当年在俄罗斯达到的程度。

> 很多国家的领导人都极为羡慕普京在俄罗斯享有的盛誉。
>
> 普京在俄罗斯享有的盛誉和威望，已经到了被各家饭店、酒吧、商标、街头套娃、挂历用他的名字做商业广告牌的地步。
>
> 在俄罗斯不少城市像雨后的蘑菇那样出现了很多"普京咖啡店"，圣彼得堡已经开张了几家，每家咖啡店里都有一张桌子，桌上的牌子上写道：普京来这里喝过咖啡。这张总统坐过的小餐桌的座位往往几个月前就已经被预定了。
>
> 以总统名字命名的蛋糕、鸡尾酒、烤甜点、带馅的烤饼，甚至

街头出售的"普京"套娃

很快就进肚的下啤酒的小吃，都纷纷涌现。挂历的第一页、彩色体恤衫、背心、陶瓷茶杯上都印着普京微笑的面孔。

克里姆林宫的官员努力同滥用总统形象和名字做斗争，对地方和州政府施压，让他们出面和“普京”咖啡馆的主人谈话，以便更改名称。但成效甚微。车里亚宾斯克不久前开始生产“总统牌怀表”，表盘上用珐琅画着普京的彩色画像。画家在一块表上画出普京画像，要用好几天的时间。尽管价格昂贵，但市场需求大大超过了订单的量。

国际社会惊讶如此多的俄罗斯人都喜欢他们的总统。为什么普京引起俄罗斯人的好感？英国社会学家解释这样的现象：因为普京恢复了国家秩序。普京曾是克格勃特工。很多俄罗斯人认为，由于克格勃的迫害，使很多著名的苏联人叛逃。此外很多人还认为，克格勃特工是廉洁正直和诚实的人，勇于承担责任做出决定并履行职责的人。

很多人赞赏普京，媒体推波助澜，将普京神化。在这样的赞美吹捧声中，任何人也会飘飘然。

媒体的赞歌和百姓的反应应该说有一定差距。这个差距有多大？赞扬在某种程度上客观反映了百姓的心声。自从戈尔巴乔夫改革以来，他们经历了太多的苦难、动荡、变迁和失望。戈尔巴乔夫曾经带给他们巨大的希望，结果却令人极其失望；他们转而将希望寄托在叶利钦身上，结果使他们更加失望；现在他们终于看到，名不见经传的年轻总统，在这么短的时间里结束了多年的混乱，政治稳定，经济发展，国际尊严和大国地位得以恢复，他们也得到了切实利益。还有什么比这一切更让他们感觉重要的呢？他们有理由感谢普京、信赖普京、赞扬普京。过头的赞美崇拜是在所难免的。

但是也有相当多的百姓并不这样看。他们承认普京执政以来取得了不小的成就，却绝不像媒体吹捧的那么好。他们认为普京执政后经济好转的大部分原因得利于国际环境。石油价格一路高攀，很大程度上依赖石油出口的俄罗斯经济自然会好转，谁执政都会如此。是普京运气好，赶上好时候了。其实俄罗斯离真正的复兴和繁荣，离一个强国还差得很远。此外，很多俄罗斯人没有忘记，什么是个人迷信，以及为了破除苏联的集权统治和个人崇拜所付出的巨大代价。今天他们绝不会再盲目地回到过去，去崇拜某个人。对于媒体的过分赞誉，充满溢美之词的文章，他们很冷静，不会盲从，也怀抱忧虑：长此以往国家各方面或许有所恢复，但是民众应当享受的民主自由会受到极大的限制。媒体的“发烧”和这部分民众的“冷静”，有着不小的差距。其实就媒体而言，很多记者也没有跟风，而是客观地评价他们的总统。记得2003年5月，我坐莫斯科至白海的游艇游白海时，同船遇到一位报社记者，与他闲聊时我说：“你们的媒体很吹捧普京啊。”他予以否认，表示那只是一些跟风者的行为，他们不会回到个人迷信的年代，普京现在还是在学习如何做总统，仅此而已。我感觉他说得很有道理，也反映出不少俄罗斯人的看法。

对普京的赞美持续了好几年。俄罗斯的普京热也一直没有降温。民间对这位总统的支持率也始终维持在一个相当的高位，普京的个人威望如日中天。一切看上去很好，其实这样的情景并非正常。就一个领导者而言，长期处于这样的赞誉环境中，被赞扬崇拜包围，对其公正无私地行使权力极为不利。久而久之会不自觉地夸大个人的作用，唯我独尊，偏听偏信，任人唯亲，这样的例子和教训历史上太多。而后来几年民众对普京产生的很大不满就有他任用亲信这一条。他被一个小圈子包围了，这个小圈子的人也通过他捞足了好处，被称为新的寡头。

强权政治下的普京，高声望和高支持率的背后，散发出极浓的个人崇拜的味道，一直受到反对派和民运人士的反对。在俄罗斯全社会持续不断的普京热中，反对的声音很微弱。直到2011年底2012年年初，普京与梅德韦杰夫搞“二人转”换位时，终于爆发了。但究其根源，早在多年前就已经埋下了民众不满的种子。

国际舞台首次亮相

成为俄罗斯巨轮掌舵人的普京，对国际社会来说，是一张陌生的面孔。人们对他的形象不仅感到陌生，还很模糊。由于模糊，也就产生了更大的兴趣。他的克格勃出身也给人们一种神秘感。他是否有能力将似乎患上了不治之症的俄罗斯引上康复之路？他能否应对当今世界的复杂局势？他对国际事务有多少了解？总而言之，普京走上俄罗斯权力顶峰时，国际反映与戈尔巴乔夫当初坐上红色帝国的头把交椅时受到国际社会一片赞赏的国际环境完全不同。国际社会当年对戈氏很了解，一片赞扬，甚至充满希望；对普京则很茫然。

新总统普京其实对国际事务有着相当的了解和经验。他说，很多人忘记了，在他任圣彼得堡副市长的那段时间，索布恰克与国际社会来往频繁，经常迎来送往，接待各国来宾和国际知名人士，也不断出访各国。西方当时将索布恰克看作是俄罗斯最有竞争力的符合他们价值观念的领导人。此外，圣彼得堡也是一座世界闻名的大都市，各国政要来俄罗斯也都会顺道来圣彼得堡造访。而作为圣彼得堡市实际上的第二把手普京，参与了那个时期的一切外事活动。（《第一人——普京访谈录》）而且普京还担任过该市对外经济联络委员会主席，圣彼得堡市的经贸出口、引进外资等工作，都是在他的直接领导下展开的。那段时间他对国际社会交往礼仪策略等方面都有不同程度的熟悉和学习，积累了不少经验，也接触到各国诸多国家领导人。当然，现在的普京与那时的圣彼得堡副市长有着巨大的不同：现在他是一个国家的最高领导人，而非一个城市的二把手。他需要继续学习和熟悉自己的角色，尽快掌握这个角色应有的知识、举止和技巧。

其实国际社会对他也不是一无所知。他毕竟已经担任过一段时间的总理和代总统，与西方国家政治人物有过接触。西方社会对他的评价并不算低。英国首相托尼•布莱尔是2000年初与普京会晤过的第一批西方政治家之一。他对普京的评价是："智慧超群，他非常清楚自己要为俄罗斯争取什么。"法国外交部长于贝尔•韦德里纳也在这一年的2月初与普京有过长时间的尖锐谈话，他谈到普京时说："这个人的性格非常坚强。他是一个爱国者，头脑中装的都是俄罗斯如何伟大的想法。他希望俄罗斯可以占据应有的位置，并赢得世界的尊重。他是一个聪明机智、精力集中的交谈对象，他从不做谈话记录。在谈话中，他表现得生动、活跃，常会打断别人的话，表明自己清晰、准确、思维敏捷地了解整个情形。他是一个同时具备头脑冷静和兴致勃勃两种性格的人。"（参看罗伊•麦德维杰夫《克里姆林宫四年时光》）

普京接手的俄罗斯，在国际上处于何种地位，呈现给外界的是什么样的形象，普京和很多人一样知道得很清楚。俄罗斯已经败落到沦为第三世界的二流国家。昔日帝国的光彩和在国际事务中举足轻重的地位荡然无存。莫斯科一份报纸上有这样的文章说：在国际社会我们究竟处于何种地位？俄罗斯在各种排名中都居于很靠后的位置，令俄罗斯人心寒。不过是十几年的时间，一个强国就破败至此！这情景尤使国家总统痛心。他一定要在发展国家经济的同时，恢复俄罗斯在国际社会中应有的大国地位。

上层精英对俄罗斯在国际社会中的定位大概也有不同意见，俄罗斯究竟是一个地区大国还是全球大国？普京认为，经历过这样的历史巨变，俄罗斯再回到过去的超级大国既不现实，也不需要。但它是一个大国，这是由它的地缘政治、丰富的自然资源、历史等因素决定的，它是当今多极世界中的一极，理应充分发挥这个角色的作用。“俄罗斯唯一现实的选择是做强国，做强大而自信的国家，做一个不反对国际社会，不反对别的强国，而是与其共存的强国。”（2000年7月普京《国情咨文》）普京亲自领导制定了外交政策的新构想，并且进一步强调了它对于进攻性而非防御性捍卫俄罗斯国家利益工作的必要性。

普京正式当选为总统后，积极展开了外交活动。

2000年7月17日，俄罗斯总统应中华人民共和国主席江泽民的邀请对中国进行了为期两天的国事访问。两国元首在北京举行了正式会谈。对于自己的近邻中国，一个迅速崛起的亚洲和世界大国，普京始终十分重视两国之间的关系。这一地区的稳定主要取决于俄罗斯和中国这两个国家，他很清楚这一点。而时任中国领导人的江泽民、李鹏等都曾经留学苏联，精通俄语，熟悉莫斯科。普京总统与他们的会谈十分愉快，在很多问题上两国领导人都取得了一致。两国领导人签署了《中华人民共和国和俄罗斯联邦北京宣言》。宣言中有这样的话：“两国元首认为，21世纪的到来将为中俄关系的发展开辟更加广阔的天地。中华人民共和国和俄罗斯联邦将在战略协作的基础上继续增进睦邻友好，扩大互惠互利合作，实现携手发展，共同繁荣。两国将加强在国际事务中的协作，促进世界的和平与稳定。”

接下来普京对朝鲜做了短暂访问，然后赴日本冲绳参加八国峰会。俄罗斯当时不是峰会的正式成员，普京只是特约出席，但这毕竟是俄罗斯总统在国际重大活动中的第一次亮相。普京7月21日抵达日本冲绳。这一次的八国峰会被称为“千年峰会”。第一次亮相国际舞台重大活动中的俄罗斯总统有花絮新闻：在参加八国峰会期间接受了东道主赠送他的一条日本空手道九段黑带。日本人没有忘记俄罗斯总统的爱好和特长。普京收到这个礼物后谦恭地表示，自己在柔道技艺上尚未达到完美境界，为了不辱没此带，他一定会努力练习，提高技艺。普京目前是黑带六段，他擅长的是扫腰摔。日本人发现，俄罗斯总统讲起空手道来兴致勃勃，对它的起源讲得头头是道。普京在此期间还参观了日本一所空手道学校，并在那里一展身手，和一个学生当场练了起来。

八国领导人在冲绳千年峰会上讨论了经济、政治、社会三大领域的诸多问题，通过了《冲绳2000年八国公报》，发表了《世界经济形势七国宣言》等一系列文件。总的来看，年轻干练的俄罗斯总统在冲绳峰会国际政治舞台上的首次亮相是成功的。俄罗斯提出的某些建议，特别是有关裁减军事力量和反对国际恐怖主义危险的建议被认同，写进了峰会的总结文件中。世界媒体对于代表俄罗斯出席会议的这张新面孔，也多有正面评价：“弗拉基米尔•普京顺利完成了自己的首次国际亮相，他表现出来的不仅是坚定和顽强，同时还有妥协的一面”；“俄罗斯总统成了‘八国集团’首脑会晤的超级明星”；“俄罗斯总统是‘八大国’首脑中的新手，可他比任何人都知道如何从刚刚结束的峰会中捞取好处”；“普京得到了最高领导人的袖章：他来的时候是一个新入伍者，而走的时候奇迹般地成了一个老兵”；“谜一般的普京先生不费吹灰之力进入了由世界最强大国家领导人组成的圈子”。这是罗伊•麦德韦杰夫分别从意大利、联邦德国、法国和瑞士最有影响力的报纸上截取的引文。

媒体也注意到了俄罗斯新总统与前任的巨大不同，他们看到的俄罗斯新总统完全不像叶利钦，也不同于戈尔巴乔夫。他坚定果断，严肃认真，稳重自信，也很内行。他是一位新型的政治家。

2000年9月，第55届联合国大会在纽约联合国总部举行，普京第一次出席联合国大会，他将在联大演讲。美国总统克林顿演讲完毕，出席大会的不少代表离开座位走出会场溜达。但在普京即将开始演讲前，那些人陆续回到自己的座位上。这表明他们很关心俄罗斯新总统将要讲些什么。普京第一次出席联合国大会，第一次在这样的场合演讲。生性矜持的他不是很放得开，但言谈间还是显示出其冷静理智的个性。他表示全力支持旨在加强联合国作用的改革，强调联合国改革不能损害《联合国宪章》的宗旨和原则。罗伊•麦德韦杰夫这样评价：普京的发言使“所有人都见证了俄罗斯出现了一位有个性的人物”。（参看罗伊•麦德维杰夫《克里姆林宫四年时光》）

联大会议期间还有一个小插曲，可以反映出俄罗斯总统的个性：他的演讲本来安排在下午，但他希望上午演讲，因此他亲自打电话和安排在上午发言的某国家首脑更换了演讲时间。一般而言，一个国家的首脑人物在这样的场合大概不会提出这样一个不合时宜的要求，但普京不在乎这个。他无伤大雅的举动反映出他的率直个性，也因此被有的媒体称为“大男孩”。

在此后连续两届总统任职期间，普京在国际舞台上越来越引人注目，成为一颗耀眼的国际政治明星。他参加了8次上合组织峰会，8次八国集团峰会，多次独联体首脑峰会，以及其他各种国际会议。他是一位活跃的有个性的精力充沛的国际事务活动家。随着俄罗斯各方面的稳步发展，国力的不断恢复，普京代表的俄罗斯在国际各种场合恢复了有分量的话语权，起到了举足轻重的作用。一个普京时代的俄罗斯大国形象逐步代替了萎靡不振的叶利钦时代的病态俄罗斯。俄罗斯终于摆脱了继续跌落的态势，以完全崭新的面目回归国际舞台。俄罗斯人为此欢欣鼓舞。

总统50大寿

普京的威望在他担任了俄罗斯总统两年多后，和国际石油价格一样，一路攀升；民意测验表明，他的支持率始终都在60%—70%之间。媒体大量刊载赞誉文章；民间也掀起了一股持续不断的普京热。普京总统的威望超过了他的前任叶利钦，也是戈尔巴乔夫（后期）望尘莫及的。俄罗斯人真的非常庆幸，经过了噩梦般的民族大劫难，跌落谷底的十几年痛苦，国与家都令人沮丧的动荡混乱后，终于出现了一位能带领他们走出灾难深渊的领袖。“横空出世”，一位伟大的国君出现了——罗伊•麦德维杰夫在《克里姆林宫四年时光》一书中这么形容普京，很多人都有同感。

在举国上下对自己的领袖发烧般的赞扬中，普京迎来了50大寿。可想而知，全国各处洋溢着如何热烈的祝贺气氛。

共青团《真理报》在普京50大寿当天，即2002年10月7日，刊发了这样的纪念文章，标题是《普京先生是谁？没有人再提出这个问题》。

> 两年前，当俄罗斯大多数人对谁是下届总统不再有疑问的时候，国际媒体却有这样的问题：普京先生是谁？谁也不了解这个在令人眩晕的短暂时间内走上巅峰的官员，对世界来说他是一个谜，在很大程度上对俄罗斯社会各界也是。
>
> 2000年的选举并非将选票投给了某个个人，而是投给了希望。每个人都是为自己（的希望）投了一票。新总统本身的轮廓那时也是渺茫暗淡甚至令人担忧的。
>
> 令人感兴趣的是：两年后没有谁再提出“普京先生是谁？”这样的问题。虽然还没有关于他的最终答案，但总统的形象完全自然而然地逐步呈现出来，现在则很清晰。
>
> 总统任职仅过去了一半多的时间，因此今天，普京50大寿的日子最合适的不是对他总结，而是谈谈印象。
>
> 第一点印象很清楚。上世纪末我们的主宰人显示出三重身份：领路人兼推翻者，领袖-父亲和旧式官员。普京向世界展示出俄罗斯新领导人的形象——非常谦逊，持重，办事干练，一副西方经理的形象。这正是支离破碎的国家所需要的。

选择这样的形象不是偶然的。这完全适合新总统面临的战略任务：将俄罗斯变为一个生活水平高的现代化强国。普京发展国家的设想大概是这样：达到中等生活水平，俄罗斯应当成为西方世界的一部分，但要保持自己的独立角色。叶利钦的战略目标是不惜任何代价改革。而普京的想法是，以现实可能为出发点，确保国家高速发展。这切实可行。

还有一点印象：似乎察觉不到，但我们已经完全生活在另一个国家里。无论政治动乱，还是经济危机都不复存在。人民的生活得到改善。普京成功地解决了很多国内政治问题。首先是强化政权。他善于充当最高评判人，政治协调人（最近的例子是解决了克拉斯诺亚尔斯的冲突），创建了无疑由他领导的这样的基础结构。

最后还有普京的工作风格。他的口号好像是“不要突变（革命），而要演变（渐进）”。

文中所说“2000年的选举并非将选票投给了某个个人，而是投给了希望。每个人都是为自己（的希望）投了一票。新总统本身的轮廓那时也是渺茫暗淡甚至令人担忧的。”这话说得既形象，又准确。

为纪念普京50大寿，该报还刊登了1999年7月8日对普京的一次访谈。普京时任俄罗斯联邦安全委员会秘书长和安全局局长。他那天来到报社六楼，与记者进行了两个多小时的谈话。他说：“俄罗斯不会发生大变革。”

很多媒体称他们的总统处事低调，谦虚，不事张扬，不喜欢奢华的生日纪念。因此有人说：最好的生日礼物是使总统能在那天和家人安静地在公园散步，忘掉一切，和朋友交往……还有人说：最好的礼物是人民对总统的认可。

莫斯科《共青团报》10月6日的文章提及普京任总理时过生日的一件事：白宫会议大厅摆满了部长们送来的鲜花，普京看到后让人们将所有的鲜花和花篮都搬走了。了解普京性格的人，都知道他不会接受贵重的礼物，因此下属送他的都是相当不起眼的小礼物，力求表达某种“意义”。如2000年生日那天，他邀请客人们去圣彼得堡郊外巴甫洛夫庄园的修道院小饭店，客人送给他夹克衫和印着他的母校图案的足球衫作为生日礼物。

虽然知道总统俭朴，但50大寿不同于以往的生日，全国各地大小官员、商人和民众依然以五花八门的形式，自发祝贺普京的生日。总统生日后，2002年10月23日的《大都市快报》将总统生日贺礼做了盘点，依据“大小”依次排列如下，共16项：

印古什一个小村庄所有村民为了表达对总统的祝贺，将自己村里的主要街道命名为“普京路”。这个小村在洪涝中几乎整个被淹毁，但是国家和地方政权在最短的时间内全部修复了他们的住房。村民们很满意。

切尔科斯克人带给总统的礼物是，将把总统的生日作为公休日，为庆祝总统生日将组织表演、放礼炮和焰火。

克麦罗沃州州长阿曼•图列耶夫为了纪念总统的生日，将年产300万吨煤矿的三个矿井的名字由“乌里扬诺夫斯克”（列宁的姓）改为“普京”。

民主自由党在进入库尔斯克地区的凯旋门不远处立起一个石碑，印上了总统印记：ВВП（普京全名缩写，时下在俄罗斯很流行这样称呼）曾到过这里。

军人最关注自己敬爱的领袖的安全。总参谋部在总统生日送给他一个由11人组成的骑兵“团”，不久，人们也许会看到普京在威武的骑兵和带着闪光灯的轻骑兵护卫下沿着鲁布列夫大街飞奔去克宫。

摩尔达维亚为纪念普京生日特派去养马专家，为了养育好奥廖尔良种马。

车里雅宾斯克州州长尤里•舒明送给总统一套装备：剑、匕首，战斧和刀。彩锻，包金，短刀用天鹅绒包着，用“ВВП”字母作为装饰图。耗资不菲。

珠宝工艺学会赠送的生日礼物是价值1000万美元的仿照沙皇加冕仪式戴过的皇冠。

特维尔州政府的礼物是10×3米的绘画“从圣彼得堡到莫斯科的旅游”。手工完成金线刺绣，华美无比，价值连城。

雅库吉亚的一家宝石开采公司在永久冻土带开采出79克拉的稀有钻石送给总统作生日礼物。这颗钻石现在名为“普京”在克宫陈列。

下新城为纪念普京生日制作了奖章，奖章的一面是彼得大帝和普京，另一面是米哈伊尔•阿尔汉格利大教堂，这是下新城的克里姆林宫。奖章将转给赞助人和地方名胜古迹的修复者。

俄罗斯穷困区没有钱给总统送礼，但他们想出了奇妙的主意。确实，干吗花那么多钱为什么都不缺的总统买礼物？所以他们决定将爱和尊敬送给ВВП。例如，叶卡捷琳堡的一所中学开了“普京课”，专门讲述俄罗斯总统，选择几本关于普京的书在课堂上阅读片断。

托姆斯克州决定送给总统17棵稀有品种的夏柏。夏柏在莫斯科难以成活，所以仍留在当地生长，但挂上了总统的专门标牌。

伊格林区一位居民送给普京一袋葱头。便条上写道：苏联时期就是这样的葱头出口古巴。请品尝并想一想，如何恢复我们的农场。

最后还有，10万俄罗斯人寄给总统生日贺卡，表达了对总统的热爱。祝愿普京幸福健康和天下太平。

在众多的总统生日的贺礼中，还有著名历史学家罗伊•麦德维杰夫的新著：《弗拉基米尔•普京——有影响力的总统》。这本书在总统50大寿前夕面世。这是作者在不到三年的时间里写出的关于普京的第三本书了，而普京作为总统执政还不满三年。麦德韦杰夫是前苏联和俄罗斯最著名的领袖传记作家，几乎每一个国家领导人他都有专著，被称为“历史学大师和苏联及俄罗斯历届领袖的‘鉴定’人”。前苏联时期他一直是持不同政见者，对戈尔巴乔夫的改革，他积极支持，并被委以重任。历史学家对叶利钦基本持否定看法，他说叶利钦刚崭露头角时，他就认定那不是俄罗斯需要的领袖；对普京则赞不绝口。

历史学家在《莫斯科新闻周报》10月采访他时说，在这样一个国家的领导职位上，仅执政两年就成为了一个在我们的历史上完全占有权威地位的人，对这样的人当然会产生极大的兴趣。普京将两种品质结合了起来，即在复杂情况下迅速做出解决问题的最佳方案的能力和遵守诺言。这些在叶利钦和戈尔巴乔夫身上都没有。普京的总统第一任期是作为叶利钦的接班人得到的——对历史学家和有思考的公民来说就是如此。但是他将作为自己的继承者进入总统第二任期，带着完全的威望和民众的信任。

各党派在总统生日前夕也以自己认为的合适方式祝贺了普京生日。媒体极为称道统俄党的做法：该党印制了系列贺卡，上面是儿童画，贺卡的地址栏写着“莫斯科，克里姆林宫，总统收”字样，落款是“统一俄罗斯党的孩子”。谁寄出这样的贺卡，自然就成为了统一俄罗斯党的孩子，既祝贺了总统的生日，又宣扬了自己。这是别出心裁的聪明之举。

最令总统本人意想不到的礼物是，他收到100个关于他的笑话。笑话从普京1999年任总理至今天（2002年10月）。总统认为其中一些笑话很妙，许诺将全部阅读。

五花八门的祝贺中，不乏过誉之辞。一个网站的一首诗歌中有这样的诗句：圣彼得堡浓雾的光芒中 / 出现了俄罗斯的拯救者 / 圣彼得堡诞生了我们的英雄 / 他蔑视死亡和惊慌 / 张扬法律和意志的力量……

普京使国家发生的变化，普京的敢作敢为，普京的强势，普京的风格，都使人醉心，他的生辰八字、星座图像，也早就预示了他是个能成就伟业的国君。一篇文章中写道，普京的星座是天秤座，即平衡。因此不难解释为什么总统能将完全不同的人聚集在身边为他效力。他凡事寻求平衡，从不过激。他极会协调和用人。

普京其实不善言辞，但他常常一语惊人，他的很多简短意深的话语成为经典流传全国。例如他说自己不过是和俄罗斯人民签了条约的总经理，聘用期限四年。这样的说法老百姓爱听。

还有媒体列出了普京至今五个十周年生日的情况：

1962年，10岁的普京是列宁格勒193中学学生，理想是从事化学工作；

1972年，普京20岁，就读于列宁格勒国立大学法律系国际法专业，梦想是成为报效祖国的勇敢的谍报员，这个梦想使他寝食不安；

1982年，普京30岁的生日是在离莱比锡不远的苏联驻德国的克格勃度过。开始考虑自己的前程。

1992年，任列宁格勒（即圣彼得堡）副市长和市对外经委主席，怀有种种对未来的大胆设想。

2002年的生日是在俄罗斯权力宝座上度过。

在自己的50大寿这一天，总统本人做了什么？是如何度过的？据媒体报道，生日前一天清晨，是个周日，他去了圣彼得堡父母安息的墓地，然后去了他当年受洗礼的东正教大教堂祈祷。自2000年父母去世后每逢生日，他一定去祭奠父母，这已经成为习惯。

生日当天他飞往基什尼奥夫参加独联体峰会。在那里受到独联体众多总统的祝贺。峰会后为他举行了生日庆祝晚宴。当地纪念品厂将金纽扣和领带佩针送给普京。还有一些国家首脑送给他良种跑马、水晶鳄鱼、金表等。媒体说，当然，所有的生日礼物俄罗斯总统都按照国家法规上缴了总统事务管理局。

处理莫斯科人质事件的得与失

普京50大寿刚刚过去半个月，2002年10月23日，莫斯科发生了一起震惊世界的特大车臣恐怖分子劫持人质事件。

23日晚9点10分，在莫斯科几乎可以说是市中心的位置，杜布罗夫卡大街的轴承厂文化宫内，自杀性恐怖分子突然劫持了正在那里观看美国歌剧《东北风》的700余名观众和100多名演员，全部扣作人质，其中500多人都是中学生。消息传出，牵动了莫斯科所有人的神经，也令全世界为之震惊。一时间所有的目光都聚焦那里。普京政府将如何解救人质？

局势相当严重和危急。手无寸铁的人质完全没有反抗能力，而车臣恐怖分子显然早就做好了准备。他们对那里的环境和演出情况了如指掌，选择了演出幕间休息后的时机，突然端着机枪冲上舞台，宣布整个剧场被包围，所有人员被扣留，而此时整个演出大厅各处都已经把守着荷枪实弹的匪徒。观众完全被惊呆了，一时间甚至不明白发生了什么；一些如梦初醒的人赶紧拿出手机，与亲人联系，告知他们自己已经成为车臣恐怖分子的人质。

事件发生得非常突然，也万分紧急。这是普京执政三年来遇到的第二件最棘手的悲剧性难题。第一件是库尔斯克号核潜艇失事，那些日日夜夜还清晰地留在普京和大众的脑海里，现在又发生了比当年更为严重的恐怖事件。而这一次牵涉的人更多，解决起来也更为艰难。此时此刻，克里姆林宫将一切事情都搁置一旁，解救人质成为压倒一切的工作。普京总统取消了第二天的出访计划，成立了解救人质工作小组。

实施这次恐怖行动的车臣匪徒，大约40余名，其中将近一半是黑寡妇敢死队。那些人看上去个个都富有作战经验，一脸无畏，肩背机枪，腰绑炸弹，还将一堆炸药安放在演出大厅，就在那些人质中间。恐怖分子随时可以引爆身上的弹药，或是点燃大厅中的炸药，与人质同归于尽。这是一帮不怕死的亡命之徒，他们计划做这件事之始，就没准备活着出去。10月25日恐怖分子头目莫夫萨尔•巴拉耶夫接受“独立电视台”的访问时说：“我们想死的愿望比你们想生的愿望都强烈。”

非法武装劫持人质的头目巴拉耶夫要求俄罗斯军队在一周内撤出车臣，否则，他将引爆莫斯科轴承厂文化宫大楼。人质将全部成为陪葬者。

晚上8时，普京通过电视第二次对车臣恐怖分子隔空放话。神色严峻的总统说，谈判的大门仍然敞开，但对车臣战争的立场不会改变，即不会撤军。

普京政府一面与劫匪周旋，派人与他们谈判，了解释放人质的条件；一面加紧了解恐怖分子的情况，剧院周边环境，并调遣精锐部队，制定解救人质的方案，做最坏的打算：冲进去救出人质。

时间一小时一小时过去，每一分钟都显得极为漫长。很多人彻夜不眠，不光是总统和政府官员，还有人质的亲朋好友和普通民众。人们自发围拢在离俱乐部不远处的街道上，心焦如焚，远远注视着那里，观察事态的发展。

午夜，俄罗斯著名的车臣战地女记者波利特科夫卡娅走进轴承厂文化宫，和绑匪会谈。绑匪告诉她，如果当局不给出计划从车臣撤军的承诺和证据，叛军将采取“最极端的措施”。女记者说，普京必须表态结束车臣战争，从车臣撤出一切军队，人质才可能被放。但劫匪的要求普京是决不会答应的，双方僵持着。

在大厅里，人质的心理承受力越来越低，最后几乎达到极限。那是很多孩子、很多妇女，他们被困在座椅上，熬着漫漫长夜和白日，不能睡觉，没有食品和水，恐怖分子踱步四周，面目狰狞。他们不知道何时才能结束剧院里突然上演的这出恐怖剧。（注：关于那次解救人质的经过，已经有了太多的报道，《俄罗斯证人》一书中也有较为详细的叙述）

车臣绑匪冲入剧院

在劫匪开枪杀死了第一个人质后，时间已经过去了几个小时。人质的状况更加糟糕，焦虑紧张和连续多少小时无法休息和进餐，他们的体力变得非常虚弱。劫匪也变得暴躁，声言如再不答应他们的要求，将大开杀戒。人质的亲属惶恐不安，呼吁政府尽快拿出解决方案，实施营救。24日，全国电视台公布了人质向普京的吁求，他们呼吁总统结束车臣战争："我们要求您做出明智决定，结束战争。我们厌倦了战争，希望和平。"整个社会笼罩在极度紧张和万分焦虑的气氛中。总统和解救人质小组也处于高度紧张的状态。绑匪扬言10月26日早晨开始屠杀人质。采取行动刻不容缓。

最后的行动定在26日凌晨进行。当局最终决定了营救方案，其中一个武器就是，在特种部队冲进去前，通过各种渠道对现场施放一种神秘气体（催眠瓦斯），借助于这种气体，不失时机地干掉恐怖劫匪，同时救出剧场中的人质。

午夜，精锐的阿尔法部队包围了剧院，做冲入剧场的准备。神秘气体已经通过暗道弥漫在剧场，所有的人——绑匪和人质全都昏昏欲睡。俄罗斯部队借此顺利冲进剧场。部队几乎没有遇到抵抗，神秘气体起了作用，很多绑匪都倒在座椅上睡去，并在睡梦中被击毙。接下来战士们将人质全部解救。但是悲剧也正在于此，那种有毒的气体不仅迷倒了劫匪，也使相当一部分人质陷于昏迷。当部队将那些失去意识的人质送进医院时，并没有特别告知医务人员，他们为何陷于昏迷，医生们以为不过是耗尽了体力，受到了惊吓而已，也没有针对性地采取救治措施。于是被解救出来的人质，相当一部分死在了医院。

经过约1个小时的激战，恐怖分子全部被击毙，人质在被扣押将近60个小

阿尔法战士救出人质

一位俄罗斯公民悼念人质事件死亡者

时后终于得到解救，但是死亡相当惨重，代价巨大。据统计，劫匪41人死亡，包括此次恐怖事件的头目莫夫萨尔•巴拉耶夫。而全部约800名人质中，竟然有118名身亡。其中8名是被劫匪枪杀，约50名人质是在送进医院后因吸入神秘气体不治身亡的。说来也真是巧合，死亡人数与库尔斯克号核潜艇失事中牺牲的海军人数一样多。

有专家分析了整个解救人质的经过，指出了多处败笔，死亡人质的亲属极为不满，社会舆论也充满质疑：为什么一定要用这样的神秘气体？为什么不及时告知救治的大夫？没有其他更好的方法营救人质吗？还有人不仅对营救本身提出疑问，而且深刻分析了产生类似恐怖事件的深层原因，车臣战争是必须的吗？普京执政后全国恐怖事件频频发生，战火已经烧到了全国，蔓延到莫斯科，民众成为最大的受害者和牺牲品，普京的强硬策略究竟带给百姓多少好处？

事件结束后，普京在电视上讲话。他神情极为沉重，肯定了救援军人的果断坚决和英勇，也向受害者亲属和俄罗斯民众道歉：“我们无法救出所有的人，我们尽力了。我们将更坚决有力地打击恐怖分子，决不后退。”

圣彼得堡300年庆典：普京的盛大节日

2003年5月27日，圣彼得堡迎来了建城300周年纪念日。这也是普京当选总统执政3周年的时刻。

圣彼得堡，这座世界闻名的美丽城市，300周年庆典确实是一个不寻常的日子。若论它的历史，实在短暂；但这座城市的风貌、文化和建筑却堪称世界一流。历经风雨的波罗的海明珠，它在俄罗斯人心目中的地位无可替代。

圣彼得堡300年的短暂历史历尽沧桑。它在不同时期的三个名称——圣彼得堡（1703—1914年），彼得格勒（1914—1924年），列宁格勒（1924—1991年）——从一个方面反映出这座城市经历的曲折和磨难。最艰难的时期当数苏联人民反法西斯战争中被封锁的900天，饥饿和寒冷夺去了数十万人的生命，然而它傲然屹立，最终迎来了列宁格勒保卫战的胜利，也因此被称为一座光荣的城市。圣彼得堡尤以文化艺术和精美的建筑闻名于世，被称为“博物馆城”，市内各处坐落着1000多个世界级的建筑物，凡去过那里的游客都会对它多姿多彩、恢宏华贵、仪态万方的建筑风格赞不绝口、心驰神迷。圣彼得堡还是一座名副其实的水上之都，城市建在芬兰湾东部涅瓦河口的42个岛屿上，由300多座桥梁相连（现今已有400多座小桥），风光旖旎，被称为“北方威尼斯”。在每年夏季能看到奇异的白夜，那些日子“北方威尼斯”又是一座景观奇异的“不夜城”。

圣彼得堡出过不少世界级大文豪，这是俄罗斯人最引以为豪的。普希金、莱蒙托夫、果戈理、高尔基、陀思妥耶夫斯基、阿赫马托娃等著名作家和诗人都在这里生活和创作过。

这座颇具魅力、气势不凡的城市是俄罗斯人最敬仰的君王彼得大帝奠基建立的，俄罗斯正是在彼得大帝时期变为了一个世界强国。而且更重要的，它又是最为钦佩彼得大帝的当今总统普京的家乡。俄罗斯在普京总统的带领下，正在劫后重生，在苏联解体后几乎变为废墟的俄罗斯大地上重建家园，走向新的国家复兴。如何纪念这座城市的300诞辰？世界都在关注。

让我们先回顾一下300年前创建这座城市的一些情景和这座城市的历史。

1703年5月27日，沙皇彼得大帝决定在涅瓦河三角洲的兔子岛上修建彼得保罗要塞。沙皇此举是为了防御瑞典军队的进攻。保罗要塞就是圣彼得堡市的雏形。这一天被认为是圣彼得堡市的创建日。彼得大帝取名“圣彼得堡”，意在纪念耶稣的弟子圣徒彼得。自此，波罗的海出海口纳入俄罗斯版图，俄罗斯在历史上第一次拥有了自己的出海口。

圣彼得堡从保罗要塞不断扩建，向内延伸，在沼泽地上修建了街道、商店、酒吧、饭店、住宅，城市轮廓渐渐显现。

彼得大帝为将他心爱的海港沼泽地建成大都市颇费了心思。他命十万名工匠在这里劳动，下令将全国所有的石头都运往这里，禁止其他地方用石头盖房。来往这里的船只也必须交纳特殊的税——建筑用的大石头。1712年彼得大帝干脆将俄罗斯首都移至圣彼得堡。此后200余年这里一直都是俄罗斯帝国的中心。

1917年，圣彼得堡发生了震惊世界的“十月革命”。1924年这座城市为纪念列宁去世改名为列宁格勒。在苏联人眼里这座城市一直是国家的另一个首都——北方首都，也是国家的文化首都。列宁格勒作为苏联第二大城市，工业、军事、科技、教育等都很发达。但在20世纪90年代的改革中，这座城市的璀璨光芒不再，一度成为犯罪之都，经济落后，民生艰难。

值得庆幸的是，新世纪为他们带来了新的领导人。两三年的时间里，新总统的能力、胆识、魄力一再得到考验并令人折服。而新总统来自圣彼得堡，这让圣彼得堡人自豪和骄傲。300年大庆，一定要让世界看到，圣彼得堡在新总统的领导下有了怎样的变化，是一座何等美丽的城市。

总统同样期待这个节日。庆典可以起到多方面的作用。可以借此将它作为一个很好的外交舞台，增强俄罗斯的国际地位；还可以扩大圣彼得堡的国际知名度，宣扬俄罗斯的伟大历史，同时也可以充分展示新俄罗斯经济的发展和变化，归根到底也展示了自己。因此一定要抓住这个时机，将庆典活动搞得有声有色，气势浩大。

筹备300年庆典很早就开始了。那时我在莫斯科，记得很清楚的是媒体不断有文章发表，在庆典前夕还有一座琥珀屋完工，媒体对此做了详尽报道。琥珀屋金碧辉煌，熠熠生辉，富丽堂皇之极。琥珀屋的背后是一个很长的历史故事。最初的琥珀屋是普鲁士国王鲁道夫命人制作于1709年。1716年彼得一世访问柏林时，普鲁士国王腓特烈一世将稀世之宝琥珀屋送给了彼得一世（即彼得大帝）。彼得一世作为回报将55个骁勇善战的随行勇士赠送给普鲁士国王。琥珀屋约55平方米，用琥珀做成12块护壁镶板和12个柱脚，饰以银箔，可以随意拼装成各种形状，流光溢彩，美轮美奂，堪称世界一绝。第二年彼得大帝将它运回了圣彼得堡。彼得大帝去世后，他的女儿伊丽莎白女皇将琥珀屋进行了改造，并迁移到夏宫。女皇此后经常在这里举行内阁会议。十月革命后，叶

琥珀屋一角

卡捷琳娜皇宫中的琥珀屋成为最吸引游客的地方。但在二战中华贵无比的琥珀屋被法西斯掠走，1942年夏，琥珀屋的踪迹出现在德国柯尼斯堡的琥珀馆。1945年，苏军攻克柯尼斯堡后，多方寻找，琥珀屋却似乎人间蒸发，至今无果，留下了一个破解不开的历史之谜。前苏联政府1979年决定开始重建“琥珀屋”。经过25年的努力，终于完工，这就是今天在圣彼得堡亮相的琥珀屋。重新建成的琥珀屋高8米，由无数块琥珀板精心雕刻拼接而成，琥珀呈奶黄色或暗红色，在琥珀板中间镶嵌着一颗颗纯天然宝石。琥珀屋用了整整6吨琥珀和宝石。在圣彼得堡300年庆典中将由俄罗斯总统普京和德国总理施罗德共同为“琥珀屋”剪彩。

庆典活动将持续10天，圣彼得堡人也有一周长假。5月24日，儿童冰激凌节拉开了庆典活动的序幕。接下来的活动五花八门，名目繁多，约有1000项。

这期间圣彼得堡市每天都会收到成百上千件来自俄罗斯和世界各国的贺礼。白俄罗斯布列斯特市和塔吉克斯坦首都杜尚别赠送了地毯；越南胡志明市赠送了丝绸画；加拿大和希腊送来了塑像，都是本国的名人；德国送的雕塑是一个人的鼻子，取材于俄罗斯著名作家果戈理的一篇超现实主义的小说，讲的是一个人的鼻子从主人的脸部脱落而自己独立生活的故事；来自中国的礼物是圣彼得堡的友好城市上海出资并派人建起的一座园林，具有东方特色，被称为“中俄友谊园”，园内的九龙壁精美大气，被媒体争相报道。……所有礼品各具特色。它们将在专门的展览会上展出。

5月底，装点一新的圣彼得堡陆续迎来了世界47位国家首脑。29日，普京夫妇来到这里，上海合作组织成员国的元首也都在这一天赶赴这里。5月30日，普京在一艘六星级豪华游轮“银色细语”号上召开了独联体国家元首的例行峰会。作为主人，俄罗斯总统兴奋而忙碌。这座承载着俄罗斯人的光荣与梦想的城市，一时成为世界聚光的焦点。一个重新崛起的俄罗斯出现在世人面前，这种感觉俄罗斯人久违了。这是圣彼得堡的盛大节日，俄罗斯人的盛大节日，也是普京的盛大节日。这里是他的故乡，他的国家的一个重要城市，向世界展示的一个窗口。

31日是庆典活动的高潮。普京将在涅瓦河畔讲话；夜里还有水上演出活动。为了对付满天的阴云，专门准备了10架军用轰炸机随时起飞，一旦需要将及时“赶走”云雨。

水上节目晚6时开始。夏日的涅瓦河在夕阳下微波荡漾，泛着波光。挂在周围码头、桥梁和沿岸建筑物上的彩带飘飘，一派喜庆。一切都使人回想起过往的辉煌和历史。面对来宾，普京发表了圣彼得堡300周年庆典讲话。他庄严宣布：这座古老的城市已经迈入新的发展纪元。作为庆典活动的大主持普京，此刻充满自豪和感慨，恩师索布恰克的面容也许会浮现在脑海。举办这样大规模的圣彼得堡300年庆典，这可是索布恰克1991年在这里任市长时就提出的倡议。可惜，恩师在3年前去世了，他没能看到这一天。如果索布恰克活着看到这样壮观的庆典，作为圣彼得堡第一任民选市长，他会多么开心！普京还会想到彼得大帝。穿过历史的烟云，300年前彼得大帝修建彼得保罗要塞的情景会清晰地浮现在眼前，这位伟大的君王当年使俄罗斯走上强盛之路。而今，他是这个国家的国君。他一定要竭尽全力，不负历史赋予自己的使命，使俄罗斯恢复世界强国的地位和声望。

风帆船、双桅帆船和水上摩托开始表演，还有伴着灯光音乐的喷泉秀，璀璨夺目的烟花在夜空绽放，三百门礼炮齐鸣。最令人期待的是激光表演。夜里23点，各色灯光组成不同图案，在空中交相辉映，瞬息万变，利用涅瓦河上广阔的天空，上演了一出华美无比的激光晚会。激光造型倒映在涅瓦河中，与涅瓦河畔雍容华贵的建筑交相辉映，美不胜收，令人震撼。

圣彼得堡300年庆典引起世界关注，成为各国媒体报道的热点。那天晚上，很多人从电视上看到了气势不凡、壮观美丽的涅瓦河上空交错光影的灯光舞台，借助现代科技呈现在夜幕上的激光艺术造型，明灭的光柱变幻多彩，那一刻是圣彼得堡多少年来最美的夜晚、最壮丽的夜晚，最令俄罗斯人自豪的夜晚。

圣彼得堡300年庆典在合适的时候、合适的地点举办。盛大豪华的规模超出很多人的想象。一个充满生机走上复兴之路的俄罗斯呈现在世界面前。人们不再怀疑，在普京总统的领导下，短短几年俄罗斯真的发生了极大的变化，正在恢复大国的地位和作用。普京成功利用庆典展示了面目一新的俄罗斯。

如此大规模的庆典，对一个刚开始迈上复兴之路的俄罗斯来说，花费巨大，据说耗资15亿美元，被称为21世纪初规模最大的庆典活动。只一项驱雨就花掉了50万英镑，比该市气象局一年的预算还多。圣彼得堡人其实生活还很艰难，这样庞大的规模和支出对普通市民来说没有什么实际意义。有俄媒体认

涅瓦河畔金碧辉煌的冬宫

为，普京投入大量精力、财力筹办此次庆典，不乏有为年底和明年初先后举行的杜马和总统大选造势之意。

激光灯晚会美景

花费巨额举办庆典，招来一些非议和不满。此外，一些人感觉似乎帝国在回归，而不是一个现代化的民主国家。这并不是他们想要的民主富强意义上的俄罗斯。但是对总统普京来说，此次庆典极为重要，因为这首先使民众找回了失落的自信和大国的自豪感。

圣彼得堡300年庆典后不久，6月12日，是俄罗斯独立日。叶利钦1994年将其定为法定节日，源于1990年6月12日俄联邦第一次人民代表大会通过了俄联邦国家主权宣言。但很多俄罗斯人对此颇多微词，一向对其冷嘲热讽。他们称这是一个莫名其妙的节日，独立节？谁独立了？从哪里独立了？难道苏联解体值得庆贺吗？独立节不如称之为“耻辱日”好！大多数人不过是将这一天作为一个休息日接受了。可这一年的独立节却出乎俄罗斯人的意料：政府在红场举行了游行。当居民在电视上看到来自俄罗斯89个联邦主体的人盛装走过红场时，极为惊讶。事先没有人知道红场有游行。中午，克里姆林宫上空还飞过“俄罗斯勇士”与“雨燕”航空表演队的王牌飞机，苏-27歼击机和米格-29强击机也从空中飞过。这是特意安排的航空表演。独立节第一次有了节日气氛。第二天仍休假一天，这让很多人非常开心。

尤科斯总裁锒铛入狱

2003年10月25日，凌晨。新西伯利亚的托尔玛切瓦机场，一个不起眼的角落里，降落了一架图-134飞机。飞机是尤科斯石油公司向莫斯科子午线航空公司租赁的。此刻公司总裁米哈伊尔•霍多尔科夫斯基和几名随从正在这架飞机上。

这是一个周六。霍多尔科夫斯基刚刚结束了在奥尔拉、别尔格勒、利别茨克、达姆波夫、沃隆涅什、萨兰斯克、萨马拉、萨拉托夫等多个城市的访问，返回莫斯科途中暂时降落在这里。飞机需要加油。

尤科斯总裁这些天马不停蹄地奔波于上述各城市，与各地的政要及商界人士进行了一系列会晤、谈话和交流，进行了多场演讲，为当地高等学府捐赠了大笔资金，并与媒体私下接触。据传他此行颇像将要竞选总统的政治家的巡回演说。一路走来虽然旅途劳累，但霍多尔科夫斯基依然精神饱满。他年富力强，刚刚过了40岁生日，是俄罗斯富豪中的小字辈。但“小字辈”很有能耐，已经是俄罗斯首富。他的石油公司经营得有声有色，管理得井井有条。他和其他寡头很不一样。虽然起家过程中都有不同程度的违规交易，但这是那个时代的特点，新生的资本家和富人阶层没有谁能避开这些。但是发迹之后，尤其在这几年他表现不俗，受到各界和国外赞誉，媒体甚至称他为“俄罗斯最透明的首富”。首富，这个万人羡慕的头衔，并非对他最有吸引力，金钱在他看来也就那么回事。他已经决定要去从事新的领域，弃商从政。时间定在他44岁即2007年的时候。很显然，他瞄准了2008年总统大选。而目前和政界人物的交往是必不可少的重要准备。这次和各界官员的接触使他很兴奋。他们欣赏他，赞扬他，支持他。而他从政的目的之一，就是要在俄罗斯建立“公民社会”。在他看来，俄罗斯经历了如此大的劫难，付出了巨额代价，但今日依然距“公民社会”还很遥远。

飞机降落在机场后，霍多尔科夫斯基看着窗外萧瑟的初冬景象，等待加油。有车驶来，但他看到并不是加油车，而是两辆装有防护玻璃的大巴。诧异中大巴已经驶近飞机，一辆停在飞机的舷梯处，另一辆停在机尾。随即从车上下来一干身着迷彩服的武装人员。荷枪实弹的军人迅速包围了整架飞机，然后撞开前舱门，对机上人员喝令道：“坐在自己的位置上，不许动！我们是联邦安全局。检查证件！”他没有动，其他人也没有反抗。一个军官模样的人直接走到霍多尔科夫斯基面前对他说：“我们接到命令，您得跟我们走。”霍多尔科夫斯基没有其他选择，起身回答：“好，走吧。”（参看罗伊•麦德维杰夫《克里姆林宫四年时光》）这情景令他想起三年前俄罗斯金融寡头古辛斯基和别列佐夫斯基的遭遇。两个大富豪，一个是媒体大亨，另一个是金融巨头，他们也是这样，被加上“侵吞国有及个人委托给他的财产；逃税（作为自然人及法人）；诈骗及伪造文件”等罪名突然被捕的。今天这样的厄运也落到了自己

普京和霍多尔科夫斯基

头上。他明白，一切源于自己坚持想从政，没有听从普京总统的多次告诫。

对他的指控近来也时有流传，罪名是“商业诈骗、偷漏税款、谋杀及侵占国家资产”等。他在不久前的德国和美国之行中，都坚决予以了否认。也像逮捕古辛斯基和别列佐夫斯基一样，逮捕他也没有原告。而上述罪名对在叶利钦时期经商的任何人都适用，也就是说谁也逃不脱，只是看政府想查谁了。而普京政府对有的人严查，对有的人则视而不见，网开一面。很多人明白，政府完全是出于政治需要。霍多尔科夫斯基其实一直很小心翼翼，处事严谨，以防被抓住把柄。在一个问题上却不肯让步，即他要从政。他有抱负，或者说是野心。他认为公民有选择职业的权利。于是他遭遇了与那两个人的同样下场。但是他决定，他不会像那两个人，走流亡国外的道路。他决不离开自己的祖国。这也就决定了他必然会被判坐牢，而且要坐很多年。他不在乎这一点，他认为既然决定了自己的志向，牢狱之苦的经历只会对他有利，让他更富有传奇色彩。很多领袖人物不都是坐过监牢吗？

霍多尔科夫斯基是俄罗斯首富，也是有影响的政治活动家。他年轻英俊，举止文雅，彬彬有礼，有一张很讨人喜欢的面孔。他的突然被捕在社会上引起一片喧嚣。有赞成，有反对。时至今日，很多俄罗斯人对他的案件依然看法不一，不少人认为他是普京的“政治犯”。而俄罗斯首富至今已经在监狱中度过了10年时光。按照2011年底对他的判决，他还要在那里待上2年。

霍多尔科夫斯基是犹太人，1963年6月26日出生在莫斯科，父亲鲍里斯•莫伊谢耶维奇、母亲马丽娜•菲利波夫娜都曾是化工师，一辈子在生产测量仪器的莫斯科标准卡尺厂工作。家庭生活简朴，为解决家庭需要，父亲曾兼职工作。全家住在莫斯科两居室的公寓里。霍多尔科夫斯基自幼聪明绝顶，好学，听话，爱好化学和数学。1981年进入莫斯科门捷列夫化工学院学习。读大学期间他不靠父母，自立自强，在一家住宅建筑合作社打工挣钱。他一直都是大学里最优秀的学生，共青团积极分子，团干部。大学期间与自己的同学叶连娜恋爱结婚，1985年生有一子巴威尔，1986年以优异成绩毕业，成为一名工艺工程师。

霍多尔科夫斯基毕业前后，戈尔巴乔夫发起的改革正进行得如火如荼。一切都放开了，一切都在重新审视。共青团组织被允许自由支配自己得到的各种收益。于是大学的团组织一度十分盛行自筹经费经商——开办小企业、小餐馆、小商店等。团组织的其他作用慢慢消失，变为了类似商会的组织。从事学校团的工作的霍多尔科夫斯基获准开办一家“青年咖啡馆”。这是他的第一次经商。他的第一次经商经历不是很顺利，但毕竟打开了他的眼界，使他积累了些许经验。

毕业后他创办了“青年科学技术创新中心”，名义上是让青年科学家通过给工厂解决技术难题来赚钱，但其实霍多尔科夫斯基和他的同事们主要从事的则是将非现金信用兑换成现金，即套现。他通过自己的关系网找到了一条套现的途径，于是很快就发了财。打着共青团组织的牌子，没人说什么，很保险，稳赚钱。聪明的霍多尔科夫斯基不仅套现卢布，他还找到了一些掌握大量外汇并有出口权的公司，将非现金信用兑换成外汇。这真是一条轻而易举的赚钱路子。而他那是不过二十四五岁的年龄。

霍多尔科夫斯基很快又找到了另一条赚钱途径，即开办银行，走进金融界。而这一次是他商海生涯的一个转折点。

开办银行是他聪明的大脑灵机一动的结果。他在已经颁布的《合作企业法》中发现一条有意思的小条文：合作企业可以成立自己的银行。霍多尔科夫斯基眼前一亮，感觉这是一条赚钱的好路子。他决定开办银行。但是他也颇有顾虑，他需要高层人士的庇护。于是他找到曾帮过他忙的高温研究所所长舍伊德林院士，说他自己已经挣了很多钱，现在想开办银行，有文件作为依据，只是想找到保护人。后者爽快地说：“孩子们，干得不错！告诉我，怎么能够帮你们的忙，我很愿意。”

1989年年底，一家名为“科技进步联合会国际银行”正式注册了。这就是后来用这个名称的缩写统称的“梅纳特帕”银行。梅纳特帕银行注册极为顺利，没有遇到任何障碍。而霍多尔科夫斯基从此真正走上发迹之路。他的银行的广告开始出现在马路上、电视里。他在广告上对大家说：“我是米哈伊尔•霍多尔科夫斯基，为你们的未来担保，买梅纳特帕银行的股票吧！梅纳特帕是一家商业银行。广告和股票运作是政治保险单，是用来抵抗政府有可能的镇压措施。”他年轻文雅的面孔很有吸引力，很多人记住了他。但是该银行在不久到来的俄罗斯金融危机中遇挫，面临倒闭，机灵的霍多尔科夫斯基在不幸降临之前成功地将银行资产转移到了自己控制的其他金融机构，而且也许不是巧合，装有梅纳特帕银行所有财务文件的一辆卡车原因不明地坠落伏尔加河中，使得有关机构完全无从调查了解梅纳特帕银行的财务状况。

霍多尔科夫斯基还用秘密转移尤科斯资产、降低股份价值的方式，把几家债务银行从尤科斯的部分控股中排挤出去。1990年，他成为俄总理希拉耶夫的顾问后，借此之便与相关部长搞好关系，使银行获准管理财政部资金和国家税收，稍后，经营武器出口的国有公司也成为他的银行的客户。年轻的霍多尔科夫斯基凭借自己的聪明机警和关系，在乱世中逐步发迹，羽翼日渐丰满，几年来身价倍增。但真正让霍多尔科夫斯基成为寡头的，是后来的拍卖和贷换股计划。

拍卖和贷换股是苏联解体后叶利钦时代快速使俄罗斯资本主义化的过程中独有的现象，仔细剖析其过程，可以看到国家财产是如何用完全不公正的手段被某些人瓜分的。老百姓雾里看花，完全不明白是怎么回事，只知道自己越来越穷，一些人则一夜暴富；而官商勾结者个个明白其中的奥秘。霍多尔科夫斯基积极参与了拍卖，他不会错过这个聚敛财富的大好时机。拍卖准确地称是投资拍卖，即买主不必花钱，而是许诺给予高投资，以自己的银行作担保——因此一般都是金融界巨头才可能这样做。一旦竞拍成功，在实际需要兑现投资的时候，担保就会消失。阿尔法集团的创始人、金融寡头弗里曼德对此说：“他们有一套完整的体系……这就是财产在我们国家被瓜分的形式。”（来源于网站文章）

“贷款换股份”计划是由金融寡头弗拉基米尔•波塔宁发明的。波塔宁的父亲是前苏联外贸部高级官员，优越的家庭带给他的是顺畅的生活道路和前景。读大学时，他顺利地进入了很多年轻人梦想就读的精英学校——莫斯科国际关系学院。毕业后分配在大学毕业生最想去的单位：外贸部。波塔宁在外贸部从事原材料进出口贸易。1991年苏联解体前后，波塔宁辞去政府工作，成立了自己的贸易公司Interros，他的背后是当时俄罗斯最大的原材料出口商。1993年开办了联合进出口银行（Unexim Bank），掘到了第一桶金。

该银行的一个客户是诺利斯克镍厂。波塔宁早就瞄准了这个镍厂，想据为己有。但他不想用低价现金购买，而是想出一个办法，即答应用一笔贷款来换取该企业的管理权。这就是最初的贷换股计划。1995年他被聘为政府顾问，协助设计改造和出售方案。波塔宁利用自己的优势，联合其他金融寡头，先后说服了索斯科维奇和丘拜斯两位副总理。“贷换股”这种方式在西方经济学家看来既愚蠢又过分，但在俄罗斯居然获得通过。正是贷换股计划为俄罗斯经济寡头时代打开了大门。而且也正是这样的贷换股方式，使霍多尔科夫斯基得到了尤科斯。

监狱中的霍多尔科夫斯基

1995年12月初，尤科斯被拍卖，45%的股票以贷换股方式成交，33%通过拍卖成交。霍多尔科夫斯基分别付出1.59亿美元和1.5亿美元，他的竞争对手是三家银行，竞买失败。后来据知情人士透露，霍多尔科夫斯基的部分资金是利用他在尤科斯的关系汇集而购买了尤科斯。据此，参加竞拍的一家银行行长说：霍多尔科夫斯基“偷走了”尤科斯。尤科斯拍卖时估价为7亿美元，如此低廉的价格引起不小非议。不到两年后，尤科斯在莫斯科证券交易所上市，市值猛增为70亿美元。

霍多尔科夫斯基以贷换股的方式得到尤科斯后，着手大幅度整顿和改革。为整肃纪律和提高生产率，他毫不留情，开除了数千名经常酗酒的工人。在管理公司方面，2000年6月开始按照美国通用会计准则公布财务报表，并且聘请著名的咨询公司麦肯锡作为公司顾问。公司还聘用外籍员工，2003年尤科斯高管中的外籍人员超过了50多人，包括从美国PennzEnergy石油公司挖过来的CFO（公司财务总监）布鲁斯•米萨摩。霍多尔科夫斯基还是第一个正式公布个人股份和合伙人股份的寡头。在对待投资者上，霍多尔科夫斯基按照年报为股东分红，并且对在梅纳特帕破产过程中受到损失的储户予以补偿。这些管理很西方化，引起各方好评。而尤科斯公司在他的管理下，石油产量大幅上升。在他被捕的前5天，尤科斯发布的第二季度纯利润依然达到了9.55亿美元，比上年同期增长了26%。（来自相关资料）

2003年的秋季，霍多尔科夫斯基正在与美国埃克森一美孚石油公司商谈出售股份的问题。普京不想掌握国家经济动脉的石油企业股份被外国企业购买。这可能也是政府迅速出面逮捕俄罗斯首富的一个原因。

霍多尔科夫斯基没有想到，在他的事业处于辉煌上升的时期，他竟会在西伯利亚机场这个僻静的小角落里被突然抓捕。飞机将他载回首都。不久他就被投入莫斯科北部的马托斯卡亚•梯史纳监狱。这座监狱以传染病流行和人满为患著称。俄罗斯首富身陷囹圄，与他同室的还有其他7名犯人。而尤科斯公司被罚款数十亿美元。

抓捕尤科斯总裁，是普京与金融寡头开战的又一场博弈。经济学家认为，这是普京经济政策的标志性转折点。西方有媒体称，这是普京转向独裁和集权的标志。

普京这一次没有获得满堂喝彩。很多俄罗斯人和国际社会同情霍多尔科夫斯基，认为普京此举是在消灭自己的政治对手；霍多尔科夫斯基是普京政府的“政治犯”。这些年来同情和支持霍多尔科夫斯基的声音一直没有停止过。

车臣选出第一位总统

2003年10月5日，车臣共和国举行了第一次总统选举。这是普京政府为在车臣建立正常的权力体制，从而在政治上彻底解决车臣问题的重要举措。车臣的总统选举法和新宪法、议会选举法是在2003年3月23日车臣共和国全民公决通过的。新宪法规定，车臣是俄联邦领土不可分割的一部分。通过公正民主的选举，参加投票的选民人数超过登记选民总数30%，即认定此次选举有效；候选人得票率超过50%的即认为当选，成为车臣的新总统；任期4年，可以连任两届。

普京7月4日签署了车臣大选的法令，规定了大选日期——10月5日举行。

3个月后即10月5日，莫斯科时间上午8时开始，设在车臣城乡各处的426个投票站开始投票，晚8时结束。最终结果完全合乎联邦中央政权的心意：艾哈迈德•卡德罗夫当选。

52岁的卡德罗夫是车臣宗教界领袖。他出生在格罗兹尼北部的一个小乡村，是土生土长的车臣人。卡德罗夫曾任伊斯兰教长，在车臣是家喻户晓的人物。第一次车臣战争期间，他曾站在叛军一边，号召车臣穆斯林对俄罗斯政府发动一场“圣战”，后来据说被招安，归顺莫斯科，转而坚决反对车臣恐怖主义。他的特殊身份使他在车臣人当中有巨大的影响力和号召力。2000年6月普京当选总统后，即刻任命他为车臣共和国政府行政长官。这一次，普京政权依然希望他出任车臣第一届总统，从而使这里的局势长治久安。据说卡德罗夫担任车臣行政长官后，实行的同样是“铁腕统治”，控制极严，包括媒体也不允许发表不同意见。

在车臣问题上，包括这次总统大选，一直都有不同的声音。对于此次车臣总统选举，先后有四名候选人退出竞选，他们都有希望当选。其中61岁的车臣驻俄杜马代表阿斯兰克•阿斯拉哈诺夫备受车臣人尊敬，他曾于2002年在莫斯科轴承厂工人文化宫人质事件中与车臣绑匪进行过谈判；还有39岁的富商马里克•塞杜拉耶夫，此人长年在车臣从事慈善活动，也是当地知名人士。他们声言退出竞选，一是因为受到人身安全的威胁，二是因为“车臣压根缺乏民主大选的气氛”，总统选举不过是一场“政治闹剧”。还有出身于车臣名门望族，在首都莫斯科拥有俄罗斯酒店（任第一副总裁）的胡塞因•贾布赖洛夫。他在9月2日与普京政府要员会晤后，也突然宣布退出车臣总统选举。俄罗斯政府希望他们能够“听从招呼”，为现任代总统卡德罗夫当选让道。

有关资料显示，选举前卡德罗夫在民意测验中仅排在第四位，但他是莫斯科看中的人选，中央政权在选举前夕和其余几名候选人打了招呼，示意他们退出竞选。民主选举实则被中央操纵，有媒体称显示了普京的风格，是集权的标志。

车臣总统选举前后戒备森严，平均每个投票站派有安全人员（包括便衣）100余人。安保人员头戴面罩，只露出两只眼睛，荷枪实弹，紧张地环视着周围的一切，给投票现场带来紧张不安。有选民称这样的投票环境几乎使他们窒息，也有俄罗斯独立媒体讥讽这是“枪口下的选举”。

不管这是不是一场“政治闹剧”，还是所谓的“枪口下的民主”，车臣终归选出了自己的第一位总统。车臣总统的诞生表明，经历过两次战火硝烟、饱受战争困扰、苦不堪言的车臣百姓，终于有可能迎来暂时的安定。所有的人都希望车臣战争就此结束，车臣人可以安居乐业，重建家园；俄罗斯人也可以从不断遭到爆炸绑架等恐怖袭击中解脱。车臣战争其实早就结束了，但车臣恐怖主义的活动一直没有停止，实际上成为另一种形式的战争。就在这一年（2003年），车臣恐

普京和卡德罗夫交谈

怖分子继续在俄罗斯各地制造了数起恐怖事件，有媒体做了如下统计：

4月7日，车臣首府格罗兹尼市中心发生汽车爆炸事件，5名警察在爆炸中丧生。

5月12日，恐怖分子驾驶装有炸药的卡车强行闯入车臣纳德捷列奇诺耶区政府大院并引爆了炸药，造成59人死亡，100多人受伤。

5月14日，车臣古杰尔梅斯区发生自杀性爆炸事件，至少造成20多人死亡，数十人受伤。

6月5日，北奥塞梯共和国莫兹多克市北部郊区发生自杀性爆炸事件，造成15人死亡。

6月20日，车臣共和国首府格罗兹尼市中心发生恐怖爆炸事件，造成30多人受伤。

7月5日，莫斯科市西北部的图什诺机场接连发生多次恐怖爆炸事件，造成至少16人死亡，40多人受伤。

8月1日，北奥塞梯共和国莫兹多克市一家军队医院遭到汽车炸弹的袭击，强烈的爆炸把医院建筑基本摧毁，并造成至少39人死亡，150多人受伤。

这些恐怖袭击都发生在车臣共和国新宪法通过之后。不同的是，大多恐怖行动远离首都莫斯科，造成的影响和破坏相对而言少一些。

车臣举行总统选举后不久，2004年俄罗斯总统大选前夕，恐怖主义分子在莫斯科地铁又制造了一起新的爆炸事件，造成40余名无辜百姓死亡，10余名受伤。恐怖分子声言还将准备在俄罗斯境内策划新一轮恐怖袭击事件，袭击行动将取决于俄总统大选的结果。果然，在这一年，也即是普京第二次当选俄罗斯总统的第一年，俄罗斯多地仍发生了多起恐怖事件。5月9日俄罗斯夫祝胜利日那天，上任仅八个月的车臣第一位总统艾哈迈德·卡德罗夫，在恐怖分子制造的格罗兹尼狄纳莫体育馆的爆炸中不幸身亡。四个月后，车臣武装分子又在北奥塞梯别斯兰市制造了最骇人听闻惨无人道的恐怖事件。在2004年9月1日开学的第一天，恐怖分子占领了别斯兰市第一中学，挟持参加开学典礼的学生、家长和教师1000多名作为人质，最后造成300多人死亡，其中近一半是儿童。这就是震惊世界的别斯兰悲剧。

由此可见，车臣问题的最后解决还很遥远，普京面临的反恐任务也依然十分艰巨。

卷 5
普京时代（下）

竞选准备，解散政府

时光飞逝。普京第一任总统期限即将在2004年5月结束。大选则将在2004年3月14日举行。而普京早在一年前就在为第二次连任竞选做准备了。

2003年5月16日，普京在克里姆林宫向俄罗斯联邦会议宣读了第4次国情咨文。这是一次内容丰富、总结深刻的文件。普京在报告中既总结了三年来的工作，又提出了国家今后几年多方面的具体任务。就此而言，不少人把国情咨文看作普京下一届的总统竞选纲要。国情咨文报告受到与会者的满意评价，其间六次被热烈的掌声打断，会场充满激情。

接下来在圣彼得堡举行的300年盛大庆典，集中展示了俄罗斯的变化、总统执政的成果，也被很多人认为是普京在为一年后的总统大选造势。

秋季，圣彼得堡开始选举市长。俄罗斯第二大城市的市长人选极为关键，总统支持的人能否当选，也间接反映出即将到来的总体大选趋势，而且这里是普京的故乡。总统积极推举瓦莲京娜•马特维延科为市长候选人，公开表示支持她竞选。有总统的支持，媒体自然不甘落后，圣彼得堡市大部分媒体都一边倒支持这位女政治家。

瓦莲京娜•马特维延科•伊万诺夫娜被称为俄罗斯近十年来最成功的女政治家。她1949年出生于乌克兰；先后毕业于列宁格勒化学制药学院（1972年）和苏共中央社会科学院（1985年）；担任过列宁格勒共青团和列宁格勒市委第一书记；1989年当选为苏联人民代表，并担任苏联最高苏维埃保护妇女儿童委员会主席；1991年进入苏联外交部外交学院高级外交官培训班接受培训。苏联解体后先后派驻马耳他和希腊任大使；后来担任过俄罗斯联邦政府负责社会事务的副总理。在2003年举办的声势浩大、辉煌夺目的圣彼得堡300年周年庆活动，大部分筹备工作都是马特维延科一手操办的。成功的庆典活动显示出马特维延科出色的组织才干，深受普京赏识。

选举结果不言而喻，马特维延科胜出，担任了圣彼得堡市长。但是媒体注意到了一个耐人寻味的细节：圣彼得堡市公民的投票率低得可怜，仅有28.8%，大多数圣彼得堡人选择了弃权。这种冷漠态度反映出普京家乡的人对政治相当不感兴趣，也折射出对普京的消极抵制情绪。在普京的家乡，70%以上的人采取这样的态度，令人惊讶。红透全国的普京，在自己的家乡为何受到这般冷遇？

年底发生的一件事，虽然与即将到来的总统大选没有直接关系，却从根本上扫清了普京执政道路上的潜在危险和障碍。这件事即上文谈到的尤科斯公司总裁霍多尔科夫斯基突然被捕的事件。正在各地游说并表示自己将弃商从政，透露出有意问鼎2008年总统宝座的霍多尔科夫斯基，在西伯利亚机场加油时被特种部队突然逮捕。不少人认为，此举深谋远虑，是普京为自己两届任期满后在2008年总统大选中大权不旁落他人铺平了道路。霍多尔科夫斯基在很多人眼里是俄罗斯寡头中最有头脑也最有人缘的商人，他有自己的理念，也很有能力，还有一大批追随者，并且深受西方青睐。国家高层也有不少人支持他。他确实是普京的一个心患。

普京对霍多尔科夫斯基的突然行动，引发广泛议论，不少人不赞同这样做，其中包括普京上台伊始任命的俄罗斯总理米哈伊尔•卡西亚诺夫。卡西亚诺夫公开表示了与普京这一做法相左的看法。因此理所当然，力求保持统一稳定的普京早晚会解除卡西亚诺夫政府。美国媒体已经看出了端倪。果然，在大选前不到20天的时间里，即2004年2月24日，普京突然宣布解散卡西亚诺夫政府。

总理卡西亚诺夫事前完全不知道总统的打算。那天早上他和平时一样来到办公室，接到了克里姆林宫一个人打来的电话，告诉他总统已下令解散政府。卡西亚诺夫知道会有这一天，但还是感到在这样的时刻有点突然。

米哈伊尔•米哈伊洛维奇•卡西亚诺夫，比普京小5岁。1957年12月8日出生在莫斯科州松采沃市的一个知识分子家庭，俄罗斯族。先后毕业于莫斯科公路学院、前苏联国家计划委员会高级经济研修班和前苏联外贸部高级外语专修班。19岁服军役三年。大学毕业后在前苏联工业交通设计研究所、俄加盟共和国计委和财政部等部门工作。叶利钦时代曾任俄财政部副部长和部长（1999年5月）。2000年1月出任俄联邦政府第一副总理兼财政部长，5月17日被普京任命为俄联邦政府总理，还担任过俄白联盟部长会议主席。卡西亚诺夫担任总理以来，政绩有目共睹，口碑一直不错。在他领导下，俄罗斯经济连续稳定增长，增长率一度达到6.7%。他长期从事财政工作，富有经验，在俄罗斯与西方信贷机构进行谈判时是不可或缺的重要人物。普京执政的几年，作为政府和经济工作的主管，卡西亚诺夫为俄罗斯经济恢复工作做出了贡献，在解决俄罗斯的外债问题上也功不可没。历史学家麦德维杰夫在《克里姆林宫四年时光》一书中谈到卡西亚诺夫时，评价相当高："他不以技术总理的身份出现，也绝不盲目遵从总统及所有敢于以总统名义说话的人的任何命令。不，总理将以一名政治家的身份出现，他有自己的观点与利益，并敢于捍卫这些观点和利益。让普京最满意的也正是卡西亚诺夫的这种立场和处理事情的这种态度。”但是现在普京对他已经不再满意。

卡西亚诺夫对抓捕霍多尔科夫斯基持异议

国家杜马议员对卡西亚诺夫政府的工作都给予了积极评价。议员们认为，这是近年来第一个履行职责满四年并富有成效的政府。其主要政绩是推动了行政改革，建立了全新的经济管理模式，减轻了税收。在卡西亚诺夫主持政府工作四年中，国内生产总值增长了26.5%，通货膨胀率下降了1.7倍，居民收入大大提高。俄罗斯媒体也普遍认为，普—卡搭档是多年来最好的政治组合。民意测验同样表明，卡西亚诺夫的支持率一度达到24%，仅次于普京，成为最受俄国民众欢迎的政治家。西方媒体对俄罗斯总理也赞扬有加，称他是俄罗斯最有价值的总理。

这样一个富有经验、政绩卓著、深受欢迎的总理，为什么普京在大选前夕突然签署了解散命令？

俄罗斯媒体分析的原因主要有两点：一是上面提到的原因，即在对待尤科斯公司和其总裁霍多尔科夫斯基问题上，总理和总统意见不同；另一个原因是在经济政策上，普京主张高速发展，提出在2010年前要实现GDP翻两番的目标，而卡西亚诺夫在政府内部会议上则对此目标公开提出质疑。他持更加谨慎的态度。

突然解散内阁和解除总理，普京本人在第二天召开看守内阁全体会议时，当着坐在身边的卡西亚诺夫说：“解散政府实际上是计划中的事。我之所以在离总统选举还有三个星期的时候宣布，其中包含有两个原因：政治原因和行政组织原因。我有责任在大选到来之际让社会了解未来政府总理人选，并且通过这种办法节省时间，推动进行有效率的工作。如果按老规矩做，即在总统选举之后组建新政府，再加上议会审批程序，就会花去很多时间，至少要在6月份才能组成政府。”他还说：“这一决定与对原内阁的表现评估无关，我是想在国家3月大选后走哪条发展道路的问题上表明自己立场。”意思是，此举不是因为卡西亚诺夫政府没有政绩，而是出于自己连任后走哪条道路的考虑。

卡西亚诺夫说，他在2000年和普京签订合同上任后，就做了随时被解除的思想准备。但此时解除他的职务只因意见不合，而且是突然解除，他确实不满。他在叶利钦时期就受到重用，也与当时叶利钦家族和众多寡头关系密切。因此普京此举被一些人看作是进一步与叶利钦划清界限，走自己的路的标志。

普京第一次当选总统完全是以叶利钦接班人的身份，靠了叶利钦这棵大树；而现在他就是他自己，无须倚靠任何人。几年的总统生涯使他学会了如何驾驭俄罗斯这艘巨轮，变得成熟和自信。他已经从“丑小鸭”变为“白天鹅”，练就出过硬的翅膀，完全可以独立飞翔。他完全可以按照自己的理念和原则来治理国家。维持高度统一，尤其在核心领导层，是他的最重要的原则。前车之鉴告诉他，没有政治稳定，任何事情都将难以办成。但是对于一个威望仅次于自己、政绩显著的总理，虽然可以果断迅速解除他的职务，但还要施与一番安抚。

普京在签署了解散政府命令的当天，邀请卡西亚诺夫去克里姆林宫会面，当面向他做了说明；第二天中午，普京又亲自来到白宫政府大厦，在卡西亚诺夫和赫里斯坚科（代总理）的陪同下，先到三楼总统在政府大楼的办公室向他们解释了做出这个决定所考虑的因素，随后又在两人陪同下到五楼政府会议厅，向早就等候在那里的代理部长再次说明了解散政府的原因。卡西亚诺夫被解职后，赫里斯坚科暂时代理总理一职。总统最后在三楼自己的办公室与卡西亚诺夫道别，道别气氛按卡西亚诺夫的话来说是“热烈的”。

“热烈的”道别并没能起到安抚作用，卡西亚诺夫一直心怀怨气。他后来成为一名普京的反对者，加入到俄罗斯社会反对普京的浪潮中，并著有《没有普京》一书。直至2012年，当普京再次竞选总统时，卡西亚诺夫都一直是普京的坚决反对者。

卡西亚诺夫在普京第二次竞选总统前夕被解职，除了上面谈到的原因，还有更深层次的根源。分析家指出，深层次的根源在于，普京和他身后的利益集团与卡西亚诺夫完全是两路人。普京的职业背景、理念和他依赖的强力集团，大多是在前苏联政治和经济模式下成长起来的一代人，不少都出身于克格勃，他们看不到摧毁苏联集权统治的意义，不懂得何谓民主和公民社会，在他们眼里，前苏联解体仅仅是一场灾难，带给他们的主要是沮丧。叶利钦时代他们大多也不受重用；他们和普京一样，只希望能恢复国家强大，不论用何种方式。而有着金融职业经历的卡西亚诺夫，是叶利钦改革时期的政治精英，接受了不少西方民主治国理念，在治国方略和具体实施的很多方面自然显得与他们格格不入。他不想用过去的集权方式作为强国富民的策略。这大概是他们最主要的分歧和不同。卡西亚诺夫政府被解散后不久，3月14日俄罗斯总统大选正式举行。

新总理和新政府

根据俄罗斯相关法律，总统应在解散内阁之后两周内向国家杜马提出新总理人选。2月24日解除卡西亚诺夫政府后，普京承诺将带领一个全新的政府班子进入第二个总统任期。

人们都在关注：谁会成为下一个总理？很多人看好的是代理总理赫里斯坚科、副总理兼财政部长库德林，国防部长伊万诺夫的呼声也很高。

3月1日普京出人意外地提名前联邦税务警察局局长、时任俄罗斯驻欧盟代表米哈伊尔•弗拉德科夫为俄罗斯联邦总理候选人，人们普遍对此感到突然和意外。

现年54岁的弗拉德科夫1972年毕业于莫斯科机床刃具学院，1981年毕业于全苏对外贸易学院。后长期从事外经贸工作，曾在原苏联国家对外经济联络委员会、驻印度大使馆经联处和外贸公司任职。1992年12月至1998年5月历任俄对外经济联络和贸易部副部长、第一副部长和部长等职。1999年8月普京任总理后，弗拉德科夫任贸易部长。普京当选总统后，他担任俄联邦安全会议第一副秘书，2001年3月出任俄联邦税务警察局局长。两年后联邦税务警察局撤销，弗拉德科夫被任命为俄联邦驻欧盟全权代表，同年6月出任俄总统负责与欧盟关系发展的特使。弗拉德科夫能讲一口流利的英语和西班牙语。他在俄罗斯政坛没有什么名气，倒带有几分神秘色彩：细心人发现，他的简历中有整整一年的时间是空白。有关人士认为，那一年时间他是在接受克格勃的培训。就是说，他和普京一样，有着克格勃秘密特工的背景。

普京为何提名弗拉德科夫为总理人选？他在电视讲话中说："国家总理不是一项简单的任务，我们需要一个在国家事务的许多领域都有丰富经验的专业人士。"弗拉德科夫是一个"优秀而强有力的管理者"。俄罗斯国家杜马主席鲍里斯•格雷兹洛夫也称赞弗拉德科夫是一个"真正的反腐斗士"。不少人也认为，他在打击企业逃税和腐败方面颇有成果。

杜马通过普京的总理提名不存在问题。现在的杜马可以通过普京的任何提议。3月5日，俄罗斯国家杜马以352票赞成（议员共有450名）的投票结果通过了新政府总理的提名。之后，普京当天即签署了对弗拉德科夫的任命书。

新总理提名被杜马通过后，普京不失时机地在3月9日又做出重大决定，大幅改组内阁，精简内阁成员，将政府从原来的30名内阁成员精简为17名；部级机构由原来的24个缩减到14个，原有的反垄断政策和扶持企业部、资产关系部、通信和信息化部、税务部、劳动和社会发展部、原子能部一并撤销；副总理由原来的6人缩减为1人。普京在电视讲话中解释说，此举“目的是为了提高政府部门的工作效率，加强每位内阁部长的责任心”。

新政府中，普京保留了财政部长阿列克谢•库德林、经济发展和贸易部长格尔曼•格列夫、紧急情况部长谢尔盖•库茹格托维奇•绍伊古三人原先的职务。俄罗斯媒体认为，他们的留任是因为普京相中了他们三人的“改革头脑”。

精简机构是俄罗斯各届政府老生常谈的话题，也是挂在嘴上落不到实处的难题。普京这次迅速果断，在大选前迈出了一大步。如今人们看到，这确实是一个全新的班子。这次改革力度之大可谓前所未有。新内阁一些要员甚至说，这是俄罗斯“百年来最重大的改革”。

普京组建新班子时说，如果自己连任总统，那么将不会再改变这个政府格局。这个新班子就是他大选获胜后的内阁，将承担宪法赋予的全部责任。换句话说，这就是他将带入自己第二任期的全新班子。“我们知道，根据基本法，政府还需要有一个卸任程序，但是对于现在的内阁来说，这纯粹是走形式。我认为，这样做可以使国家避免在大选后用相当长时间来组阁。”他表示新班子“应尽快和彻底地接过接力棒，使国家更加巩固和改善人民的生活质量”，还要求新政府“现在就应当加紧工作，开始落实拟定的计划”。普京解释道：“我们完成了两周前打算要做的一切，有了更干练的政府，只有一位副总理，并将部长数额从30个减少到17个，几乎减了一半。这样管理的中间环节大大减少，机关的作用也会增强。”随后他还宣布，按照新的政府结构，各部得到加强，但这不是机械性地合并，而是为了避免机构重叠，合理地合并过去分散而零乱的职能，使新的各部工作更有效和更有影响力。改组内阁是为了给其更大的自主权，是行政改革的一项内容。

有关人士对新内阁做了这样的特点描述：留用了主要的经济自由主义者；

前克格勃掌控内阁；新政府的主要职位都交给了支持普京的“强力集团”；新班子全部是“普京的人”。

由此，人们对普京解除卡西亚诺夫政府更加明白：总统将在第二任期大刀阔斧，加大速度进行经济改革，完成他亲自制定的一系列规划和2010年国内总产值翻一番的目标。

普京大胆彻底地组建的新班子，表明他连任之后，将明确坚定地走一条改革路线，得到广泛认同。同时还说明，普京已经完全与叶利钦划清了界限，叶利钦在上届政府中遗留下来的两个人——前总统办公厅主任沃罗申和前政府总理卡西亚诺夫，现在都不再任职。这届政府完全是按照普京的意愿组建的。

普京已做好了迎接自己第二任期总统的准备。此时大选在即。

第一任期政绩卓著

普京第一任总统的四年间，可以说成果累累、政绩骄人。

经济方面，俄罗斯联邦经济发展和贸易部的数据很能说明问题：1999年12月31日，普京出任俄罗斯代总统时，俄罗斯的黄金储备量只有124亿美元，四年后即2003年11月底，黄金储备已达到650亿美元。

1999年当年，俄罗斯GDP增长率是3.3%，这是叶利钦当政时期实现转轨以来增长最高的一年；此后在普京执政的三年里，国家经济继续稳步增长。2000年增长了7.6%，其中工业生产增长达到9.2%，经济领域的投资增长了17.2%，国内居民的实际收入增加了9.2%。这是自1973年以来从未有过的发展速度，创下近年之最；2001年国内生产总值增长了5.5%；2002年为4.1%，这两年因为受到了国际市场石油价格的影响而降低，但与西方各国经济低迷不振的状况相比，这样的数字已经很不错了。2003年，俄罗斯GDP的增长一跃而为7.8%左右。

此外，卢布汇率一直保持稳定，金融自成体系。国家预算消灭了赤字，通货膨胀率大幅下降，由1999年的36.5%降到了2003年的12%。至2003年年底，俄罗斯共偿还债务500亿美元，债务问题基本得到解决。俄央行的外汇储备也达到840亿美元，创历史新高。

民生得到改善，公民的收入有了不同程度的提高。失业率下降了近三分之一。2003年年中，俄罗斯官方规定最低生活保障线提高到每月2500卢布。银行储蓄也如一面镜子，反映出俄罗斯经济状况的好转。四年间公民在各个银行的存款额增加了约两倍。

所有这些数字不过是抽象地说明了普京执政期间的成果，而俄罗斯人和长期生活在那里的国外移民，则是切身感受到了这些巨大的变化。以我在那几年看到的莫斯科的变化为例，2002年底始，首都到处是施工工地，挖土机、大吊车很忙碌，大兴土木，兴建各种大厦、商场、饭店和居民住宅大楼；建材市场异常火爆，生意兴隆，头脑灵活的华商已经看到了这一点，将各种建材源源不断地运到莫斯科，速度极快地批发出去；与此同时，各种室内装修材料也供不应求，地板、灯具、空调、油漆、洁具等，都是销量很大的商品。此外，停工已久的首都地铁也开工继续修建，地铁线路不断延伸，新的地铁站如麻雀山、胜利公园、马林诺等陆续修建竣工并投入了使用。这些新修建的地铁站华丽、大气，风格现代。莫斯科大环线上和市内各处好几座大型超市如宜家、自选超市等开张营业，商品琳琅满目，应有尽有，令人眼花缭乱，与叶利钦时期的商品匮乏冷落萧条的状况有了天壤之别。市内还不断有小型超市开张，商品也极为丰富，质量上乘，品种齐全，环境舒适。当然价格也绝对昂贵。俄罗斯一下子变得富有了，至少在首都有这样的感觉。居民的生活也有相当的提高，过年过节各个市场人满为患，人们大把地花钱，好像个个都是有钱的主。而整个首都的环境和市容，也有很大变化，变得繁华、漂亮、现代。

经济成果的取得，有各种因素，其中和那几年国际石油价格一路走高关系密切。因此，当石油价格下跌时，俄罗斯的经济增长就放缓。这也说明，虽然俄罗斯经济有了很大好转，但它的经济并没有摆脱过分依赖出口石油和其他原材料的框架。这样的经济增长没有坚实的基础，很大程度上取决于国际油价。这个问题在普京执政期间以及他后来担任总理期间，总共12年的时间里都没有得到很好地解决，这也成为2012年普京第三次竞选总统时，反对派反对他的一个主要原因。另一个促使经济增长的因素是国内稳定的政治环境。社会稳定，这是普京的主要政绩，也是经济发展的重要前提。但普京的稳定是建立在高度集权的基础上，长此以往对经济的发展也必然有束缚的一面。

普京执政后采取的一系列政治改革措施，很快就结束了十几年来俄罗斯动荡不安的局面，社会变得稳定，秩序得以恢复。其中除了总统实行的垂直领导、扩大总统权力、改革议会代表选举、发布新政党法等措施外，普京个人的工作风格也起到了积极作用。他不参加任何党派，很超脱，基本上也没有自己的团队，正是这一点使他得到“公正廉洁”的名声和各党派的支持；他对共产党——最大的在野党主动接触，表示尊重，说绝对不会无视杜马第一大政党的存在和作用。对1991年发动8月政变被叶利钦判刑坐牢的人，也表现出大度宽容，还主动约见了当年的克格勃头子弗拉基米尔•克留奇科夫。政变的主要人物亚佐夫后来成为俄罗斯主要武器出口公司的高级顾问。亚佐夫说，当年政变者的主张和现在普京总统实行的政策有许多共同点。这些人当年是为了阻止苏联解体、反对叶利钦才发动了政变，而今对叶利钦的接班人却积极支持。由此不仅可以看出普京在尽可能地团结大多数人，还说明普京与他们在某些方面是一致的。此外很重要的是，与叶利钦完全不同，普京与杜马关系很好，他的重大举措和方案全都能得到杜马的认可和支持。政局稳定的另一个突出表现是，这一年2003年10月车臣共和国选出了自己的第一位总统。两次战争后的车臣也在艰难缓慢地却逐步地走上恢复秩序的局面。

竞选插曲和花絮

普京第一任期内在政治和经济上取得的巨大成就，为第二次连任总统打下了坚实的基础。没有人认为他会落选。2003年底总统大选前进行了四年一度的杜马选举，这是总统大选的前奏。杜马此次选举支持普京的统俄党大获全胜，占据了450个议席中的222个；普京的坚定支持者日里诺夫领导的自由民主党也获得惊喜：议会成员席位增加了不少；这两个党的杜马总席位已经达到316席，超过三分之二以上。俄共此番受到重挫，席位大幅减少，俄罗斯右翼政党受到沉重打击，没能进入议会。

议会选举的结果为普京第二次胜选又增添了筹码。2003年底2004年初，举目俄罗斯政坛，普京犹如金鸡独立，声望如日中天，无人可敌。民意测验也表明，他的支持率经常在70%以上。受到民众如此欢迎的国家领导人，当今世界上还真的不多见。而在这种局势下的选举，其实也就是走个过场。结果早就有了，选举没有悬念。

虽然是一场没有悬念的选举，但大选前俄罗斯政坛还是热闹了一阵。可圈可点的插曲和花絮有这样一些：

竞选对手神秘失踪

大选前五周，参选人之一伊万•雷布金突然失踪了，这件事闹得沸沸扬扬，成为轰动一时的新闻。

雷布金，57岁，现任俄罗斯农业党理事、“和谐”运动领导人、“俄罗斯地区”社会联盟主席。前苏联时期担任过俄共中央部长。1990年为俄联邦人民代表，后加入农业党。叶利钦时代可以称之为精英。1993年成为俄国家杜马议员，1994—1996年任国家杜马主席。后历任政治协商委员会主席、俄联邦安全会议秘书兼总统驻车臣共和国全权代表和车臣共和国问题联邦委员会主席。1998年3月被叶利钦任命为政府副总理，同年5月担任俄总统驻独联体全权代表。

这次大选，雷布金是作为独立候选人参选的。2月8日俄罗斯中央选举委员会批准了他的候选人资格。但同一天他的妻子突然报警，说家人已经和他失去联系三天。布雷金竞选班子负责人也说，5日起即与他失去任何联系。莫斯科检察机关9日宣布正式将这一事件作为谋杀案展开调查，但其竞选班子提出异议，于是第二天又以无法律依据为由取消了谋杀调查。最具戏剧性的是，两天后，即2月10日，布雷金突然现身莫斯科，安全无恙。他说：“我有权过两三天自己的私生活，我是去乌克兰会朋友的。”这几天关了手机，也没看电视，完全不知道莫斯科关于他的轩然大波。社会则很疑惑。一些人批评他把选举当儿戏，太不严肃。还有人说他与俄前寡头鲍里斯•别列佐夫斯基有瓜葛，不排除是他们搞的一场恶作剧。而后来自法新社披露的新闻有另一种说法：雷布金是被诱骗去了基辅。他被告知可以在乌克兰首都与车臣叛军领导人马斯哈多夫举行和平会谈，于是6日抵达乌克兰首都。在一个公寓里等待会面时，他吃了主人准备的茶点后，就一直昏睡，醒来时发现已经身处另外一个陌生的公寓里。那些人还拍了他的不雅录像，想迫使他退出大选。雷布金则声称，他绝不会退出3月14日的大选。还有媒体披露，霍布金是在声称准备揭露普京总统参与多起黑市交易之后失踪的。

雷布金在当时已经确定参加总统竞选的7名候选人中排名最后，他根本没有当选的可能；失踪事件使接下来的结局也很清楚，他的候选人资格也会受到质疑。尽管这时他还坚持不退选。果然，3月初，雷布金竞选总部主管征集选民签名工作的负责人费多鲁克被指控犯有伪造选举文件罪，随即被检察机关拘留。3月5日俄罗斯总统独立候选人雷布金宣布退出总统选举。这场闹剧就这样收场了。

重量级人物纷纷退选

2003年底，俄杜马选举结束不久，由于受到重创，右翼党联盟政党多名领导人和“亚博卢”联盟相继表示不参加总统选举。“亚博卢”联盟领导人、参加过1996年总统竞选的格里戈里•亚夫林斯基说，俄罗斯目前的状况表明不可能有自由、公正和具有真正意义的政治竞选，因此选择放弃。前几届总统竞选中一直保持得票率第二的俄共领导人久加诺夫，也放弃参加总统竞选，俄共推举了没有什么名望的哈里托诺夫参选。参加过三次总统竞选、一直坚定支持普京的日里诺夫斯基也决定不参加此次竞选，他领导的自由民主党在刚刚结束的杜马选举中成绩不俗，为何也要放弃？日里诺夫斯基说这是因为“找不到理由批评普京总统”。他本人虽然不参加竞选，但是推举了自己的保镖马雷什金作为候选人参选，马雷什金曾是一名拳击手和职业足球运动员。日里诺夫斯基说此举意在“培养干部”。这被媒体称之为是怕普京竞选太过“寂寞”而出的招数。普京将和一名摔跤手竞选总统，一时成为人们热议的话题。亚夫林斯基不无嘲讽地说：“我简直无法想象普京先生将和日里诺夫斯基老兄的保镖同场竞选。”

久加诺夫、亚夫林斯基和日里诺夫斯基都是俄罗斯政坛著名人物。在历次总统竞选中，久加诺夫一直位居第二；亚夫林斯基1996年竞选总统的得票率为第四；日里诺夫斯基虽然得票率不如上两位，但他一直是俄罗斯政坛最为活跃的人物。据克里姆林宫可靠人士透露，稳操胜券的普京此前曾向他们发出参选邀请，意在使选举更有气氛，自己赢得的胜利看上去也更为体面，但几个老对手都不想做他的陪衬。

三名重量级人物退选，使得这次大选有点名不副实。普京形单影只，似乎在上演一场独角戏。这有可能降低普京胜选的意义，早有定局的选举也激发不出选民的积极性。因此克里姆林宫积极为普京寻找竞选对手，普京本人也推举了一位对手参选。

总统竞选网站尽展个人魅力和亲民形象

普京的竞选网站2月9日正式开通，首页上这样写道：

亲爱的朋友们：

很高兴欢迎你们，我希望你们在这里可以获得你们感兴趣的有关我工作进展和成果的信息。

这个网站上还刊登了各个地方竞选总部、全俄罗斯拥护者、俄联邦涉及到总统选举的一系列法律条文。

感谢你们对我的支持。

网站上还有妻子柳德米拉对丈夫、两个女儿对父亲的评语。

此前，在自己的网站上，普京通过可视网络与众多儿童进行了轻松有趣的对话，展现亲民一面。一名儿童问普京上学时是否经常迟到，普京坦言说："是的，我有时迟到。我家离学校很近，所以（上学）总卡着（时间）点。"还说他小时候也打过架，父母也会因他表现不好被老师请到学校，但这只是偶尔。有孩子问他退休后做什么？普京表示，那时他将"研究俄罗斯问题，预测未来，保护普通人的权利"。

总统网站还设有"普京活动"专栏，介绍总统一天的工作，"照片"一栏里，有总统和一些文化名人的图片，以及总统钓鱼和打冰球的照片。

总统个人网站还有他在俄罗斯各大媒体上所发表的文章。据悉，该网站（www.putin2004.ru）是根据俄罗斯联邦选举法律委员会的要求而创建的，网站的费用和维护由普京竞选基金会负责。

公布个人资产

2月3日，俄媒体公布了普京和妻子柳德米拉•普京娜的私人财产状况。普京有几处不动产：在莫斯科州有一块面积为1500平方米的空地，在圣彼得堡市有一套面积为77平方米的住房和两个车库，但他本人没有自己的轿车。另外，他还拥有一套经莫斯科市政府批准的153.7平方米住房的使用权。总统分别在俄罗斯储蓄银行有325.7903万卢布的存款，在工业-建设银行有49.8128万卢布的存款，在波罗的海银行有6.1407万卢布存款。之外，他还拥有圣彼得堡银行的0.00015%的股份。其中稿酬为主要收入来源。

俄罗斯第一夫人柳德米拉1999—2002年的总收入为1.1万卢布（约合370美元），这些钱是她卖地产所得。另外，她在俄罗斯储蓄银行和工业-建设银行也分别为440.1182万卢布和1.1752万卢布的存款，没有不动产和汽车。

候选人为普京拉票

总统候选人之一、俄罗斯生活党领袖、俄联邦委员会（议会上院）主席米罗诺夫宣布参加总统竞选。但有意思的是，身为总统候选人的米罗诺夫，呼吁广大选民投普京的票。米罗诺夫被称为真正在为普京“陪练”。

鼓励投票出怪招

由于右翼党派扬言号召罢选，令克里姆林宫不安。普京当选毫无悬念，悬念在于投票率。如果投票率达不到50%以上，必须复选，麻烦很多。因此大选前夕政府除了大声疾呼号召民众积极投票外，还频出怪招，鼓励民众参选。给各级领导下达了确保投票率的任务，否则官位难保；于是各级领导想出种种怪招来保证。譬如，办理营业执照的条件是保证在选举日将至少50张选票投入选举箱；投票者可获得音乐会门票的奖励；投票点旁设置食品摊位，前往投票者将以优惠价格购买食品；远东一些地区的医院贴出告示，不投票者不办理住院手续。

露脸太多遭抗议

2月5日，俄罗斯主要电视台都播出了普京访问楚瓦什亚地区的一则消息，屏幕上是总统与一个刚刚搬进新公寓的一家人喝茶的情景，气氛温馨亲切。

2月27日有这样的消息，普京家里一条名叫“奥斯卡”的狗崽成了斯摩棱斯克一户人家的新成员。这是普京总统送给这家孩子六岁卡佳的生日礼物。

…………

大选前夕俄罗斯全国性的电视频道和各家媒体给了普京最充分的曝光，大量展现有关普京的工作新闻及其他亲民消息的画面。其余候选人几乎看不到踪影。对此引起一些人的非议和不满，称他露脸太多。

俄罗斯中央选举委员会主席亚历山大·韦什尼尔科夫在接受采访时公开表示：“普京的这种做法已经违反了俄罗斯的选举法，这对其他候选人十分不公平。”

俄罗斯共产党候选人尼古拉·哈里托诺夫也对此颇多感慨。他在接受电视台采访的时候说：“现任俄罗斯总统正在公然违反俄罗斯的法律，然而却没有人能够制止他的这种行为。普京在电视上出现的时间，已经远远超出了其他候选人出现时间之和。”

独立候选人伊琳娜·哈卡玛达和谢尔盖·格拉济耶夫对普京竞选团队的做法也表示不满，指责俄罗斯政府利用媒体大力造势，使整个大选倾向普京。他们还批评普京未能有效治理贫穷和打击腐败，包括国际棋王卡斯帕罗夫在内的自由派人士还呼吁民众抵制这次选举。

普京竞选班子涉及360行

普京像第一次竞选一样，十分重视竞选班子。据俄罗斯媒体透露，此次总统竞选班子由361人组成，比上次的团队减少了近200人。按照俄罗斯总统选举法规定，总统候选人有权组建600人的总统竞选班子，这些人都必须在俄罗斯中央选举委员会注册登记。

普京竞选班子的每个成员都是各行业的精英，其中包括普京的顾问阿斯兰贝克•阿斯拉哈诺夫，俄通社—塔斯社社长维塔利•伊格纳坚科，马林斯基剧院艺术总监瓦列里•杰基耶夫，俄罗斯博物馆馆长弗拉基米尔•古谢夫，艾尔米塔什博物馆馆长比奥特洛夫斯基，鲁兹涅夫特石油公司总裁鲍格达诺夫，还有俄罗斯其他众多名流学者。尽管他们都是自己行业的佼佼者，但是所有的人在上岗前还必须接受“培训”，学习相关竞选法规，以便更有效地履行自己的职责。

寂寞的胜利

3月14日。俄罗斯广袤的大地上一派忙碌，总统大选今天在全国9.7万个投票站正式开始。

俄罗斯地域辽阔，横跨11个时区，因此远东的堪察加半岛等地14日凌晨4时（北京时间）即开始投票，濒临波罗的海的加里宁格勒最晚投票，大约是在（北京时间）15日凌晨2时结束，一共将持续22小时。

此次大选登记选民共计1.09亿（全国人口约1.44亿）。上面已经提到，全国共设有投票站9.7万个，此外，世界各地还设置353个投票站，供俄侨民参加投票；各地监狱审讯室共设立投票站268个，使包括在狱中的尤科斯公司前总裁霍多尔科夫斯基也能参加投票。为确保选举顺利进行，各地投票站共有100万名工作人员，此外还配置了30万名警察、内务部士兵和军校学生维持秩序。来自各国际组织的500名国际观察员监督大选。首都莫斯科有投票站3200个，各投票站都增强了警力，2.2万名执勤人员维持秩序。俄罗斯一家媒体用上述数字勾画出此次大选的场面。

媒体最关注的还是现任总统、下届总统候选人普京的投票。普京一早就偕夫人柳德米拉驱车前往投票站。沿途皑皑白雪，莫斯科还没有脱去冬装，但阳光灿烂，是个好天气。9时30分他们来到了设在俄罗斯科学院大楼内的第2039号投票站。大楼周围采取了严密的安保措施，采访记者需持特别证件方可入内。普京夫妇走进投票站向工作人员出示了身份证件，领取了选票。该选区选举委员会主任回答了普京提出的问题后，普京认真填写了选票，郑重投进新型电子投票箱内。有意思的是，电子自动投票箱却拒收他的选票，将选票退了出来，这一幕令旁边的工作人员极为不安。这种新型的电子投票箱是这次大选第一次使用，如果出现故障，后果就甚为严重。还好，只是虚惊一场，电子投票箱很快又将刚退出的选票收进去了。普京投过选票后，仔细看了选票箱，认为它很有效率，有助于选举结果的统计。

之后普京对在场记者表示：一个人是否有权继续在总统职位上工作应当由人民来决定。还说，随着时间的推移，相信俄罗斯公民与政权格格不入的现状会得到改变，人民的责任感会与时俱增。他还表示十分尊重自己的竞选对手。当年他的体育教练让他懂得要尊重自己的对手。有记者问："您投票之后计划做什么？"普京说他要去看望一下俄罗斯拳击队的小伙子们，看看他们是如何训练和生活的。然后回家休息，夜里会去自己的选举指挥部看一下投票的初步结果。

普京夫妇走出投票站

叶利钦也和夫人奈娜在上午10时来到第1130号投票站，认真填写了选票，并投入票箱。叶利钦对工作人员说，今天是俄罗斯一个重要的日子，总统选举日，也是他们家的一个重要日子——今天刚好是妻子奈娜的生日。他还透露，他一直在密切关注国家大事和各项改革进程。

刚刚走马上任不到10天的新总理弗拉德科夫一大早就来到莫斯科第87号投票站履行自己的公民权利。他对在场的记者说："国家的未来取决于选民的积极性。国家领导人寄希望于公民的理解和支持。"

俄罗斯国家杜马主席格雷兹洛夫也一早赶来投票，见到记者他抢先发问："你们都投票了吗？"当有记者问他将投谁的票时，格雷兹洛夫故作神秘地说："我要提醒你们，今天不能问这个问题——选举日禁止导向宣传。但是你们肯定知道我会投谁的票。我把自己的票投给那位在四年时间内建立稳定秩序，发展经济，以及推行像今天的天气一样灿烂政策的人。”人们当然知道，他指的是谁。

各地投票有序进行，只在车臣有两个投票站附近发生了爆炸——车臣恐怖分子在头一天扬言要发动袭击事件。爆炸发生在早上8时半左右，所幸只是震碎了建筑物的玻璃，没有人员伤亡。爆炸发生后，这两个投票站中断工作半小时，后来很快恢复了正常。

普京当选在大选前就是定局，唯一可能出现的问题是投票率，若投票率不足50%，选举无效，必须重新进行。早有定局的选举使不少选民了无兴趣，决定不去投票。因此当局采用了五花八门各种促选招数。当局的努力见到了成效。据统计，截至莫斯科时间14日10时，本届总统大选的平均投票率比去年俄国家杜马举行选举时的相同时段高出4.5个百分点。

大选结果初步统计出来后，3月15日凌晨普京在自己的竞选总部同媒体见面。他首先做了如下讲话：

> 日安！或者应该说，夜里好！首先，我非常乐意回答在座记者的提问，同时我也想向我国公民致词。我想感谢今天所有到俄罗斯总统选举投票站并投票的人！
>
> 我想感谢所有投给在任总统、你们忠诚公仆票的人，感谢投其他候选人票的人。无论如何，即使你们的候选人未能当选总统，这个结果也很重要。这对我很重要，因为对现政权对我，这些信息是必要的，我们必须考虑得到选票政治家的意见和观点。不管有多少选民投他们票。这是其一。
>
> 第二，我想感谢所有在大选中支持我的人，以及虽因某种原因没有参加大选但对我抱有好感的人。现在可以说，结果是令人满意的。我非常感谢你们，因为这是最重要的支持与自信手段。多谢你们。
>
> 我认为，做出这种选择的人，支持的不仅是近年来我们国家发生的积极变化、不大的但积极的好转：我们保证国家经济近年稳定和高速增长、社会局势稳定、国家巩固。我认为，不是这些简单的成绩，而你们忠诚的公仆、现任总统近年与你们工作时的情绪与献身精神，赢得了支持。
>
> 鉴于此，我希望你们相信，并向你们保证：未来4年，我将尽我所能地工作，以使政府加强工作。
>
> 我向你们保证，我国人民所有的民主成果将得到保障。而且我们不会停留在已有的成果，我们将巩固多党制。我们将巩固公民社会，竭力而为

保证媒体言论自由。而且我们将建立这样一种制度，以使任何官员也不能以国家利益为掩饰中饱私囊，任何夸夸其谈者也不能以民主的漂亮言辞为自己捞好处。我们将竭力保证我国经济稳定增长。毫无疑问，我们将珍惜经济和社会的稳定，这也是近段时间我们多次说过的。我想强调的是，稳定并不是目的。这只是解决主要任务—— 保证我国人民福利增长—— 的条件。

现阶段所做的一切还不是福利，也不是福利的增长，只是福利的启明星。当然，我们应该珍惜它，但在稳定的基础上我们应该迈出下一步，以确实保证我们人民的福利。我们应该在经济和社会领域迈出下一步。我们一定会这样做。

最后，在对外关系上我们将致力保障俄罗斯联邦的国家利益。但在任何情况下不会用侵犯性的方式捍卫自己的利益，也不会陷入对抗。我们将灵活而合作地争取自己的国家利益。我们将力争达成我们和我们的伙伴都能接受的妥协。我们将竭力为俄罗斯的发展创造良好的外部环境。

这就是我首先想说的一切。

赢得连任总统的普京这番话言简意赅，很有针对性。他承诺接下来的四年尽其所能工作，保证使人民的所有民主成果——多党制、公民社会、媒体言论自由——得到保障，并建立禁止官员贪腐制度。至于稳定，他说这不是目的，而是完成增长人民福利这一目的的手段，言外之意是，稳定不是恢复集权、限制民主、打压不同政见，而是为了提高人民生活的一个条件。但是国内外不少人仍然质疑，俄罗斯再次当选的总统将以何种手段来维稳？是继续加强已经很强大的中央和总统权利，用强力政治管制国家，打击异己，控制言论，还是畅通言路，扩大民主，透明开放？很多人觉得，尽管普京讲得很好听，但在实际上他肯定会使用前一种方式来继续维稳。而这样的方式从根本上来说，不会达到社会稳定，而且还会阻碍经济发展。但这只是一小部分人的看法，绝大多数俄罗斯人在饱尝了自戈尔巴乔夫改革至叶利钦时代的民主带来的苦果后，他们把社会稳定看得比民主自由更为重要。面包还是民主？大多数人当然选择面包。

在接下来回答记者问中，普京回答了记者提出的各种问题，普京的回答在很大程度上表述了他连任后的内外方针和策略，取向和发展方向，以及对个人功名的看法。其中有这样一段问答：

问：一小时之前您竞选总部的领导人科扎克对我们说，他认为，总统在第一任期，他想做的事情不可能都做到，因为他要考虑竞选连任的问题。只有到了第二任期才真正开始“名垂青史的工作”。您是否同意这种看法，您是否已经做好“为名垂青史而工作”？第二个问题：您在此次竞选中是否感到寂寞？

普京：没有，因为我在紧张地工作。当一个人在干实事的时候，他永远不会寂寞。这是一点。第二点：对我来说重要的毕竟还是结果。这不是空话。不知您是否注意到，我的确没有进行任何专门的竞选工作。如果我投身于竞选的话，结果可能会是另外一个样子，得票率还会更高些。但是我有意识地没有这样去做，因为我想看看，人们是不是更看重实际工作，而不是竞选技巧，这一点对我非常重要。因此，我实际上没有改变自己4年来一贯的工作作风，即使是在竞选期间。竞选结果对我来说是重要的。当然，我对此是满意的。

至于我是否已准备好“为名垂青史而工作”，不，我不准备这样做。我认为，没有必要，也不能够遵循某种不为人们理解的荒诞思想。应当为生活在今天的人们而工作，为生活在将来的子孙后代而工作。应当永远立足于现实的土壤之上。

不久前我在回答你们的一位同事提问时说，“政治的艺术就在于在必要与可能之间找到黄金中点”，这个公式是我自己想出来的，也许其他人在其他场合也这样陈述过，但我认为这是我自己想到的。稳定，刚才也提到过，我们今天如此珍惜的稳定，是发展所必要的条件。而发展的目标是公民的福利。为达到这一目标，我们必须在经济和社会现代化方面迈出相应的步伐。这需要有条不紊地进行，不能产生危害，不能让人们对我们所做的事情丧失信心。因为如果带来这样的后果，我们将来就根本不可能做成任何事情。

因此，我们将使国家实现现代化，我们将坚定地迈出步伐，同时将努力对我们要走的每一步做出解释。让人们明白，我们在做什么，为什么这样做，我们在经济和社会领域要进行的各项改革，是为了达到什么目标。我想，对于我们的改革，会有人不同意，也会有人反对。但在任何情况下，政府都将努力使人人都能够明白，我们在做什么。我想，如果我们与社会达成这样的协调机制，依靠人民的理解和支持我们确实可以完成很多工作。

> 但是我再次强调，按照某种理论概念追求个人历史作用的做法是错误的。

这番表白挑不出任何毛病，既回应了一段时间以来西方媒体和国内反对派的种种质疑，诸如民主倒退、对稳定的质疑、控制媒体言论以及独裁趋向和追求个人功名等，也安抚了国内一些百姓的担忧。不过很多人对普京的表白还是半信半疑。他们看不透这个人内心深处的真实想法。他们感觉到，这个小个子难以捉摸，他常常口是心非，说一套做一套。他们凭直觉感到，握有绝对大权的俄罗斯总统，绝不可能轻易放权。提高民众的生活，恢复俄罗斯大国的地位，这确实是他的真实愿望，但是保障民主，放开新闻和言论自由，巩固多党制，听取不同意见，这些他恐怕难以做到。从根本上讲，普京是旧制度的产儿，他不具有现代意识，不具有民主开明大国领袖的素质和秉性，他走上最高权位并取得耀眼的成就，得力于两个因素：他恰巧得到了叶利钦的赏识，很顺畅地坐上了总统宝座；他的一套治国理念恰巧与苏联解体后的俄罗斯大多数民众的期望合拍。此外还有，他的运气不错，赶上了大好的国际石油价格，俄罗斯经济恢复和发展在很大程度上依赖于此。但是这一切都是一时的，长久如此下去，有人预言，不满的声音会越来越强烈。

3月23日，俄罗斯中央选举委员会主席韦什尼亚科夫正式宣布，现任总统普京在3月14日举行的俄总统选举中以71.31%的得票率蝉联总统。上一次他的得票率是52.94%。四年后飙升了近20个百分点。

其他5位候选人情况如下：俄共推举的候选人哈里托诺夫获得13.69%的选票，居第二位；独立候选人格拉济耶夫、袴田分别获得4.1%和3.84%的选票；自由民主党候选人马雷什金和生活党候选人米罗诺夫分别获得2.02%和0.75%的选票。另有239万选民投了完全反对票，即不支持任何一位候选人。选举投票的选民超过6958万，占登记选民总数的64.39%，超过50%。

普京对这一结果极为满意，他在15日凌晨（大选刚结束）接见媒体时就表达过：“四年前人们是以自己的直觉投了我的票，他们寄希望于我，今天的结果比四年前重要得多。我想说的是，这不仅激起自己内心的满足感，而且印证了过去四年所做的一切，并对未来四年充满自信。”他还说道：“四年之后的今天，我们不仅重复了这个结果，而且使之更好。我再说一遍：这是承认，准确地说，是积极评价近四年所做的一切。我再重复一遍：对我而言，这非常重要！”

普京总统说得没错，如此高的得票率不仅说明俄罗斯民众对他四年来总统任职的认可，还可以看作是给他的工作成果打了一个高分。这对他非常重要，也是对他下一个四年的激励。其实不要忘记一个因素，即此次大选重量级的竞选人几乎没有一个上场，这使得选票更加集中，都流向了普京。

普京赢得了这场早在意料之中的胜利，结局早于过程的胜利。没有强劲的对手，这也是一场寂寞的胜利。

239万选民投了不支持任何人的完全反对票，这反映出民众对当权者的冷漠和不满情绪。这样一个数字反映出的情绪不算一个小问题。

在这次选举中，也有公开反对的声音，很单薄，没有引起什么反响，但这声音是发自俄罗斯人民崇拜和热爱的著名国际象棋大师卡斯帕罗夫，这让克里姆林宫不快，也引起人们的关注。反对派认为，不同的声音这么微弱，已经反映出权力机构对新闻和言论自由的压制。有人指出，媒体太过顺从现政权，这对公民国家不是一件好事。

棋王向普京宣战

在2004年的总统大选中，有一个人的反对声音引起了普遍注意，他就是棋王加里•卡斯帕罗夫。面对如日中天、人气极高的普京，他大胆犀利地说出了自己的看法：普京的声望属于独裁者那种虚假的声望。“在所有媒体处于国家控制之下时，还奢谈什么民意调查和声望。我并非想向任何人传播反动思想，而事实是，把持一切宣传工具，且依仗无所不能的安全力量，70%的支持率应该是最小值。”（参看2007年10月13日《南都周刊》）

加里•卡斯帕罗夫

总统大选前6周，即4月底，40岁的国际象棋大师卡斯帕罗夫宣称，他与俄罗斯右翼力量联盟领袖、前副总理鲍里斯•涅姆佐夫以及著名记者、NTV总干事基瑟僚夫共同发起成立了一个政治团体“2008集团：自由选择”，其目的是反对俄罗斯日益明显的集权主义势头。棋王出任主席，副主席由鲍里斯•涅姆佐夫担任。卡斯帕罗夫指出，在俄罗斯，几乎没有人怀疑普京上台后俄政治生活所呈现出的集权化趋势。不仅普京具有在克格勃16年的工作背景，克里姆林宫多个关键职位都由普京昔日的克格勃亲密同事出任。与此同时，俄国内持独立立场的媒体则屡次遭到政府打压，而敢于公开和普京“叫板”的各界人士，不是最终被迫流亡海外，就是像俄首富霍多尔科夫斯基一样成为普京的阶下囚。“在过去的四年中，普京所做的一切都是要巩固他的个人权力。我们现在无法阻止他，但我们必须竭尽全力保证2008年俄罗斯还能举行总统选举。”普京“和智利前总统皮诺切特一样独裁”。面对现实，“每个人都必须做出自己的选择：到底是吼出自己的呼声，还是移民海外了事。就我而言，我不喜欢我所见到的一切，也不想让我的孩子今后生活在一个充斥着克格勃气味的社会政治环境中”。（2007年10月13日《南都周刊》）

卡斯帕罗夫的举动和一番言论引起国际媒体关注。英国《星期日泰晤士报》2月1日对此报道说，世界最杰出的棋王、俄罗斯象棋大师卡斯帕罗夫在和每秒钟可以计算出500万步棋的超级计算机“深蓝”战成平局后，大师在象棋界感到孤独，因而已经选好了他的下一位对手：俄罗斯总统普京。而此次对决的战场也从小小的棋盘换成了俄罗斯总统大选的大舞台。

1963年出生于巴库的棋王卡斯帕罗夫是一个极富传奇色彩的人物。父亲是犹太裔，母亲是美国裔。据说他6岁时居然神奇地破解了报纸上刊登的一个象棋残局，而他那时还根本不知道国际象棋规则。17岁时他获得世界少年组国际象棋冠军，一年后夺得苏联象棋冠军，成为国际象棋特级大师，一举成名。22岁登上世界棋王宝座，成为历史上最年轻的世界冠军。在此后的21年时间里，卡斯帕罗夫始终在世界象棋领域保持排名第一，先后12次夺得世界冠军，成为世界棋坛上无可争议的“霸主”。1999年7月达到了2851个排名积分，至今无人能超越。更绝妙的是，1996年他接受IBM公司的挑战，和电脑“深蓝”进行了两次对弈。很多人认为电脑是“超级棋手”，它闪电般的速度无人匹敌，人类远达不到“机器”下棋的智商，甚至认为电脑的出现会终结国际象棋比赛。然而卡斯帕罗夫与“深蓝”对决的结果使人类振奋：棋王一胜一负，打成平局；IBM公司随后迅速拆除了“深蓝”，并宣布比赛结束。而卡斯帕罗夫则耿耿于怀，表示质疑，认为IBM这样做只是为了迅速抬高股价的一场炒作。他本来想与“深蓝”对决第三局一分高低。2003年，他又与“小深”和“X3DFritz”对弈，展开“人机大战”，最终都以平局收场。

卡斯帕罗夫高超精深的棋艺和丰硕战果使他名声大震。前苏联国民对国际象棋极为重视，有着特殊爱好。因而棋王在国内处处受到尊敬和爱戴，所到之处都是鲜花和赞扬。在国际上他也是一颗耀眼的明星，受到各国媒体关注。《时代》杂志曾将他列为20世纪最有影响力的100人之列。同行对他的评价是："在黑白棋盘世界，他几乎就是神。"但他自己知道他所付出的代价："我成为历史上最年轻的冠军，让我付出了失去童年的代价。"

在卡斯帕罗夫成为历史上最年轻的国际象棋冠军那年，戈尔巴乔夫发起了声势浩大的改革。棋王是改革的积极支持者，他在街头与人辩论，他思考国家前途和改革中的各种问题，反思历史。他称自己是"改革的孩子"。民主自由公开这些东西深深印在他的脑海里，对他正在形成的世界观产生了巨大的影响，并成为他的价值观的核心。这大概也是他现在不能容忍普京恢复集权和独裁的原因。

棋王除了象棋，一直关注政治。早年在阿塞拜疆师范学院外语系读书时，他就博览群书，对法律、哲学和文学都很有研究。他性格直爽，爱憎分明，从不隐藏自己的观点。他对政治早就有浓厚的兴趣。这次发起成立"2008集团：自由选择"，是他第三次涉足俄罗斯政坛。第一次是在1990年，卡斯帕罗夫曾参与组建波波夫（经济学家，第一届莫斯科民选市长）领导的"民主俄罗斯"政党，成为促进俄罗斯政治民主化进程的活跃人物。1996年，卡斯帕罗夫又加入了俄罗斯安全委员会前秘书亚历山大•列别德将军的"第三力量"，支持列别德将军竞选总统。在竞选中列别德被叶利钦招安后，第二轮投票时他投了叶利钦的票。后来他一直对此追悔莫及。

2000年叶利钦的接班人普京走上俄罗斯总统宝座，卡斯帕罗夫多次在美国《华尔街日报》发表文章，严厉批评普京总统的内外政策。他认为这个人肯定会搞独裁和集权专制。几年过后，俄罗斯的情况证明了他自己当初的判断。在接受西方记者的一次采访时，他曾说："在我的眼中，普京已经变成和智利前总统皮诺切特一样的新沙皇，而我自己最大的愿望就是能够在2008年总统大选中将普京赶下台。"按照他的预测，四年后普京一定会谋求再次连任。这个预言基本准确，只有一点偏差。四年后普京暂时离开了总统宝座，担当了总理，又过了四年他回来了，而且接下来是6年执政。

"2008集团：自由选择"联盟汇聚了俄罗斯众多社会名流，除了俄罗斯前代总理鲍利斯•涅姆佐夫外，还有俄罗斯独立电视台著名电视制作人尤吉尼•基塞列夫、摄影记者兼讽刺作家维克多•申德罗维奇等人。该组织的最低纲领是

“维护民主政治”，最高纲领则是“让后普京时代的俄罗斯变得更加民主”。他们最为关心的，是后普京时代的俄罗斯政治何去何从。一直以来都有传言说，普京很可能利用在下院超过三分之二议席的政治优势，筹备修改宪法，以达到延长总统任期或者允许总统连任三届的目的。有鉴于此，“2008：自由选择”将誓死捍卫“宪法的不可变更性”以及“自由选举的透明性”。

卡斯帕罗夫真正将象棋博弈转变为政治棋局是在2005年。那年他正式宣布退役。他在告别棋坛时说：“我已在国际象棋界和其他领域做了我所能做的一切。从现在起，我将把我的聪明才智和战略思想应用到政治上来。我认为，我们国家正在沿着一个错误的方向前进，所以我有必要帮助俄罗斯，帮助俄罗斯人民，使这个国家的人民生活得更为舒适，使俄罗斯充满公正和自由。”

普京当局对棋王和其他人组成的反普联盟并不怎么在意。一股小小的逆流而已，撼动不了普京的威望，改变不了国家大局。一帮已过了人气的政治家，有人称他们为“失意者俱乐部”。确实如此。以普京当时的威望，没有任何人可以撼动。不管这威望是如何形成的。而且不少热爱普京的民众，对他们同样崇敬的棋王的所为很不理解，这也是真的。但几年之后，反对普京的声音越来越大，最终，在2012年总统大选前形成了一股不可小视的潮流。

反法西斯胜利60周年

2005年5月9日，一年一度的反法西斯战争胜利日到来。这是俄罗斯人最引以为豪和神圣光荣的节日。60年前的5月9日是前苏联历史中最光辉夺目的一页。胜利节蕴藏着一个民族最悲痛的记忆，也集中体现出前苏联人民顽强不屈的战斗精神。而今年的胜利节尤其不一般：将要纪念的是60周年。

两年前在圣彼得堡刚刚举办了建市300年规模浩大的庆典，人们对此记忆犹新。那次的庆典活动气魄和声势堪称一绝，50多个国家首脑齐聚一堂，圣彼得堡一时成为世界瞩目的中心和大国外交的舞台。而普京很好地利用了那个时机，在世人面前展示出一个从废墟中再生的新俄罗斯。今年的反法西斯60周年庆典，再次给普京总统提供了一个表明俄罗斯已经走上复兴之路的机会。抓住这样的时机是理所当然。

庆典活动不仅仅是与世界接触和对话的良机和平台，也不单纯是提升国家地位和形象，展示恢复了元气的强大统一俄罗斯的窗口。举办大型庆典还有另外的意义，它可以使国民在回顾那段史诗般的英雄历史中，弘扬俄罗斯民族特有的坚韧、顽强、爱国、勇敢精神，增强民族凝聚力，激发民众重建强大富有的俄罗斯的信心和热情。因此，劫后余生的俄罗斯在经济刚刚迈上复兴之路其财力还并非很坚实的情况下，普京及其幕僚还是决定不惜一切，举行一个其“规模要与它的意义相符”的庆典（普京语）。60周年庆典蕴含的意义花多少钱都值得。

一些俄罗斯专家还认为，除上述意义外，普京不惜巨额资金举办与往年不同的庆典，目的还在于向世界和西方发出这样的信息：俄罗斯人民有能力捍卫自己的国家和民族利益。俄罗斯有自由选择适合本国国情的发展道路。看看俄罗斯周边，对俄罗斯极为重要的独联体国家接连发生“颜色革命”，而一直视为对自己有安全威胁的北约也在不断东扩，在这样的局势下，借助庆典展示俄罗斯正在变得强大，其意义是很显然的。这次庆典活动的策划者之一瓦连秋科告诉记者：筹办卫国战争胜利60周年庆典活动是俄罗斯政府今年的头等大事。为了办好这次庆典，政府先后投入了60多亿卢布（约2.14亿美元）。

为迎接胜利节60周年到来，政府在气势磅礴的胜利公园建造了15个华表，每个纪念华表的底座上都刻有卫国战争期间苏联红军各方面军和舰队的名称及司令员的姓名。整座公园气象一新，散发着浓郁的隆重的喜庆气氛。莫斯科大街小巷贴满了巨幅海报、宣传画，挂起了彩灯，“光荣属于俄罗斯人民”等横幅标语很醒目也令人震撼。政府给市民放假四天。媒体谈论的主题和焦点也围绕60周年庆典和那段令人难忘的历史。

普京总统在接受俄罗斯国家电视台采访中，谈到自己的家庭在二战时的情景。他是在战后七年出生的，那段历史是父母告诉他的。他本来不是家里唯一的孩子，有两个哥哥，一个幼年病逝，另一个在卫国战争中最艰苦的日子——列宁格勒被封锁时——不幸染病夭折。父亲上了前线，死里逃生的经历他在《第一人——普京访谈录》中有生动的描述；而母亲，他这次谈得很详细，母亲饿得奄奄一息，失去意识，差点被收尸队当作死人拉走，刚好父亲回家看到这一幕，才救下母亲。父母两家中还有很多亲属死于战争。

普京的家庭在那场战争中蒙受的灾难是前苏联几乎每个家庭都遭遇到的。他们保家卫国做出了巨大的牺牲和贡献，也为世界和平做出难以想象的牺牲。因此从某个意义上说，纪念日也是哀悼日。那些触目惊心的数字虽然很多人都知道，但是这里还有必要援引一下：在反法西斯战争中，前苏联共失去2700万人，占当时整个苏联人口的14%；其中阵亡将士866.84万人，残疾军人500万，物质损失按照1941年的价格计算达6790亿卢布。

5月7日庆祝活动拉开序幕。普京在俄国防部长伊万诺夫、莫斯科市长卢日科夫等国家官员陪同下，午时来到修建一新的胜利广场，为新建成的15座纪念华表举行揭幕仪式。15座铜制纪念华表沿胜利广场边缘一字排开，使广场更为壮观。随后，普京等人来到俯首山上卫国战争纪念馆旁边新修建的反法西斯联盟国家战士纪念碑前敬献了鲜花，并向在场的老战士祝贺节日。

最隆重的活动是9日的阅兵式。世界首脑再一次应普京邀请聚会一堂。5000名记者也从各方赶来。那一天在细雨中，普京亲自打起一把黑伞，迎接各国来宾。此次活动特意邀请了战败国德国和日本领导人出席。出席阅兵式的总共8000名来宾，规模史无前例。普京夫妇在飘着细雨的红场上与各国来宾和首脑一一握手，应接不暇，人们目睹了什么是“外交盛会”。俄罗斯人此刻的自豪也再次从他们心底油然升起。

身着藏蓝色西服，佩戴暗红色领带，神情一贯严肃沉稳的普京开始致词。他说：“这个日子使我们的心灵充满了最复杂的感情，既有喜悦，又有悲伤、痛苦以及感激。它呼唤做出最崇高的道德举动，它要求我们再一次向那些使我们得以自由生活、劳动、欢乐、创造、相互理解的人们致敬。胜利日是我国最亲切、最真诚的全民节日。对前苏联各民族而言，胜利日将永远是伟大的民族壮举之日，对欧洲和全世界国家而言，它是世界得到拯救之日。”他突出了这场战争给整个人类带来的思考：“人类应该意识到责任重大，并深深反思，大规模战争、道德沦丧、种族灭绝政策等等，曾经把世界推向如何危险的深渊。”俄罗斯总统称二次大战后俄罗斯和德国的相互承认，是战后欧洲的“最重要成就”。而今天纪念二战胜利60周年，最主要的意义是，“面对今日的真正威胁——恐怖主义，我们仍应坚定信念，以此纪念父辈”。恐怖主义仍然活动猖獗，去年秋天在别斯兰制造的震惊世界的学校惨案，蒙

红场阅兵式

在俄罗斯人心头的悲哀和愤怒至今驱之不散。

“不要战争，无论冷战还是热战。”普京呼吁，“世界应在安全和公正基础上捍卫秩序，建立多边关系‘新文化’，这种文化不会允许冷战或其他形式战争从头再来。”普京讲话以“胜利属于老兵！”结束，全场排列整齐的新兵老兵以排山倒海般欢呼声回应。

航空表演，飞机喷出长长的白蓝红气雾

红场大阅兵10点整开始。第一幕和以往一样，永远是迎旗仪式——迎接苏联红军第150步兵师1945年攻克柏林后插在德国国会大厦上的旗帜（仿制）。迎接这面旗帜的4名战士身穿绿色镶金制服，举着印有镰刀和锤子的前苏联国旗正步走过。一曲著名的《喀秋莎》回荡在红场上空，主席台上不少老战士低声随唱。歌曲的旋律熟悉而亲切，将他们带回到那个年代，那个岁月，金戈铁马，炮火厮杀，鲜血，死亡……接下来真正的主角走进红场，亲历过战争的2500名老兵乘坐军车组成方队接受检阅。这个场面重现了苏联红军各方面军1945年胜利后参加红场阅兵式的历史场面。当年经受过战火洗礼取得伟大胜利的苏联红军战士，而今都是白发老人，此情此景令在场所有的人感动不已。看台上有的老战士热泪盈眶，激情难掩。紧接着展示现代俄罗斯武装部队风貌的18个方阵入场，分别代表俄罗斯国防部所辖陆、海、空三军及其他所有兵种。俄罗斯军队犹如滚滚铁流，每个方阵的士兵都迈着英姿勃勃的整齐步伐，一一走过列宁墓。眼前的情景令总统激动。富国就要强兵，强大的军队是俄罗斯强大的保证和见证。

胜利节白天的阅兵式隆重庄严，晚上的演出尤为精彩。以红场为露天大舞台，在夜幕下演出了一场音乐舞蹈纪念晚会。大型音乐舞蹈晚会从1941年6月战争突然爆发的那一刻开始，将战争各个时期浓缩在精湛的歌舞艺术中，展示出苏联人民英勇无畏地与法西斯战斗的场面，再现了战争的残酷和最后取得胜利的辉煌和欢乐。整场演出堪称一首高超的史诗般的卫国战争之歌。晚会持续到凌晨2点结束。

反法西斯60周年胜利日纪念，还运用了互联网的便利，人们可以在网上纪念。网民上网可以搜寻到多家纪念网站，还可以在最大的俄罗斯搜索引擎Yandex查到仍然健在的老战士的信息，人们可以直接在网上表达自己对二战老兵的祝福。这些纪念网站开通后留存至今，供人们随时上网查阅、留言。

卫国战争胜利60周年纪念日，我是在莫斯科度过的。那时我住在莫斯科西郊比采夫斯基森林公园附近一栋高楼公寓里。莫斯科的节日气氛早就感受到了，而红场的阅兵式在公寓的电视里从头看到尾。这是我在莫斯科这么多年看到的最令人震撼、规模最为宏大的一次胜利日庆典。普京的讲话印象深刻，记得他很自信也很自豪地说，今天俄罗斯已经迈入了现代化强国的行列。身着二战时期前苏联红军军服的老兵车队经过红场时的场面，也令人感动。这些当年浴血奋战的老战士，60年后再现了当年战胜法西斯后在红场游行的场面。随后现代化部队的一个个方阵，整齐有力的步伐，年轻自信的面孔，坚毅的神情，凝聚为一股强大的气势，令人震撼和感动，也由衷地使我感到，俄罗斯从十几年的动乱中走出来了，俄罗斯精神回归了，一个充满朝气走上强国之路的大国正在重新崛起。晚上的红场演出印象极为深刻，俄罗斯艺术家编排的这场音乐史诗舞蹈晚会，可以和我国大型音乐史诗《东方红》相媲美，除了风格上的差异。

才艺总统，百变普京

1999年10月，刚刚担任俄罗斯总理2个月的普京，驾驶苏-25强击机飞行了10分钟。这是作为总理的普京第一次驾机在空中飞行。普京总理居然能驾驶飞机！还是战斗机！人们惊讶之余，开始对不久前才被任命的毫无名气的小个子总理普京刮目相看。人们哪里知道，不起眼的总理怀有很多技艺。他们的惊讶这才刚刚开始。2000年3月，已是代总统的普京在大选前夕第二次亲驾苏-27战斗机飞临车臣共和国首府格罗兹尼视察。那里正在进行第二次车臣战争。普京亲临前线不仅极大地鼓舞了作战将士的士气，更令俄罗斯人耳目一新。他们

驾驶飞机

还不十分了解的代总统，再一次展示了他的与众不同和过人胆识。这一招相信也为他赢得了总统大选的不少选票。2005年8月，蝉联俄罗斯总统一年多后，普京再次有惊人之举，他乘坐图-160战略轰炸机从契卡洛夫斯基飞机场飞往俄罗斯远程航空兵和北方舰队的联合演习区，飞行5小时，其间由他驾驶片刻，并亲身体验多项目军事演习。这时的俄罗斯已经与五年前他刚刚任总统时完全不同。俄罗斯在重新崛起，这是世界的共同认识。而带领俄罗斯从灾难的深渊中走出来的，正是这个可以驾着飞机上天的总统。

柔道高手

普京可以开着战斗机在天上飞，这只是他的才艺的一个方面。在他任总统后，令人捉摸不透的前克格勃特工，展示出一个又一个才能，令人眼晕。他展示出的每一个新才艺都使俄罗斯人赞叹和自豪，也使世界耳目一新。俄罗斯总统不仅用铁腕治理了国家，恢复了秩序和纪律，使国家走上复兴之路，他还有着十八般武艺，每样都超群出众。这样的总统当今世界能数出几个？

骑马英姿

普京在体育方面的爱好和技能已是众所周知。他从小学习桑勃摔跤和柔道，深有造诣，获得过列宁格勒柔道冠军和健将的称号，是黑带6段高手。他会滑雪橇，从山地滑下驾驭自如，技巧不俗。他爱打乒乓球、羽毛

驾驶雪地车

驾机救火，2010年8月10日，梁赞

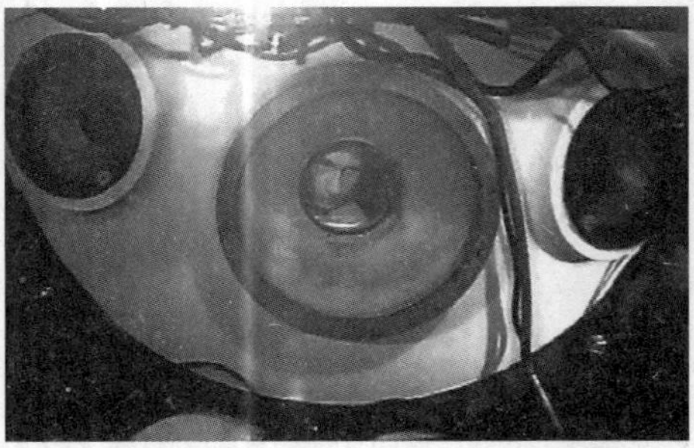

驾驶潜艇潜入海底

亮出肌肉

球，喜欢游泳，还学会了俄罗斯男人最喜爱的冰球运动。普京总统曾身穿冰球球衣在冰场上和球员抢球比赛，那架势还真像一个职业冰球赛手。他酷爱骑马，宅邸里专门修建了马厩。2010年2月在俄罗斯哈卡斯共和国出差途中，在亚巴坎市附近的卡拉塔什地区骑马。这一次普京全副武装，皮帽皮手套，身着时髦翻毛皮衣，骑在一匹深棕色马背上，背景是皑皑白雪的山林，总理的英姿给人印象深刻。

俄罗斯总统还是驾车高手，会开各种机动车。2011年8月29日，俄罗斯南部城市新罗西斯克举办摩托车节。普京推掉了原定于周一举行的一次竞选活动，专程去了那里和一群摩托车爱好者一起尽兴驾驶摩托在马路上飞奔。他的三轮哈雷•戴维森摩托开在车队的最前面。飙车同样是他喜欢尝试的。2010年11月7日，一名赛手头戴头盔，身着雷诺车队赛车服，试驾着一级方程式赛车行驶在圣彼得堡郊外的一条特殊赛道上，这个人就是普京。

普京还尝试驾驶潜水艇潜入水底。2009年8月1日，普京总理乘潜艇潜入贝加尔湖，潜至湖面以下大约1400米处，并在水下度过大约4小时。2010年8月，他亲自驾驶别-200型水陆两用消防飞机在梁赞州参与灭火。据说有两处明火被他驾机消除。他还开过联合收割机。最令人想不到的是，普京还尝试过使用牙科钻孔机。2011年11月15日，访问俄罗斯别尔哥罗德州期间，普京探访当地一家医院时，在这家医院的牙科诊室里与地方官员客串了一把“牙医”。

普京身体健康，精力充沛，喜爱体育运动，长期坚持锻炼。2009年夏季他在视察远东期间的一组照片，展示了他强健的体魄和有力的肌肉。他在图瓦河中游泳，两臂伸展像起飞的山鹰；在山野里，他赤裸着上身，一会儿骑在马上，一会儿手端长枪走在杂草丛生的灌木丛中，阳光下尽显结实的肌肉，令女士们青睐不已。2010年夏天，普京自己驾车沿哈巴罗夫斯克至赤塔干线行驶2165公里，不是自驾游，而是沿途视察工作。

普京对音乐也保持了一贯的爱好。2010年，他在圣彼得堡一场慈善音乐会上弹起钢琴，演奏了一曲《祖国从哪里开始》（电影《盾与剑》片头主题歌），并同爵士乐手们合唱了一首英文歌曲。总统还画过画，是在一个圣诞节的前夕，总统和一帮名流们聚在圣彼得堡作画，作品随后出售，所得款项捐给医院、孤儿院和教堂。普京所画的《挂霜窗户上的花纹》在随后的慈善拍卖会上拍得最高价格。

此外，普京还有多种爱好。他

水中搏击

《挂霜窗户上的花纹》画作

秀歌喉

垂钓

攀岩

深海探宝

喜欢垂钓，其中有一张新闻照片上看到他正好钓到一条大鱼；他喜欢尝试做各种运动，比如攀岩。总之，普京自小机敏好动的脾性，以及前苏联特工必须掌握的各种技能，在他做了总统后依然保持。有媒体称，普京在担任国家最高领导职位的同时，学会了很多本事，包括驾驶飞机等各种技术装备和交通工具。另一方面则是，他的广泛的个人兴趣爱好借总统之便得到了最大满足。

多才多艺的普京总统还曾用麻醉枪制服老虎，虎口救下了记者；在另一次外出考察时，普京手持劲弩猎捕灰鲸，风采十足。更为奇妙的是，2011年8月10日，普京在俄罗斯南部的塔曼半岛潜水寻找法纳戈里古城水下遗址时，在2米深的地方幸运地找到两个6世纪的古坛。媒体刊登的图片上，身穿黑色白条装饰潜水服的普京，一脸自豪地站在岸上，展示手中的“宝物”，一时震惊国内外。

普京总统真是无所不能！驾机上天，入海探宝，深山射虎，赛场竞技。有人据此称他为“全能男”。

普京展示出的多方面才干大大增加了他的个人魅力，提高了他的威望和人气，缩小了总统和民众的距离，勾画出他的“硬汉”“健康”“阳光”形象。俄罗斯人崇拜和需要的正是这样一位领导人：无所不能，带有某种传奇色彩，在某方面又显得有些神秘。

媒体不断展示普京的才艺和魅力，得到不少俄罗斯人赞赏，同时也招来很多非议和反感，特别是近几年。他们认为，总统固然是有不少才干，但宣扬得也过头了，总统本人似乎对此也很热衷。而在他大展才艺光鲜亮丽的背后隐藏着很多其他令人捉摸不透的东西。他和叶利钦一样，善于利用媒体宣扬和展示自己美好的一面，很多负面的东西则不许媒体说话。俄罗斯不少普通百姓也厌倦了媒体不断展示普京的“特异功能”，他们认为一切都是在作秀。更有人指出，所谓的深山射虎和海底探宝都是造假，根本没有那么回事。他们的才艺总统，确切地说应当是“作秀总统”。

完美谢幕，华丽转身

2008年5月，普京即将卸任总统，大权转交给他选择的接班人德米特里•阿纳托利耶维奇•梅德韦杰夫，而梅德韦杰夫即刻表示将任命普京为总理。普京欣然同意。转换角色后，普京将从克里姆林宫搬入白宫，在新职位上延续他对国家的治理和影响。

权力交接之际，国际国内媒体和专家学者纷纷撰文对普京治国8年进行回顾和总结。俄罗斯在普京治理下8年发生的巨大变化其实已无须多说，举国上下和世界共同目睹了后苏联俄罗斯恢复和崛起的不容置疑的事实。因此普京卸任前无论俄罗斯还是国际社会对他好评如潮，赞誉有加，甚至一些人认为普京执政8年取得的成果是前所未有的。

普遍认为普京取得的成果主要有如下几点：

恢复了俄罗斯人长期以来渴望的社会稳定。其中主要措施和方法是建立中央权威，重新划分大区，实行垂直领导，调整中央与联邦主体关系；完善政党政治，并在很短时间内成功打造政权党；实行可控民主体制，陆续将议会、政府、司法以及主要政党和媒体掌握在手中；总统掌控全局，国家机器失灵的状况得以消除；打击经济寡头，更多的资产收归国有；结束了寡头干政的不正常状况。

经济实现了连续稳定的增长，年平均增长率超过7%，2007年更是达到了前所未有的8.1%，民生得以改善，社会福利增加，外债几乎全部偿清，外汇和黄金储备已接近5000亿美元，仅次于中国和日本，位居全球第三。证券市场发展迅速。国家有了底气，在国际事务中恢复了大国地位和发言权。雄厚的国家稳定基金（现在拆分为储备基金和国民福利基金）可以应对各种突发危机，采用强硬手段打击车臣叛匪，使长期困扰俄罗斯当局和百姓的这一问题得以阶段性解决。车臣在2003年10月选出了自己的总统，在一定程度上恢复了安定，百姓开始了正常生活，家园也得以开始重建。

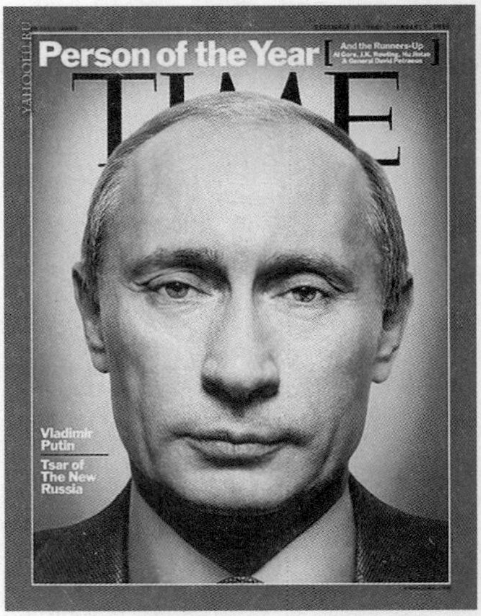

《时代》周刊2007年“年度人物”普京

极为重要的最后一点是，俄罗斯在走上复兴之路的同时，它的子民也恢复了信心，激发起热情，点燃了对未来的希望。之前几乎已经丧失殆尽的俄罗斯人固有的爱国、无畏、牺牲等精神和道德准则在慢慢回归。一个国家要想强大，首先须振奋国民精神，鼓舞百姓士气。普京做到了。

美国《时代》杂志把将要卸任的俄罗斯总统评为2007年“年度人物”。人们的普遍反应是实至名归。该杂志这样评价将要卸任的俄罗斯总统：普京在其8年执政期间，以“非常的手段”带领俄罗斯重新崛起，“回归世界强国之列”。这就是他们将普京评为该年度人物的依据和理由。

随着总统卸任日期的临近，俄罗斯很多民众对即将离任的总统依依不舍，希望普京连任的呼声时有所闻。2007年4月初，全俄民意研究中心所做的最新民意调查结果显示，赞同普京第三次出任总统的人高达七成左右，很多人还同意将宪法从现行的总统任期4年改为7年。

各地的崇拜者和粉丝也纷纷以各种形式表达他们希望普京继续领导国家的愿望。俄罗斯媒体有这样的报道：2007年4月17日晚上，红场上突然出现一批不速之客，约30名青年男女全部身着清一色橙色圆领T恤衫，T恤衫前面以两个普京头像形成一副望远镜，下面写有“我们想看到……”，后半句话在T恤衫背面：“2008年后继续当总统！！！”30名青年男女走进红场，在列宁墓对面的“莫斯科零公里”标记处站成一排，然后纷纷举起随身携带的望远镜，凝神屏气向克里姆林宫红墙内张望有10分钟左右。他们想“看看亲爱的普京总统”，向他表达希望继续看到他执政的心愿。这群年轻人引起了警察的注意，在其劝说下才怏怏离开。后来得知，年轻人是普京崇拜者俱乐部的成员，这次活动是俱乐部组织的一次旅游。

由于普京多次表示不会连任，所以一些希望普京第三次连任的人将目光转向了普京夫人。一个名为“支持普京娜”的组织致信普京夫人，请她出山竞选总统。他们在信中这样写道：“柳德米拉•普京娜和弗拉基米尔•普京是一个整体，总统德高望重，深受人民爱戴和尊重。我们难以想象没有普京的日子会怎么样。在这种情况下，出路只有一条：请您和普京一起继续推进俄罗斯的复兴大计。”

这一年的11月17日，英国媒体报道，俄罗斯远东符拉迪沃斯托克（海参崴）的妇女团体也敦促普京夫人柳德米拉•普京娜参加下一年的总统大选，以便继承普京的事业。她们此举是受到阿根廷总统夫人一个月前赢得大选的启发。该组织声称，普京夫人若当选总统，将在最大限度上保证俄罗斯现行政策的连续性，促进经济稳定发展。

面对不断出现的民众挽留的盛情，普京很感动，也很满足。这正说明他的工作取得了成果，说明他8年的苦役般的工作没有白干。对自己8年任职，他这样说：“面对两次投票给我，选我当俄罗斯联邦总统的公民们，我无愧。所有这八年来，我忙得就像木帆船上的划桨奴隶，从早到晚，并且是殚精竭虑地干。”（摘自2008年2月14日普京在克里姆林宫举行的每年一度的大型记者会上最后一次以总统身份的讲话）总统工作的繁重辛苦可以想见，尤其在最初当选总统时，他接手的是一个几乎无可挽救的千疮百孔的烂摊子。但在这样辛苦的工作中，谁说不是他也获得了最大的满足。驾驭着一个国家的命运，运用自己的全部智慧、精力、热情、策略、方法，将俄罗斯一步步引上康复和发展之路，看着它逐步恢复了大国的威严和地位，看着百姓脸上有了笑容，恢复了自信，还有什么比这样的工作让他更加着迷？他还很年轻，身体强健，颐养天年还嫌太早。他希望继续为国家做事。他内心深处确实还有着更大的野心和抱负。8年的时间还是太短，有很多想做的事没有来得及去做，国家还有很多问题和不尽如人意的地方，如果可能，他何尝不想继续当总统，以便使俄罗斯真正振兴，真正富强。20年，这是他至少需要的时间。但是国家有法律，一切需要按法律行事。他是个聪明人，不会授人以柄，现在连任不合法。但是他会想出办法达到自己的目的，合理合法，让任何人挑不出毛病。况且就目前状况来看，他的想法也切合民意。如此多的民众推崇和支持他，希望他连任，世界上这样的国君也不多见。但是眼下他绝不能修改宪法，也一定不能第三次连任。他在各种场合多次明确表示，不会通过修宪谋求继续留在克里姆林宫，不会参加2008年总统选举。时任中央选举委员会主席职务的弗拉基米尔•丘罗夫也说，第三任期对普京来说是不可能的，因为他已经累了。

在一片赞歌声中，也能听到不同的声音，这样的声音在可控民主下必定不多，所幸还有。他们不是一味吹捧，而是表达出一种更深刻冷静客观的思考和评价。其中《莫斯科时报》的一篇文章就很有独特见地。该报认为，普京执政8年的最大成果是留下了一个政治稳定的国家。他接手的是一个支离破碎的烂摊子，使国家政局稳定是当时最需要、最基本的一件事，也是发展经济的基础。他很快就做到了，实属不易。但稳定也让他付出了高昂的代价。

经济的增长是人人看到的事实，但经济究竟是如何增长的？这需要考虑。普京上台伊始的税制改革很成功，一直沿用至今，但在经济领域其他方面的改革成效甚微。该报援引经济学家的话说，普京时代的经济状况可以分为两个阶段：前期进行了大张旗鼓的改革，后期则明显是高油价时代的权力和利益整合。高油价无疑是普京时期经济发展最主要的动力和依靠。因而普京政府并没有去努力完成经济结构的改革，这完全是阴差阳错。卡内基国际和平基金会俄罗斯和欧亚问题项目主任安德斯•艾丝兰德认为："2003—2007年是自勃列日涅夫时代以来最好的发展时机，但普京在第二任期没有好好利用这个时机，白白流失了。"就是说，俄罗斯在普京任职8年间没有建立起真正的经济发展机制。其经济的增长在很大程度上是由于国际石油价格的一路高升。石油和其他大宗原材料目前占了俄罗斯出口收入的75%，如此大的比重使俄经济极易受外部环境的影响——全球经济形势好，则收益巨大，但是一旦石油价格崩溃，俄经济也将受到致命的打击。（《莫斯科时报》）另外，虽然俄罗斯外债大减，但公司债务激增。截至2007年10月，俄罗斯的银行和公司放贷额已达3000多亿美元，其中很大一部分贷给了国家控制的公司，如罗斯公司等。俄托拉斯银行首席经济学家叶维戈尼•纳多尔辛说，俄罗斯经济增长在很大程度上是国家推动的，包括战略项目在内的重大项目都需要得到政府的批准，而其他领域的发展也依赖于国家项目和政府开支的驱动。（《莫斯科时报》）

还有经济学家指出，一些生意完全依赖于政府的关系，如果政府开支达到极限，或者石油价格下降，那么这些企业的增长也将随之下降。俄罗斯非常缺乏私营企业。或许有一天人们可能会突然发觉，俄罗斯10年来的增长完全处在一个错误的方向上……那将是一个危机。

莫斯科新经济学院教授弗拉迪米尔•波波夫表示，从事俄罗斯石油工业的是一支庞大的队伍，能源工业的产出每年约占俄GDP的一半。“过分依赖石油和天然气肯定是俄罗斯经济的失败之一。”他说，“如果这种局面持续下去的话，有延续20世纪90年代俄罗斯经济发展的趋势，最终可能形成难以控制的局面。对此，普京应负有很大的责任。”

普京自己如何看待其能源政策？普京在2008年初国务会议上表示，过度依赖能源部门将对国家经济产生深远的影响。“目前我们的现代化经济并不健全，这增加了我们对于进口商品和技术的依赖，并使得我们在全球经济中扮演了‘能源附件’的角色，这种情况下，我们将无法保证国家安全或国家经济正常发展。”

欧洲复兴开发银行的罗素说：“普京到底给俄罗斯留下了多少经济遗产，大概只有当俄罗斯面临一些未来考验的时候才能知道。或许是在经济环境不那么乐观的时候，或许是石油价格下跌的时候，抑或是当俄罗斯在全球化竞争中加入WTO的时候。”

此外，普京执政以来，国家腐败问题始终没有得到很好解决，以致妨碍了经济的发展，特别在中小企业、卫生和教育等领域没有完成2000年提出的目标。贫富差距，通货膨胀，就业、医疗保险和教育等方面面临的问题依然严峻。

俄罗斯独立媒体有关文章持这样的看法：普京治国8年达到了政治稳定，却是以恢复集权、大权独揽为手段，打压持不同政见者，严格新闻管制，很多方面给人的感觉是回到了前苏联，这样的代价是否可以持久稳定？对经济长远发展是否有利？令人怀疑。对没有人怀疑的经济的增长也有质疑。关键在于经济是通过何种方式增长的，即经济发展机制问题。总而言之，上述种种思考和看法观点深刻，实事求是，引人深思。

在一片赞扬和挽留声中，普京圆满完成两届总统任期，其谢幕近乎完美；而走出克宫的第二天就来到白宫上任，变身为总理，其转身也颇为华丽。有不同的声音甚至责难，有各种传闻也沸沸扬扬，但总的来说，普京新世纪伊始走上总统高位，8年的执政很漂亮。接下来的总理角色，虽然依旧需要日理万机，“苦役”般工作，但毕竟已经退居于国家“二把手”的位置，可以稍稍减少紧张和劳累。对总理的职责——这是他第二次任总理——也早已轻车熟路，应对自如。没有人料到的是，四年后他会再次返回克里姆林宫，坐上总统宝座，而且将一下稳坐六年——很有可能是两个六年。那才是一次真正令世界震惊的将相换位，华丽转身。而这个伏笔就在现在，在新总统梅德韦杰夫即将上任，卸任总统普京转身为总理时已经埋下。四年后人们得知，两人在那时就已完全达成协议。

卷 6

危机与挑战

“梅普”组合

2007年9月，普京的第二任期即将结束之际，统俄党（“统一俄罗斯党”简称）提名梅德韦杰夫为下届总统候选人。普京表示“完全支持这一提名”。其实大家都清楚，二者应当倒过来：普京的提名，统俄党没有二话，表示接受这一选择。梅德韦杰夫得到总统提名后，立刻表示，将提名普京为总理。他说：“我认为，普京继续留在执政权力机关最重要的总理位置上，对我们的国家非常重要。”普京本人则表示，如果统俄党能够取得压倒性的胜利，自己也找到了名副其实的接班人，就同意出任政府总理。俄罗斯天然气工业股份公司股价当天即上涨了2.7%。梅德韦杰夫任该公司的董事长。

2008年3月，在普京和政权党“统俄党”的大力支持下，梅德韦杰夫以70%的高支持率当选为新一届总统。5月7日，梅德韦杰夫就职典礼在克里姆林宫庄严举行。43岁的新总统从普京手中接过了象征国家元首权利的总统旗、总统徽章和核密码箱，而卸任总统普京将出任俄罗斯总理。“梅普”组合正式亮相。

梅德韦杰夫是俄罗斯三届总统中最年轻的一位。他比普京小13岁，是普京的老乡兼校友，也被称为普京的“小师弟”。两人先后于1975年和1987年毕业于列宁格勒大学法律系，也同样先后在他们共同的恩师索布恰克麾下效力过。梅德韦杰夫和普京也正是在索布恰克任列宁格勒市长期间认识的，前者还做过普京的助理。两个人20世纪90年代在圣彼得堡共事期间建立了友谊和相互信任的关系，并一直保持下来。梅德韦杰夫后来曾说过：“不仅仅是政治合作将我和普京联系在一起，我们之间的个人友谊也有20年历史。”

“梅普”组合

“小师弟”梅德韦杰夫和普京在不少

方面相同，比如所学专业，比如都出生于列宁格勒并在那里长大，比如都曾经得力于恩师索布恰克的提携，比如都几乎同时踏入政坛，再如甚至连他们的身高也不相上下，站在一起谁也不会感到尴尬。但两个人在家庭背景、个人爱好、工作经历以及性格等方面有诸多不同之处。

普京和他的“小师弟”虽然都是圣彼得堡人，但他们的家庭背景和成长环境明显不同。普京的父母都是普通工人，生活条件极为简陋，是在大杂院中耍棍弄棒长大的孩子；梅德韦杰夫出生于知识分子家庭，父母都是大学教师，生活条件相对要比普京优越。两个人自幼受到的家庭教育和影响也不尽相同。普京是个淘气的孩子，爱打架，不守纪律，有着痞子气的“小混混”，很晚才被少先队接纳；而梅德韦杰夫一直是个听话的“乖宝”，在学校学习刻苦用功，所有的时间都用在学习上，在老师眼里是个规规矩矩的好学生。普京13岁迷上柔道，一直坚持训练并获得过列宁格勒市柔道比赛冠军，他的最大理想是做一名特工为国家效力，并且完全为此目的才进入列宁格勒国立大学法律系学习，也因为有这样的志向，在大学学习刻苦，成绩优秀；梅德韦杰夫在大学学习一如既往勤奋刻苦，爱好运动，还为系里获得过体育奖状，不仅如此，他还迷上了西方重金属摇滚乐，为了有钱买进口磁带和牛仔裤，不惜做建筑工人和马路清扫工挣钱。他在大学学习期间正值前苏联改革时期，戈尔巴乔夫提倡的公开性民主化对他有着不可忽视的影响。那时自由主义思想在列宁格勒很盛行，而这一课对普京来说是缺失的。普京是70年代苏联超稳定时期国家教育培养出来的典型，在他心目中国家的利益和强盛高于一切。另外，两个人毕业后的工作经历也截然不同：普京进了克格勃，在那个机构一干就是16年；梅德韦杰夫则留校当了教师。

两个人大约在20世纪90年代初先后步入政坛。1989年，列宁格勒大学法律系教授索布恰克参加苏联人民代表竞选。当时在他的教研室读副博士的梅德韦杰夫积极参加了他的论文导师的竞选班子，在列宁格勒大街小巷中张贴印有索布恰克图像的竞选海报和竞选标语，可谓不遗余力。普京1990年从东德回国，先在大学工作了一段不长的时间后就投奔了当选为列宁格勒市苏维埃主席的索布恰克。1991年，索布恰克竞选成功，成为第一位民选市长。普京在恩师手下负责市政府对外经济关系委员会工作，在大学任教的梅德韦杰夫这时也应索布恰克邀请，来到普京手下兼职工作。1994—1996年，普京升任为圣彼得堡副市长，梅德韦杰夫则担任了他的顾问。两人的友谊自那时就已经建立。1996年，索布恰克竞选连任市长失败后，普京和梅德韦杰夫均离开了圣彼得堡市政府，前者去了莫斯科寻求出路，而后者又回到学校任教，并开始投身商界发展。梅德韦杰夫参与创建了俄罗斯一家最大的林木工业公司。

走进国家权力中心的普京很快得到叶利钦的赏识，此后他在仕途上发展极为顺畅，升迁神速。1998年8月，他即被叶利钦任命为国家安全委员会主席，回到了自己的“娘家”；1999年就任俄罗斯政府总理，此期间梅德韦杰夫调任克宫担当政府办公厅副主任。2000年3月，普京正式当选为俄罗斯总统。6月，梅德韦杰夫当选俄罗斯天然气工业公司董事会主席，以国家大股东代表的身份掌管这家世界最大的天然气企业。梅德韦杰夫在商界干得不错，充分展示了他的出色组织管理才能和对市场经济的深刻理解。几年下来他积累了不少经验，并建立起一定的社会关系。凭借这些，他顺利完成了对天然气工业公司的整顿，并将其纳入俄罗斯能源外交策略中。一般认为，梅德韦杰夫在经济领域的丰富工作经验是普京所不具备的。

2003年10月底，普京签署总统令，解除了沃洛申的总统办公厅主任职务，任命年仅38岁的梅德韦杰夫出任俄总统办公厅第8任主任。这个职位无论对总统还是对克宫一向都极为重要，只有最可靠的人才可以担当。梅德韦杰夫第一次走进更多人的视线。普京说，其实2000年当选为总统时，“我就有替换原总统办公厅主任沃洛申的想法了”。梅德韦杰夫在随后的电视台采访中说：“作为历史上最年轻的总统办公厅主任，我深感这一工作责任重大，但我毕竟有这方面的工作经验。”由此可见，普京对梅德韦杰夫的信任早就建立，他们早就是一对老搭档了。

梅普两人虽然有着诸多不同，但俄罗斯人当时对这样一个特殊的执政组合方式普遍持欢迎态度。有人将他们二人比喻为“双头鹰”，认为俄罗斯的复兴不是短时间可以实现，“梅普”组合可以保持国家长期稳定发展和政策的连续性，因而很期待两个人的组合会给国家和人民带来更多的实惠和更美好的前程。

梅德韦杰夫这个有着一张大家公认的娃娃脸，个头比普京还矮的人，当选之际宣称：他将保持政策的连续性，但这并非是简单地充当普京的替身，他在行使总统职责上有自己的独立性，而这也并非是另搞一套。

“梅普”组合，梅德韦杰夫在前，普京在后。这大概因为普京卸任后两个人的组合才有机会展示，任总统的梅德韦杰夫自然排在了总理的前面；还因为梅德韦杰夫任总统后，任命了普京为总理。但事实上谁都清楚，该组合的核心是普京，其政治基础是普京8年治国理念的延续。梅德韦杰夫不过是普京计划中法律规避游戏中的一个替代。因此也产生了对“梅普”组合的各种不同看

“梅普”组合

法。一些人认为，普京碍于法律才不得不暂时放弃大权，权且离开一阵，最终还会回来。他目前找到的总统人选，不过是暂时替他看管总统宝座的人，梅德韦杰夫是另一张普京的脸，他不仅将完全实行普京的治国方略，还会做一些普京想做但不方便做的事情。

一位俄罗斯政治家也认为，普京试图以梅德韦杰夫作为继任者这种方式做出妥协与让步，在这之后，他便可以空出一段时间休整。不用说，假使普京愿意出任下届总统，梅德韦杰夫将会二话不说将机会给他。俄共领袖久加诺夫则认为：“梅德韦杰夫——这位普京自己选定的接班人——出任总统一年后，俄罗斯便有可能与白俄罗斯合并，届时普京仍有可能出任总统，那将是俄罗斯的大不幸。”这些分析和预言都持这样的看法，即普京不想放权，仍会回来。四年后的事实证明，他们的预言很准确。

为了表现出自己绝非普京的传声筒，而是有独立行使权的总统，梅德韦杰夫执掌大权初始即有所表现，其一是高调反腐，力度比普京时期要大得多；其二就是反复强调俄罗斯要实行现代化的思想。这两点也得到俄罗斯大多数人的认同。

西方关注的是，“梅普”组合是否会产生双政权的局面。如果是这样，那么俄罗斯的政局就存在变数，很难说会发生什么。但梅德韦杰夫执政四年的情况表明，这种担忧是杞人忧天。“梅普”组合基本上协调一致，配合默契，国家平稳，社会有序。但有必要指出的是，在某个时期和某些问题上，两个人还是表现出了一定的矛盾。最明显的是在反腐、利比亚事务、前首富霍多尔科夫斯基刑期等问题上，梅德韦杰夫与普京传出的声音不那么一致，前者似有“独立”架势。这在当时都引起媒体关注和猜测。

四年后，梅德韦杰夫任期将满时，他没有谋求连任，而是在统俄党大会上提议普京作为该党的总统候选人。这并不令人奇怪和惊讶，早就有人预料到了。这次轮到普京来任命梅德韦杰夫为政府总理了。“梅普”组合将转身为“普梅”组合。这也不令人惊讶。令人惊讶的是，两人透露，这个意向早在四年前梅德韦杰夫被普京选为接班人时就已经达成一致。梅德韦杰夫说：“我们向大会做出的提议是深思熟虑后做出的决定。”“早在我们之间的联盟建立起来的时候，我们实际上就在讨论这一行动。”他还说，他与普京达成的管理模式与战略在过去数年体现出了正确性与高效性，而之所以一直未宣布由谁参选新一任总统，则是出于俄国国内政治规则与合理性的考虑。普京予以回应称：“四年前，我和梅德韦杰夫说，下一步会发生什么取决于那时的政治形势。我们那样说并不是虚伪。我们两人都不为追求个人权力，只想构建一个更为强大的体系。”

两人的此番言论一出，舆论一片哗然。如此看来，国家的命运四年前就在两个人之间决定了，那么修宪延长总统任期呢？原来也是商量好的，一切都是为了普京重新归来！很多人感觉受到了愚弄。但是四年后的形势和民心已经与前有很大不同，这恐怕是“梅普”组合没有想到的。接下来发生的事正如所有的人都看到的，俄罗斯反对普京的势头越来越强，强人普京遇到了前所未有的挑战。这其实也是“梅普”组合遇到的挑战。

斯托雷平名言

2008年12月底，由俄罗斯国家电视台与俄罗斯科学院历史研究所和社会舆论基金会共同举办的“俄罗斯名人——2008年的历史性选择”评选活动结束。历时5个月，5000多万俄罗斯人参与（通过电话、互联网以及手机短信的方式）投票，从500名候选者中最终选出了12名俄罗斯最伟大的人。位居第一的是中世纪民族英雄亚历山大•涅夫斯基，第二位的是沙皇尼古拉二世时期的改革派总理彼得•阿尔卡季耶维奇•斯托雷平，斯大林排名第三。这一结果令很多俄罗斯人惊讶不已。特别是对位居第二的斯托雷平。

排名第一的“最伟大的俄罗斯人”亚历山大•涅夫斯基，是13世纪的俄罗斯领袖和民族英雄。他是弗拉基米尔大公雅罗斯拉夫•弗谢沃洛多维奇的儿子，原名亚历山大•雅罗斯拉维奇。1236年被选为诺夫哥罗德公爵。亚历山大•涅夫斯基当年因在涅瓦河击败瑞典人，被称为涅瓦河英雄，后在“冰上之战”中打败德国立窝尼亚骑士团名声远扬。他领导俄罗斯人击退了当年欧洲一系列侵略者，成功维护了国家的统一。三百多年后，1547年他被东正教追封为圣徒。1942年7月29日，斯大林宣布亚历山大•涅夫斯基为民族英雄。不少人认为，亚历山大•涅夫斯基当选为俄罗斯第一伟人是实至名归，因为他身上集中体现了俄罗斯人的诸多优秀品质，也体现了一个开明睿智的国家君王形象。

排名第二的斯托雷平则令很多人没有想到。沙俄末期的这位首相大臣一直是个备受争议的人，历代历史学家对其褒贬不一，他在俄罗斯历史上也从来不是最受关注的重要人物。此次活动却一跃而上，成为超过了彼得大帝的俄罗斯历史上第二个伟大人物，怎么可能？一些俄罗斯人在互联网上留言说：投票结束前最后2周，斯托雷平的得票还没有那么多，2周之内却急剧增加，除了有人为着某种目的幕后操纵外，没有其他解释。当然对整个这样一次在俄罗斯社会引起广泛关注的评选活动，有不少俄罗斯人认为，是事先已经规定了结果的愚弄百姓的一场戏，这是一场政治闹剧。

虽然斯托雷平的排名令人疑惑，但毋庸置疑的是，斯托雷平近年来确实引起了人们更多的关注。原因之一是，普京总统-总理对此人的推崇和偏爱。据说，普京喜爱阅读俄罗斯历史和历史人物传记，在俄罗斯历史人物中，除了极为崇拜彼得大帝外——这很多人都知道，非常推崇的另一个历史人物，即在末代沙皇尼古拉二世时期曾任总理-首相的斯托雷平。有人说他对后者的赞赏甚至超过了彼得大帝。有这样的事实为证，即普京多次在公开场合引用斯托雷平的两句名言，表达自己对此人的推崇，也表达自己与此人有着相同的治国理念和志向。而且人们还看到，普京不只是引用他的话，还在很多方面仿效和追随他。

普京援引的斯托雷平的两句话是这样说的：“给我20年，还你一个强大的俄罗斯。”这句原话的准确翻译是：让国家内外安宁20年，你会认不出今日的俄罗斯。意思是稳定实行他力主的政策20年，国家会形成一个小地主阶层，这将使国家繁荣富足，发生巨变。另一句话是“他们需要的是一个大动荡的俄罗斯，我们需要的是一个强大的俄罗斯”。斯托雷平的这两句话已成为名言，堪称经典，表达了斯托雷平誓将俄罗斯变得强大的雄心壮志和基本条件，即20年的稳定。此次评选活动斯托雷平脱颖而出，暂且不论媒体或评选机构是否做了手脚，但一定和普京对此人的欣赏有关。若是有人幕后操纵，那目的也很明显，是为他们敬爱的普京喜欢和追随的历史人物正名、造势。普京喜爱的人怎么能得不到大众的喜爱？看来俄罗斯人也是爱屋及乌，热爱普京，所以对历史人物的评价也深受其影响。

还有一个因素也与此有关。被誉为俄罗斯文化主教的索尔仁尼琴在其近年出版的巨著《红轮》中谈及此人时的评价，引发了广大民众对斯托雷平的特别关注，也影响了不少人对斯托雷平的看法。索尔仁尼琴在《红轮》第一卷中，开篇用了很大篇幅谈到了斯托雷平，他的改革，他的死亡，认为最终枪杀了这位铁腕改革家的两声枪响，直接导致了俄罗斯随后发生的一系列动乱和革命，改变了俄罗斯的历史。正如索尔仁尼琴所写的，1911年，枪手在基辅剧院射向斯托雷平的两颗子弹，可以视作6年后席卷俄国乃至半个世界的革命的先声。而索尔仁尼琴对这事的评论是：“俄国失去了自己百年来或两百年来最优秀的政府首脑。”

斯托雷平（СтолыпинПетрАркадьевич）

斯托雷平为何一直受到争议？又为何让普京如此喜爱和效仿？他在历史上做了些什么？

斯托雷平一生主要做了两件事：改革和镇压。两件事他都出手坚决有力，毫不手软，两件事也都很有成效，这两件事最后也都招致贵族与贫民两方面的不满，从而导致杀身之祸，他的改革也就此停止。

100多年前，即20世纪初叶，由于末代沙皇尼古拉二世软弱无能，致使俄罗斯社会动荡不安，各种社会矛盾变得尖锐，骚乱、暗杀、暴动在各地时有发生，经济不振，民不聊生。1905年的革命更使沙皇的统治地位摇摇欲坠，300多年的罗曼诺夫王朝眼看就有灭亡的危险。时任萨拉托夫省省长的斯托雷平，由于在镇压各地骚乱中立下功劳，得到沙皇垂青，1906年5月被任命为内务大臣，2个月后升任为总理大臣。此时1905年革命刚被镇压，动乱还没有完全平息，各地农民暴动、工人罢工此起彼伏，参加者成千上万，整个社会躁动不安。斯托雷平清醒地知道自己面临的是怎样一种局面，稳定局势成为他迫切的任务。如何稳定？他一手用铁腕镇压革命，平息动乱，另一手进行了土地改革。他知道，镇压只治标不治本，要想从根本上解决问题，必须进行改革。改革的关键是让农民拥有土地。农民只有有了自己的土地，才能安心劳作，社会才能稳定。

斯托雷平对革命和暴乱的镇压堪称残酷，俄罗斯大地上竖起了无数个绞刑架，被绞死者不计其数，很令人觉得恐怖。杜马会议上有人形象地将这种残酷的绞刑称之为“斯托雷平的领带”。斯托雷平对此有他自己的理论：面对炸弹，回答只能是无情的惩治。“我们痛苦地耻于处决少数人，是为了防止血流成河。”（引自《斯托雷平的困境》）即是说，镇压少数给国家制造动乱的人，是为了换取国家改革和强大所需要的稳定。这就是他残酷镇压的理论依据。

而他的土地改革也极其强硬，触及了一大批旧贵族的利益，令他们生出无限愤恨。斯托雷平以绞刑平息动乱，也以强硬手段送给农民想要的东西。他想另辟蹊径，走一条独特的路：既改革，又不伤及皇权，还要稳定统治。历来改革与当权者对立的这两件事物，他都想要，想使其协调，互相推进。但是事与愿违。被镇压者视他为屠夫和敌人，得到实惠的农民也不感恩，而且出于对这种方式的反感，转而成了民粹和革命的拥护者；利益受损的大地主贵族，更对他恨之入骨，千方百计抵制他的改革，在沙皇面前说尽了他的坏话。斯托雷平处于四面楚歌、各方反对的境地。

斯托雷平的第二项改革内容针对的是当时俄罗斯社会的第二个焦点矛盾：政治体制改革。斯托雷平希望通过对地方管理和自治机关的改革来消除或至少弱化阶层和等级色彩，建立更加有效的中央集权化管理机构。他想通过建立各阶层的地方自治机构和村社的方案，打破农民的封闭性和狭隘性。这一改革的思路符合俄罗斯现代化进步的需要，但是遭到贵族大地主、宫廷利益集团的强烈抵制，改革依旧是失败的。

斯托雷平被称为勇敢的改革家。他性格刚硬，行事果断。他的无情改革触及了沙俄既得利益者，严酷镇压也招致革命者和底层百姓的反对和不满。在暗杀成风的沙俄时代，他多次面临这样的威胁，刺杀他的计划有11次之多。最严重的一次暗杀发生在1906年8月阿普杰卡尔斯基岛总理府邸，刺杀者引爆了炸弹，包括暗杀者在内当场24人死亡，斯托雷平安然无恙，但他的儿子和女儿都受了伤。正是这一刺杀事件后不久，沙皇颁发了最严厉的惩治措施，包括实行战时军事法庭惩处反抗者。在遭到杜马反对的情况下，他干脆解散杜马，史上称之为"六三"政变。1907年6月3日，沙皇在斯托雷平的请求下解散了第二届杜马，社会民主党的杜马党团计有65个代表，都被逮捕并流放到西伯利亚。

斯托雷平没有躲过最后一次刺杀。1911年9月1日，他陪同沙皇在基辅一个剧院观看歌剧，第二幕间休息时，刺客博格罗夫走向他，对他射出两颗子弹。他倒在座椅上，手画十字对沙皇说：为沙皇而死很幸福。斯托雷平受到的伤是致命的，几天后去世，年龄尚不足50岁。后来人们在他的遗嘱里看到，第一行写着这样一句话：我想葬在我被杀害的地方。刺客很快被处死。令人们惊讶的是，凶手竟然是基辅市政府机要处的职员，他和保安队一起策划了这次谋杀。当然也有另外的说法，说是社会革命党人杀死了他。刺杀者的身份至今没有定论。

史学家对斯托雷平历来褒贬不一，莫衷一是。他支持君主制，支持沙皇，反对革命，但同时他也是改革者。他一手镇压，另一手改革，其目的都是为了维持社会稳定，消除暴乱危机，延续沙皇统治。斯托雷平铁腕镇压的残酷令人发指，改革的坚决让人称道。有人将他的改革称为末代沙皇尼古拉二世时期俄罗斯帝国挽救危局的最后一次努力，但他的改革最终失败。他相信暴力，使用暴力，最后也死于暴力。

斗转星移，时光荏苒。历史的脚步迈进了21世纪。100年来，俄罗斯发生了多少历史巨变，走过了多么曲折艰难的道路，国家由弱变富，又由盛转衰。回首21世纪之交的俄罗斯，经历了最痛苦的苏联解体后，变得千疮百孔，几乎沦为世界末流国家。普京在各种因素的综合作用下，被推上历史舞台，担当起重振俄罗斯雄风的艰难任务。这是他的使命，也是他的机遇和挑战。与100年前沙皇末期相比，21世纪初的俄罗斯与那时有着很多惊人的相似之处。诸多同样的问题前面已经有过很多叙述，在此不多重复，其中最大的也是最关键的问题就是需要稳定国家政局。斯托雷平当年面临着这个问题，它也是普京执政时面临的关键问题。普京明白，他的强国梦需要的也是一个稳定的环境。因此不难理解，抱着与斯托雷平同样的使俄罗斯强大富庶之梦的普京，为什么如此欣赏斯托雷平当年的那两句话，又为什么以斯托雷平为榜样，也因此还可以明白，普京为什么在卸任总统任总理后，2012年顶风冒险也要再次竞选总统。“给我20年，还你一个强大的俄罗斯。”这是当年沙俄首相的豪言壮语，也是今天俄罗斯总统（总理）的雄心壮志。20年，没有这样一个长时期，没有政策的连续性和稳定性，强大的俄罗斯在普京看来难以实现。

在最后一次瓦尔代年会上，有人问普京，他总是提及的斯托雷平和罗斯福这两位政治人物“都没有在有生之年看到他们的宏愿最终实现”。会场传来一阵“肤浅的、神经质的”嘲笑，普京反应敏捷，他打断提问者的话说：“慢着，目前还不是安排我葬礼的时候！”

历史的车轮驶入了21世纪，历史不可能完全重复。世界在变化，时代在前进，治理国家的方式也发生了根本性变化。最大的变化是，一个国家一个民族的兴旺发达，不可能取决于一两个领袖人物的品质、才干、魅力，更不是暴力和铁腕，而是取决于合理的政治经济体制，权力的和平有序交替，国家民主的程度，对百姓个性的尊重，每个人的自由，监督体制的健全，杜绝腐败等等。这里的关键不是个人说了算，而是集体领导，是大多数人说了算。这应该看作是历史的进步。

完全依赖于领袖个人达到国家的强盛，似乎是20世纪的故事。但是也说不准，在大多数俄罗斯人视国家强大比个人自由更重要，从骨子里透出崇拜强人治国铁腕领袖这样一种社会环境下，普京也许有可能再次书写依赖于领袖个人完成国家富强的神话。普京本人对此坚信不移。至少在他任总统的前两届。

斯托雷平的名言，有可能被普京实现。

2010年，ВВП不太爽

一向走运顺利得让人眼红的幸运男人ВВП（普京全名俄文缩写，俄罗斯人经常这样称呼他），这一年初始就遇到不大不小的烦心事，而接下来也是麻烦不断。2010年对他来说似乎不是个好年份，他的幸运之路不像以前那么顺畅。

塔季扬娜的博客

新年过后不久，一个女人在博客上连续发表的文章引起很多俄罗斯人的围观，她在自己的博客里谈到了已故前总统叶利钦，也谈到了普京。此人就是沉寂了多年的叶利钦之女塔季扬娜•尤马舍娃。

塔季扬娜每天都更新自己的博客。她在博客中极力为父亲辩护，对普遍认为叶利钦当政的10年是“失落的10年”的说法，她认为绝对是个荒诞的谎言。“关于我爸爸和20世纪90年代，社会上流传着太多不公平的说法和谎言，我想告诉人们这一切的真相”，“我将把这个博客作为与一切假象斗争的阵地”。（中国日报网消息：据英国《每日电讯报》2010年1月23日）这和大多数俄罗斯人的看法截然不同。叶利钦时代是什么情景，人们还没有忘记，混乱、危险、犯罪、贫困和少数人因攫取国家财产暴富……普京执政10年后，今天的俄罗斯与10年前的叶利钦时期相比反差如此巨大，不可同日而语。在这样的时候出来替叶利钦说话，很不识时务，只能招来嘲讽和反对。

塔季扬娜还披露了普京当年被父亲选中的情景。她在博客中写道，当年普京只是一个鲜为人知的“小人物”。当叶利钦决定由前克格勃官员普京作为他的总统接班人后，后者表现得非常胆怯和不自信。“弗拉基米尔告诉我们，他曾请求父亲不要辞职，并请求他重新考虑完成他的总统任期，因为他需要时间来积累政治经验。但我父亲对他说，他已经做出了决定。我看到普京当时遭遇了一番思想挣扎，最后只好极力让自己接受这个现实，那就是国家的重担将要落到他的肩膀上。”就是说，普京是在叶利钦的劝说下毫无自信地接过了总统职务。塔季扬娜的这番描述，和普京在公众面前一贯展示的坚决果断、冷静沉着、充满自信的硬汉形象截然相反。其实塔季扬娜讲的挺切合实际，字里行间绝无贬损之意，与普京自己的描述也无太大不同，但是惹恼了普京的支持者和崇拜者，他们认为这是在含沙射影诋毁普京，使普京的硬汉形象大打折扣。塔季扬娜还披露她父亲对于普京后来领导国家的方向曾经表示不满。由普京的提携者之女透露出的这些信息，确实使普京光鲜照人的美好形象受到一定影响。

重提“粮食交易丑闻”

3月又有更让人烦心的事。自由广播电台3月2日播出了对一个名叫马丽娜•萨利耶的75岁的女人的长篇访谈，题目是“关于普京的事，她为什么沉默了10年？”所谈的事情是发生在20世纪90年代初期列宁格勒的粮食交易丑闻。马丽娜•萨利耶究竟是谁？她与普京有何过节？粮食交易丑闻究竟是怎么回事？

20世纪90年代初，任圣彼得堡市长的索布恰克叱咤风云，风光红火。普京也已经投到了索布恰克旗下，在市政府工作。萨利耶那时和他们一起共事。此前她是一位地质学家，1987年在改革大潮中投身政坛，成为列宁格勒民主运动的领导人，曾任国际民主联盟主席，被称为“俄罗斯民运老太”。1990—1993年当选为俄罗斯人民代表，苏联解体后成为列宁格勒市人民代表和粮食委员会主席。萨利耶非常了解索布恰克和普京，目睹了他们的发迹史，知道很多内情。

1991年，时值苏联解体前后，国家经济几近崩溃，列宁格勒也不例外，严重到连市民的食品都不能保证正常供应，肉、蛋、土豆等食品严重匮乏，面包亭前常常排着大队。刚来市委不久的普京（索布恰克的助理）担任城市内部关系委员会主席。他的一项主要工作就是负责城市居民的粮食供给。征得索布恰克同意，普京找到的出路是，向国外公司出口俄罗斯的石油和稀有金属，换取食品。他在短时间内向有关公司签发了很多出口许可证，那些公司和国外公司签订了易货合同，用资源换食品。出口许可证后来被查明很多系伪造，因为当时只有国家才有权出口这类物资。普京此举显然违反了国家法律。更令人震惊的是，价值不菲的稀有金属和石油运往国外，但换回来的土豆、肉和鸡很少，至少亏欠700万美元的易货食品。一时流言四起，沸沸扬扬，矛头指向负责粮食供应的普京，说是普京办公室及他手下官员共同勾结营私舞弊，骗走了巨额金钱。

马丽娜•萨利耶牵头的苏维埃代表开始调查此事。1992年3月23日做出了调查结论，认为粮食购买交易中的巨额损失，是普京和他的副手阿尼金不负责任、玩忽职守的结果；普京及他的委员会没能完成保证城市粮食供应的基本任务，建议普京及其副手双双辞职。马丽娜•萨利耶将调查结果亲手送到了叶利钦那里。但此后没有下文，而且当事人普京不仅没有受到任何处罚，反而高升了。他有索布恰克的保护。

8年后，即2000年，当年圣彼得堡的小官员普京已经飞黄腾达，被叶利钦钦定为接班人，成为代总统，并即将竞选正式总统。萨利耶不管支持他的人是谁，也不畏惧普京的高官地位，她只是觉得，当年这样玩忽职守在经济上也说不清的人，怎么能出任国家总统？大选前夕，媒体频繁采访她，她也直言当年对普京签署的大宗易货合同的调查结果——这是当年圣彼得堡粮食交易丑闻第一次见诸媒体。萨利耶声言绝不会将选票投给这样的人。为了阻止普京走上国家权力最高职位，她和其他人曾经卧轨以示抗议。但无论爆出丑闻也好，卧轨抗议也好，都没能阻挡住普京走上权力宝座的脚步。这一次在叶利钦的庇护和支持下，他坐上了总统宝座。此后居住在莫斯科的马丽娜•萨利耶从此销声匿迹。她搬到了普斯科夫州的一个偏远小乡村居住。她认为如果自己继续留在莫斯科将难保性命。

转眼过去了10年。马丽娜•萨利耶为何现在打破沉默，接受媒体采访？起因是她看了刚刚拍摄的一部纪念索布恰克逝世10周年的电影，电影自始至终没有提及当年购买粮食一事，更没有谈及违法乱纪和造成巨额亏损的金钱。萨利耶看过电影后心中愤愤不平，决定不再沉默。她说："粮食没有运来是因为对方的公司不存在！责任在普京……上千万美金，劳动人民的血汗没有了。""普京在《第一人——普京访谈录》一书中说：'那件事中没有任何许可证。没有。'意思是说他们没将许可证授予谁。这就是全部问题。……而事实完全不是这样。他在撒谎。所有的文件和调查结论我保存至今。"（俄网站，自由广播电台对马丽娜•萨利耶的采访，2010年3月2日）

自由广播电台网站刊登了采访她的记录后，大量留言表明人们对这件事的关注程度。虽然有人认为这不算什么事，普京毕竟没有将钱财装进自己的腰包，况且现在重提多年前的旧事没有什么意义。但是，在普京的人气不断下降的今天，马丽娜•萨利耶的谈话无疑将起到一定的负面作用。

集会四起，要求总理下台

无独有偶，3月20日俄罗斯各地爆发了要求普京下台的集会示威。其规模是几年来最大的。集会游行由俄罗斯反对党联盟组织，在俄罗斯各地同时举行。该组织此前宣布将20日定为国家的"愤怒日"，呼吁民众在这一天走上街头，抗议高失业率、高物价和高税收。

那一天，在远东符拉迪沃斯托克市，1500人走上街头，他们高举"言论自由，选举自由"的标语，高呼反对普京的口号，要求普京下台。要求政府提高补贴，降低物价。符拉迪沃斯托克地区上周的选举中，支持"统一俄罗斯党"的议员遭到失败。民众认为，这是政权党没能找到克服经济危机的手段所致。

在圣彼得堡，1000人举行了集会，参加者表达了同样的诉求。反对派声称，更大规模的示威运动不久将在莫斯科普希金广场举行。警察出动了数十辆警车待命，以防万一。

初步统计，20日那天俄罗斯各地共爆发了50多个大规模集会，游行者指责"统一俄罗斯党"无力解决经济问题，并将矛头直指总理普京，称其政策失误导致人民生活困难。普京时任该党主席。

2008年，爆发的金融危机严重影响到了俄罗斯的经济。2009年，国家GDP下降了8%，创下1994年以来的最低值。各地发生的反对普京和表示对政府不满的呼声，表明俄罗斯人对总理普京应对世界金融危机的不满。他们认为政府的不作为是导致收入下降的主要原因。

紧接着，3月28日在俄西北部的阿尔汉格尔斯克市，约4000名俄罗斯民众冒着严寒在主广场举行集会，抗议生活消费过高，要求总理普京下台。反对派组织者放话称，他们还将在3月31日和5月1日举行新的大规模抗议示威活动。抗议人群聚集在主广场巨大的列宁纪念碑下，打出“我们要涨工资”等标语。其中一些激进分子还喊出反政府口号，手中挥舞着俄罗斯共产党党旗。一名70岁的女示威者激动地说，她的退休金无力负担高昂的城市生活成本，这都是政府造成的，总理普京、总统梅德韦杰夫和其他政府官员统统应该下台。

一连串令普京烦心的事还有，8月俄罗斯境内17处大火肆虐。其中包括莫斯科南面的梁赞，火势凶猛，几天几夜无法将其扑灭，莫斯科笼罩在呛人的浓烟中，红场几步开外几乎什么都看不清，连地铁站内也充满呛人的烟气，不少乘客戴着口罩乘坐地铁。这是数十年来森林火灾最严重的一次，而政府的救治相当无力。当普京总理来到火灾重灾区现场时，当即被灾民团团包围，他们大声质问总理为何救火不力，愤怒地打断总理的解释，并对他高喊“滚开！政府”。一些人的情绪几乎失控。灾民将责任归咎到政府和普京身上，认为是他任总统期间制定的《新林区法》将消防人员编制缩小，以至今天突发大火时救援人员大量缺乏所致。普京随后亲自驾驶消防机在梁赞参与灭火，但大火造成的巨大损失已无可挽回。这场大火直接导致53人死亡。而由于大面积火灾加剧了异常高温天气的酷热，莫斯科等地因此间接死亡人数（酷热和大气污染造成大量心血管疾病突发和呼吸道疾病，以及肺部感染致死等）高达5.58万人，这

救火不力遭质问

个数字是第二次车臣战争官方统计的死亡人数的2倍多。一向走到哪里都是掌声和鲜花的普京，遇到民众如此不客气的质询和责难，还是头一遭。这个场面给人印象深刻，似乎是一个信号：一直备受俄罗斯人敬爱的普京，在民众中如日中天的威望开始回落。

很快，也有了确切的数字说明这一点。

8月，据俄《新闻报》载文称，“社会舆论”基金与全俄社会舆论研究中心共同进行的民意调查显示，自年初以来公众对俄总统梅德韦杰夫和总理普京的信任度下降至近几年最低点。

反对之声越来越强

也是在这个月，普京驾车出行远东，被戏称为“总理驾公车远东游”。当然这是调侃的说法，总理哪有这样的闲心，他是独出心裁去远东视察，沿途可以随时停车，深入体察了解民情。

8月底反政府政治人士鲍里斯•涅姆佐夫以及数十名示威者在莫斯科一处中心广场集会，并高呼“耻辱”“俄罗斯不需要普京”等口号。据英国媒体报道，俄罗斯警方拘留了逾100名示威者。

10月23日，莫斯科再次爆发反普京集会，约500名抗议者聚集在普希金广场，高呼反对普京的口号，要求政治强人普京辞去总理一职。抗议者周围站满了防暴警察，但没有发生冲突。集会者称这是“驱逐普京运动”的开始。示威游行的组织者之一就是俄罗斯前国际象棋世界冠军卡斯帕罗夫。他说：“我们的任务是把俄罗斯从这个糟糕的政体中解救出来。”他仍然在不屈不挠地与自己设定在政治棋盘上的对手博弈。示威者还抱怨俄罗斯选举存在舞弊。“根本没有人投票，他们自我任命。”一名反对派领袖说。其实，反对派从今年早些时候就开始在网上举行有关“让普京下台”的请愿活动，称他们把目标对准普京的原因在于他是“只为一小撮官员和寡头服务，将整个国家引向死胡同”的政治体制的关键人物。示威者认为，自从2000年普京开始执政以来，俄罗斯腐败丛生，言论自由度降低。

反普游行集会其实这两年一直都有，例如2008年有过抗议俄罗斯总统梅德韦杰夫修改宪法，将总统任期从4年延长至6年的集会游行。卡斯帕罗夫是领导人之一。他们认为修改宪法是俄罗斯民主的倒退，是旨在加强普京的权力。2009年，俄共在远东符拉迪沃斯托克等地组织反对普京示威，要求普京下台。示威者不满普京处理经济危机的对策和俄国政治状况。

但这一年的游行集会似乎分外多。接连不断的规模不小的遍布俄罗斯各地的抗议集会游行，矛头直指普京。这是普京执政以来从未遇到过的。当然普京现在是总理，而不是总统。那又怎样？俄罗斯人将他和梅德韦杰夫看作一个整体。分析人士指出，人们的不满在增加，政府的威望在下降，俄罗斯人对普京的狂热崇拜在降温，俄罗斯的社会氛围在变化。虽然各地的游行集会及民众的不满还不至于演变成一场真正的反政府运动。但是，这种新情况一定会引起“梅普”政府，特别是“统一俄罗斯党”主席、俄罗斯总理普京的担忧。

名牌手表引发质询

10月还有一件事也引发了民众对普京的质疑。

俄罗斯在10月开始进行人口普查。媒体报道了普查员来到总理家里进行登记的消息，还刊出了普京夫妇一起回答普查员问题的照片。由于普京夫妇已经很久没有一起出现在公众面前，因而引发各种流言蜚语，例如说他们已经秘密离婚，还有传言说第一夫人已经进了修道院做了修女等。总理夫妇在一起的照片使沸沸扬扬的谣传不攻自破，但没想到这张照片惹来另一个麻烦。照片上普京右手腕上的名贵手表引起热议和质疑。普京右手戴表，而且都是瑞士名牌宝珀表，这不是秘密。一些追风者还纷纷效仿，手表也戴在了右手腕上。引发热议和质疑的是，普京哪里来的一块又一块价值不菲的名贵手表？

手戴名贵手表接受人口普查

普京经常将自己腕上的手表摘下，当作礼物送给一些普通人，这和他的前任叶利钦一样。媒体曾经报道过，2009年8月，普京在赫姆奇科河岸边度假时，将一块手表作为见面礼送给了一位牧羊人的儿子。据媒体称，他们迅速查明了这只手表的高贵“身世”：它是瑞士宝珀表中的一款，价值约1.05万美元，几乎相当于普通俄罗斯人一年的工资。普京出手真是阔绰大方。一个月后，普京视察图拉州的一家兵工厂时，又将自己腕上的手表送给索要纪念品的一个钳工。那也是一块宝珀表。而这一次普京在人口普查时所戴手表，还是宝珀表的一款，据说是2005年推出的限量版，全球只有2005枚。据报道，普京一共有过4块宝珀表，总价值在70万美元左右，而他一年的薪水才11.5万美元。哪里来的这么多名贵手表？他的政敌还称，普京拥有的最昂贵的一块名表是德国朗格牌的皇冠宝石表，价值为50万美元。它有着白金表壳，镀金时针，蓝宝石水晶表面，搭配的是一条手工缝制的鳄鱼皮表带。视频显示普京曾于今年5月12日戴过这块表。反对派怀疑这些名贵手表来源的合法性，认为这表明了政府的腐败。团结党领袖兼前总理涅姆佐夫在微博上嘲讽说：“普京要六年不吃不喝才能存够钱买这批名表。”

除了数块名贵手表，普京还被指从头到脚全身奢华名牌：与手表相配的名牌西服价值5000美元不止；他喜爱的艾美、斯奇诺和华伦天奴三个品牌的领带，每条价格约为4000美元；佩戴的卡地亚偏光太阳镜150美元；意大利巴尔蒂尼尼牌皮鞋一双价值2000美元；还有大衣，那是法国巴黎的时装品牌莲娜丽姿，价格约为2.5万美元甚至更贵；冬季出门头上戴的貂皮帽是产自意大利的Zilli牌貂皮，如果制成帽子，价格约2000美元一顶，普京戴的这顶是专门定做的，只会更贵。一身奢华的普京与他刚担当总统时的形象大不一样。那个谦恭的、穿戴不很讲究的普京，已经消失了。现在的普京一身华贵。这是权力的象征，也可以说是绝对权力的结果。

与百姓对话引发官司

2010年12月16日，普京总理按照多年来的惯例，开通电视直播和热线电话，回答民众现场提问。媒体将这个节目称为“继续与普京对话”。与普京对话的节目，每分钟就有600个问题通过免费热线电话、手机短信和互联网提出，整个节目共计提问263万个问题，足见民众的积极性。总理现场回答了各种问题90个，妙语连篇，9次被掌声打断，时间长达4个多小时，创下历次与民众对话之最。

有一名观众询问，普京怎样看待涅姆佐夫、前能源部长弗拉基米尔•米洛夫以及前独立议员弗拉基米尔•雷日科夫三人组织的反普京行动。普京回答说：“他们除了金钱和权力还能想要什么？他们当政时和别列佐夫斯基（正在伦敦流亡的俄罗斯大亨）以及那些目前在监狱接受惩罚的人偷走了国家数十亿的资产，如今又希望卷土重来。我认为如果纵容他们这样下去，他们这次不会只要数十亿的金钱，而是会把整个俄罗斯都蛀空。”

普京的回答引发反对派极其不满。鲍里斯•涅姆佐夫、弗拉基米尔•雷日科夫以及弗拉基米尔•米洛夫等人，以不久前成立的“人民自由”党联合主席身份发表声明称：“我们中被点名的人将以诽谤罪向法院提起诉讼。”米洛夫称“我们中的任何人在担任公职时未拿分毫”，“我所有私产仅有莫斯科房产一处，既无别墅也无海外存款。现有所有收入也都用于自己的反对派事业上。”2月14日上午涅姆佐夫在莫斯科告诉美国媒体，由于俄罗斯法院牵扯政治人物的判决需要克里姆林宫的授意，他根本不指望能打赢这场官司，法院接受起诉并立案举行听证已经是个巨大的胜利。很多人相信他说的是这么回事，虽然人们对涅姆佐夫也有很多不同的看法。

新年过后不久，莫斯科一家法院2月14日开始审理一起将总理普京告上法庭的民事诉讼，这情景在俄罗斯真是罕见。结果呢？结果早就有了，而且谁都知道。

被篡改的流行语：是小偷就该坐牢

在这次与公众对话中，普京回答民众提出的有关霍多尔科夫斯基的问题，也惹出了麻烦。普京表示，这个问题他已多次表态，就像维索茨基（俄罗斯著名诗人、歌手）在电影中扮演的主人公所说的，既然是小偷，那么就该坐牢。这句话也一时成为普京语录中的“名言”。尤科斯前总裁正在监狱服刑，根据第一案例的刑期，2011年将服刑期满。但近期传出，针对霍多尔科夫斯基的第二案例将进行判决，很有可能延长服刑期限。普京的回答被看作是在施压和影响对尤科斯前总裁的判决。12月27日，莫斯科法院对尤科斯前总裁霍多尔科夫斯基判决追加“盗窃尤科斯石油”以及“洗钱”罪名。一向被不少人认为是政治犯的霍氏，又被增加了服刑期，审判结果很快引发了民众的不满。叶卡捷琳娜堡的示威者表示普京才是“真正的小偷”，应该替换正在坐牢的霍多尔科夫斯基。为此还举行了集会示威。集会前他们赶制了80个宣传画，上面印有普京和霍氏的头像，下面写着：“普京应该和霍多尔科夫斯基换位”。该组织表示，希望通过这一行动表达自己的观点：谁才应该坐牢。自此，“普京才是小偷”的说法流传甚广。2011年年底，一个普京坐在监狱中的视频在网上疯传，用的是普京的名言：“是小偷就该坐牢。”

“梅普”被称为“矮子”

2010年春夏期间，我在远东赤塔大学短期任教。这是我自2006年7月从莫斯科回到北京，四年后再次来到这个国家。在和当地俄罗斯人的接触中，我亲耳听到一些教师对普京和他领导的统俄党的不满。一党天下不是公民社会，俄罗斯没有真正的民主，这样的局面不会长久。这是他们的看法。我还惊异地听到他们如何轻蔑地称呼“梅普”为“矮子”。不满之情溢于言表。

如上所述，这一年对普京来说有点不寻常。他似乎真的遇上了麻烦。2010年，普京不太爽。

尽管如此，这一年年底全俄民意调查研究中心公布的俄罗斯民众选出的本年度政治人物榜，总理普京排名居首，总统梅德韦杰夫排在第二位。一切麻烦似乎还无碍大局。但是敏感的人已经看到，潜在危机有加大的趋势。

沉着应对，力挽狂澜

普京总理在2011年12月20日前往俄中央选举委员会，正式登记为俄罗斯下届总统候选人。由于形势急转直下，抗议浪潮一波接一波，因此普京登记候选人一事相当低调，甚至没有让媒体记者跟进采访。

面对范围越来越大的反对之声，12月27日普京第一次做了回应。他批评示威者缺乏明确目标和领导，称自己“用不着任何伎俩”竞选总统。

普京知道，他面临的局势比他第一次和第二次竞选总统要复杂和艰难，但是他不会放弃。因为他相信大多数俄罗斯人仍然是支持他的，况且俄罗斯政坛除了他，暂时没有他人可以承载民众的厚望，他有上两届任总统期间做出的举世公认的成就作为基础，有丰富的执政经验，有依然是第一大党的统俄党为强有力的支柱，还有一个精心组建的高效率竞选团队，他不会败下阵来。普京自信有能力化险为夷。他要逆流而上，沉着应对，还要主动出击。主动出击历来是他最重要的政治风格元素，也正因此他才能够长期居于政权中心，拥有很高的民望，成为民族领袖。从真正意义上讲，他的对手不是反对派，而是他自己，他要超越自我。

在一片反对声中，他和他的团队全力为竞选做准备。组织声势浩大的集会支持他，这是此次竞选中一项极为重要的工作。由于手中握有各种行政舆论工具的优势，组织支持他的集会在声势和规模上一定会比反对派集会大很多。因而将直接对民众产生很大影响，让人们看到，其实拥护普京竞选总统的人远远多于反对的声音。这件事不用他操心，他的团队自会组织好；他要做好的是另外的工作。

从2011年年底至大选前夜，普京在电视、广播、自己的竞选网站上，回答记者提问，发布竞选纲领，撰写文章陈述自己对诸多问题的看法，并解释民众的疑惑，解答社会最关心的问题，很有针对性地从以下几方面全面展开了攻势。

普京在政府主席团2012年首次会议上坦承，今年将是不轻松的一年。他指出必须继续展开工作，提高公民生活水平，减少生活在贫困线以下的居民数量。“我们过去、现在和未来为自己定下的主要目标一直是：提高公民的生活水平，这是任何政府和国务活动的目标。”

新年刚过，1月19日他再次谈到当前局势时说：“一些反对人士称选举不诚实。”他表示这是政治角逐的进程，“我们将尊重这些反对人士，但他们也应当考虑大多数人的意见……我准备面对最大限度的透明化。只有拥有民众的真正信任和支持，才能奏效，也才能实现你的意愿。如果没有民众支持，最好不要参加竞选。了解真实的支持率对我本人很重要。我希望，我们的选举将是透明的和最大限度诚实的选举。”“如果民众把国家、俄罗斯、国家的安全和经济发展托付给另外的人，就应该让那个人来担任总统。”他还强调说，对他而言掌权本身不是重要的，“重要的是拥有解决国家所面临问题的机会”。（俄新网）稍后，他许诺将在大选设立的9万多个投票点安装摄像头进行监督。这一点后来确实做到了。

普京还承认工作不尽如人意，没有完成设定的目标，“梅普”班子还有很多缺失，经济过分依赖石油和天然气出口，民众的生活提高有限，腐败严重，这都是他当选后需要重点解决的问题，但同时也大力陈述自己十几年取得的工作政绩。1月16日《消息报》头版头条发表了他的署名文章，回顾了从1999年出任政府总理以来，他与他的团队将俄罗斯带出了内斗的绝境，打击了恐怖主义，实现了国家领土完整，建立了宪法秩序，恢复了经济发展的主要政绩。十年内俄罗斯已成为世界上经济发展最快的国家之一，居民实际收入得以提高，这些都是有目共睹的。他评价这一成果“很成功、很高效”，并认为上述政绩是他宣布2012年应该再次参选俄罗斯总统的原因之一。（1月16日俄罗斯《消息报》）

普京此期间还在竞选网站和报刊上发表了多篇竞选纲领。在这些文章中他再次强调稳定，指出社会稳定对俄罗斯的重要性，他说道：“在现代世界，稳定是一种资产，只能由辛勤劳作、对改革持开放态度以及准备好实施深思熟虑的改革（方案）而取得。”改革只能渐进，决不能激进；循序渐进的改革绝不是停滞不前。（1月16日俄罗斯《消息报》）普京此言其实是婉转批评反对派，表示他不会让国家变得混乱。同时他也申明，绝没有想过当选总统后打击报复反对派，愿意和一切人展开对话，包括和反对派对话。但反对派不会忘记，仅仅几个月前，他在电视上信口公开指责反对派当年在位时攫取了国家巨额财富，并说这些人现在的目的依然如此。这引起了反对派的愤怒，并将他告上了法庭。

对待美国的指责，普京则态度强硬地进行了回击，警告他们勿干预俄内政，说俄罗斯不会发生颜色革命，奉劝他们不要做无用功，有时间不如多关注一下自己国内的事务。

对于牵涉民生的物价问题、福利待遇、就业以及人口下降等问题，他都承诺当选后会加大力度解决，“我可以很坦诚地说，我们应该继续尽一切可能提高国民生活水平，不应像某些西方国家那样侥幸行事，最终陷入‘索取于民’多于‘许诺于民’的怪圈”。（1月16日俄罗斯《消息报》）而在另一篇文章中，他也承诺要保持经济稳定，提高经济质量，打击腐败，改善投资环境。

对于反对派指责最多的国家没有民主的这个问题，他许诺会扩大民主，实行改革，他不会以老面孔回到克宫，而是要与时俱进，根据时代的需要决定治国方略；但说自己既不支持一味追求迅速变化的“危险分子”，也不喜欢满足于现状的“自满先生”。此期间总统梅德韦杰夫签署了扩大地方民主选举的法令，使人感到“梅普”或“普梅”面对民众的不满和诉求，或许真的可以改变目前高度集权的不民主状况。（1月16日俄罗斯《消息报》）

普京还在自己的网站撰文，指出他希望俄罗斯公民应当有机会不仅讨论政治家个人的优缺点，也能关注一下政治人物将实施什么样的政策。言外之意是，公民应当仔细研究每个竞选者的竞选纲领，看一看谁的更可行。

普京表示一定要建设一个强大的俄罗斯，建立强大的军队以保护俄罗斯的国际利益，富国就要强兵。这也符合大多数俄罗斯人的愿望。

关于民众对于他究竟为什么要再次竞选总统的一些疑虑，同时也是反对派对他的指责，例如他执政的时间已经足够长了，继续执政会导致国家停滞不前。他回应说，之所以同意再次竞选总统，是为了保持政策的连续性、国家的稳定性，完成俄罗斯稳定健全的国家体制建设任务。

普京几乎在选举前的每一天都发表这些相关的观点和言论，既有针对性，又切中主要问题，有时强硬，有时退让，有时辩解，言语间还有承诺与解释，在很多人看来，也不乏坦诚。即使在离大选投票还有一天的3月2日，普京在莫斯科近郊的住处接受法国、意大利、德国、加拿大和日本媒体采访时仍在表态，说如果当选总统，他将继续推动改革，不会借机打压反对派。还称，尚未决定是否角逐2018年总统选举。并重申，如果赢得总统选举，将推荐梅德韦杰夫出任总理。此时的普京对即将进行的投票选举信心满满，他看到了多数人的支持。

普京展开一系列攻势的同时，他的竞选班子也在积极高效地工作。普京的竞选班子历来精良、强大，而这一次的使命尤为艰巨，需要在逆境中更充分地发挥出作用，确保普京获胜。竞选班子没有使普京失望。他们动用一切行之有效的手段以及政权党的便利条件，组织了多次声势浩大的集会，让很多俄罗斯人看到：原来这么多人支持普京，而反对者只是一小部分。气势夺人的声援集会对争取选民起到了巨大的作用。此外他们还利用一切舆论工具——报刊、电台、网络等，为普京造势。竞选团队抓住了俄罗斯人的心理，很多俄罗斯人看到如此混乱的场面极为不安，他们想起了动荡的20世纪末，他们也知道邻国的颜色革命带来的后果，那是美国人在背后操纵的结果，是他们极为反感的。普京团队抓住此点，高调指责反对派听命于美国，想把国家搞乱。这使很多俄罗斯人对反对派产生了反感。俄罗斯人绝不想被美国搞乱，也不希望国家发生什么革命。或许一些人犹豫过，但现在他们坚决支持普京，不会支持其他候选人。

普京的主动进攻和其竞选团队的努力很奏效，短短时间内，他的支持率开始恢复和上升，到了2月底3月初，即选举投票前夕，据俄罗斯比较有影响的三大民调机构最后一次民调结果显示，普京在首轮投票中的得票率大约是在58.7%—66%之间。原来看似恐怕有变的选举结果，像不少人预测的第一轮投票支持普京的很可能不会超过半数，需要进行第二轮投票的情况，在此刻已经无需担心了。形势变得对普京有利，他在第一轮投票中就极有可能胜出。

在大选投票前5天，还有一个小插曲肯定对普京赢得选举也产生了作用。媒体报道，俄、乌安全部门在近期又破获一起暗杀普京的阴谋。2月27日，所有坐在电视机前的俄罗斯人都听到了这则新闻：俄罗斯第一电视频道报道，乌克兰安全局与俄罗斯特工部门共同挫败了恐怖分子策划刺杀俄总理普京的阴谋。俄特工部门已于近日逮捕了两名涉嫌在总统大选后暗杀普京的男子。

这条消息在俄罗斯大众心理上产生了微妙的作用，这让他们回想起普京最初担任国家总理和代总统时的情景。那时国家危难，经济危机、内斗和内战使这个国家有继续解体的危险，人们看不到任何前景。却突然出现了一个不为人知的前苏联特工，他走上了俄罗斯政治舞台。俄罗斯也随之发生了巨大变化。正是他勇敢坚决义无反顾地打击了车臣叛匪，还不顾个人安危，亲临前线与车臣战场的俄罗斯官兵共度新年。正是他将濒临危机的国家拖出了烂泥潭，恢复了国家稳定，重振了经济，俄罗斯的大国地位得以恢复。俄罗斯人由此渐渐恢复了自信心。他不愧是民族英雄，是国家的拯救者。我们今天不投他的票，投谁的票呢？更多的人开始靠向他们的总理/总统。而普京第二天对此的回答也让他们钦佩不已。28日，普京在当年被车臣恐怖分子制造过恐怖事件的出事地阿斯特拉罕公开回应“暗杀未遂”事件。他说：“我从未害怕过，今后也不会怕。第一次任总统时，我就处在暗杀的威胁中。那些事不应该干扰工作，如果害怕，那就别活着了，让他们怕我们吧。”

随后媒体公开了普京执政12年来，已经破获的恐怖分子7次暗杀他的计划：

第一次暗杀未遂发生在2000年2月24日，那时普京出任代总统不到两个月。据悉，刺客计划在普京到圣彼得堡市参加自己的恩师、前圣彼得堡市长阿纳托利•索布恰克的葬礼时下手。

2000年8月18日，俄总统普京到雅尔塔市参加独联体国家总统的非正式峰会时，又遭遇了第二次暗杀图谋。俄警方迅速逮捕了4个车臣男子和几名来自中东国家的嫌犯。9月12日，乌克兰安全局局长列昂尼德•杰尔卡奇证实了这一消息。

第三次暗杀普京的尝试，是一名伊拉克人计划在2002年1月9日到10日普京访问阿塞拜疆期间实施。在2001年10月被成功挫败。

2002年2月6日中午，一名身材魁梧的40岁左右男子企图“砍掉普京的脑袋”，驾驶一辆汽车冲进了克里姆林宫，后被确认为精神病患者。

2002年11月28日，有人试图在他从克里姆林宫回到他位于莫斯科郊外的家的公路上安置炸药炸毁他的车队，警察在这条公路附近的一条水管中，发现了3个金属箱共大约40公斤的高能炸药。普京绕道回了家。

2003年6月23日，就在普京的车队将经过圣彼得堡市和普斯科夫市之间的一条公路前数小时，一名警察发现天桥公路下装有一个爆炸装置，随后被及时拆除了。

2003年10月12日，英国反恐小组逮捕了两名分别为40岁和36岁的俄男子，此二人预备谋划刺杀普京，其中一人是俄联邦安全局的前成员。

对于此次发布的这一消息，俄反对派称“在乌克兰发现暗杀普京的踪迹让人难以置信”，并质疑俄媒体此时高调爆出这样的消息另有目的。《新消息报》的记者说：“刺杀普京未遂行动”已经是第三次与俄罗斯总统大选“发生在一起了”。俄总统大选候选人的日里诺夫斯基、久加诺夫和米罗诺夫也都认为，在投票选举前夕公布谋杀普京的消息并非偶然。俄有效政策基金会主席帕夫洛夫斯基则干脆说：“这类暗杀计划历来都是一些人赐予候选人的大礼。”

但是，无论怎么说，这个小插曲对普京当选确实起到了给力的作用。

大选获胜，含泪致谢

3月4日，俄罗斯如期举行了总统大选。普京是否能再次走进克里姆林宫执掌大权，就在今天决定。

早上，普京总理偕夫人柳德米拉出现在俄罗斯科学院内的投票站进行投票。2000年和2004年两次总统选举，他们都是在这里投的票。今天是又一次决定他们命运的时刻。夫妇俩人一起出现在投票站，也是对几年来有关他们的各种流传的回应。

晚上九时，俄罗斯各地投票结束。第二天莫斯科时间上午12时俄中选委已统计出超过99.6%的选票，统计结果表明，普京获得63.71%的得票率，以绝对优势胜出。这个结果对于多数人来说是意料之中的，现任总理普京在第一轮投票即胜出。普京第三次当选为俄罗斯总统，正式走上为期6年的总统职位。“梅普”组合按其预定将顺利转身为“普梅”执政。

选举在投票日当晚结果基本明晰后，普京的支持者11万人午夜聚集在莫斯科马涅什广场欢庆胜利，被俄罗斯媒体称之为普京的“政治狂欢节”。

普京在激动沸腾的欢庆集会上发表讲话，他说：“我们赢得了公开诚实的选举胜利。这次选举不仅是对俄罗斯的考验，而且是对全体人民的一场重大考验。考验其政治成熟程度和独立自主性。选举表明，我们的人民能轻易辨明是非，区别什么是希望新事物出现还是政治挑拨，后者只有一个目的，即搞垮俄罗斯和篡夺权位。”他激动地高呼，“我们胜利了。光荣属于俄罗斯！”普京同时再次承诺要诚实勤奋地工作，号召所有的人为人民利益团结起来并取得工作成效。在讲话中普京一度眼含泪水，情绪激动。那张流下热泪的图片传遍全世界。但他后来解释说，流泪是因风所致。很多人对这一解释不以为然，这次胜利来之不易，几经波折，获得胜利后的激动泪水很正常，有必要掩饰吗？这么多年了，克格勃前特工依然自觉或不自觉地在任何公共场合都力图不露声色，严密包裹自己，不流露真实感情。克格勃的印记，俄罗斯这位“新-旧总统”怕是永远去除不掉。

3月5日，普京还宣称，在赢得总统大选后，将着手与反对派展开对话。这是他一直的愿望。他还祝愿独立候选人普罗霍罗夫组建自己的政党获得成功。普罗霍罗夫此前曾向记者表示，他将不接受普京发出的任何职位邀请，而是要组建自己的政党取得政权。他已经决定长期从政，并称此次选举结果是客观的。

3月7日晚，俄罗斯中央选举委员会对俄罗斯第六届总统选举进行了最终汇总，确认弗拉基米尔•普京当选为新一届国家总统。最后统计结果普京得票率为63.6%；其他候选人的得票率分别是：共产党领导人根纳季•久加诺夫为17.18%；独立参选人、俄罗斯第三大富豪米哈伊尔•普罗霍罗夫为7.89%；自由民主党主席弗拉基米尔•日里诺夫斯基为6.22%；公正俄罗斯党主席谢尔盖•米罗诺夫得票率为3.85%。

俄罗斯此次大选挺热闹。这样的情景不仅说明，普京自从政以来遇到了前所未有的新挑战，也表明俄罗斯人的民主意识在逐步恢复。普京此番遇到的挑战，主要不是来自其他党派和其余几位候选人，而是直接来自民众。民众敢于表达自己的意见，总比死水一潭和表面的稳定要强，或许俄罗斯真正意义上的反对党将逐步形成。而一直存在的几个政党（按照新宪法被保留下来的），实则为体制内的党派，这些党派不是公开声明支持总统党（即统俄党），就是暗自与其合作，根本起不到反对党派的作用。

一些反对派对普京的胜出仍有质疑。大选结束第二天即3月5日，反对派立刻在首都举行了抗议集会，参加者万余人。普京的家乡圣彼得堡也发生了近千人的小规模的反对派集会，表达对总统选举结果的不满。也有国际观察员认为，政府使用公共资源造势，阻止了其他候选人展开竞争。欧洲议会大会理事会观察团主管科克斯说：“选民的选择有限。”而独联体派驻俄罗斯选举观察团负责人认为，选举总体透明、公平、开放，符合普遍认可的国际规范。中选委主席丘罗夫也说，大部分舞弊指控没有根据，从整体上看，本次选举自由、公正。

赢得大选含泪致谢

具体分析选票可以看出，普京得票率最高的地方是中小城市居民，那里互联网不发达，接受信息主要通过由政府掌控的电视，中老年和女性选民是拥护他的主力军。其次是政府公职人员和国企职员。他们是现政权的受益者，希望社会继续稳定。还有相当部分选民是因为除了普京没有可选择的其他人，而选票上没有“反对所有候选人”的选项。在首都莫斯科普京的得票率只有46.95%。在圣彼得堡和第三大城市叶卡捷琳堡，普京的得票率虽然都超过50%，但也低于全国平均水平。

经过几个月的较量，尘埃终于落定。结果在意料之中。有质疑和不满的声音，但社会基调应当说是满意的。大多数俄罗斯人一如既往挺喜欢这个“冷面”“硬汉”总统。但是赢得胜利不表明危机的结束，某种程度上是挑战的开始。俄罗斯部分民众的不满依然存在，反对派提出的问题也仍然严峻。普京给自己架上了一副不轻松的担子。这次执政不同于第一次，与第二次也有很大差别。统俄党在杜马中席位的减少，他本人得票率的降低（对比第二次选举得票率）都表明，依靠原先的那套治国方略未必奏效，需要与时俱进，需要变革，需要解决民众最关心的民生和最不满的腐败等问题。总而言之，第三次上位的俄罗斯总统面临很多棘手问题。他要学会在不同声音的环境下工作，在更为开放民主的环境下工作，在互联网时代工作。这个有着克格勃背景的小个子，是否有足够的聪明才智继续胜任一个大国领袖，仅靠此前的强人政治和总统高度集权已经不行，靠几招特殊技能和个人魅力效果也很有限，他需要拿出新形势下治国的真本事。

很多原因使普京在前所未有的抗议声中仍然稳获胜利。他前面两任期间的杰出政绩；出色的应对危机能力；面对此次危机及时多次承诺当选后改革；竞选团队的一流运作，包括使用行政手段组织挺普集会；以及天时地利——反对派没有民众信得过的人选；不少人寄希望看到一个新普京——他们并不需要新总统；还有最重要的，即俄罗斯社会主流意识、民族特性、传统观念。不少学者认为，普京胜出反映了俄罗斯大部分民众的意愿，也折射出俄罗斯社会主流意识现状。俄罗斯大多数人没有逃出前苏联框框，没有走出前苏联的大国阴影，他们在经历了戈尔巴乔夫改革的失败和叶利钦带来的沉重痛苦后，尤其怀念作为一个稳定的有世界地位的大国的优越和感觉。这与俄罗斯人固有的性格和民族特质有着密切关联。这是一个容易从一个极端走向另一个极端的民族，有着崇尚强人心理特质的民族，和精神上渗透到血液里的某种奴性。俄罗斯人喜欢强有力的领导人、英雄、胜利者，在长期的历史中形成了俄罗斯人对强权和强力君王的崇拜。这近乎成为俄罗斯人的遗传基因。对斯大林的崇拜是这样，对普京的崇敬也同样。这并非外人所做的分析结论，而是俄罗斯自己的学者和大师的深刻分析。

莫斯科大学社会学教研室主任、教授弗拉基米尔•多布林科夫2007年接受网络媒体“俄罗斯在线”访谈时说，普京总统的高威望，证明了俄罗斯民族的特性和俄罗斯人的主流意识，即他们永远感到需要强有力的领导人。俄罗斯人需要强力领导人和强大的精神支柱，特别是在缺乏国家思想体系时。（2008年12月30日俄罗斯在线对“俄罗斯名人：2008年的历史选择”活动结果的评论文章）

利哈乔夫在《俄罗斯思考》一书中谈到俄罗斯人的性格时更为透彻。利哈乔夫是前苏联时期与萨哈罗夫、索尔仁尼琴齐名的苏联三大持不同政见者。1999年9月逝世于圣彼得堡，93岁。当时普京总理专程从莫斯科前往圣彼得堡出席俄政府为其举行的隆重葬礼。普京在致悼词中说利哈乔夫的逝世是“俄罗斯国家和人民的巨大损失”，他深感悲痛。在他去世前8天，他的最后巨著《俄罗斯思考》交出版社付印。利哈乔夫通过对俄罗斯历史，特别是20世纪后期诸多事件的反思，认为俄罗斯民族性格的最大弱点是爱走极端。他在书中这样剖析俄罗斯人的特性：

俄罗斯居住的辽阔地域决定了粗犷、豪爽是俄罗斯民族气质的特点。而这一特点决定了俄罗斯人的极端性格。俄罗斯人经常摇摆于善与恶之间，往往会从一端突然而迅速地走向另一端。俄罗斯民族的极端性主要表现为：既善良，又残忍；既彬彬有礼，又粗鲁野蛮；既热爱自由，又专横跋扈；既笃信宗教，又不太敬上帝；既大公无私，又爱财如命；既讲求实用主义，又不善处理问题；既妄自菲薄，又搞沙文主义；既对国家绝对忠顺，又多有抗争之举。这种爱走极端的民族性格在俄罗斯历代君王和苏联领导人身上均有所体现：他们极易用最珍贵的东西去冒险，在实施自己的意图和想法时充满狂热，为了前进而不惜狠狠打击并摧毁旧的一切。这也是俄罗斯历史上发生许多偶然事件的重要原因之一。俄罗斯人是难以预料的人。俄罗斯历史是难以预料的历史。

对俄罗斯人有比较深入了解的人，都会认同利哈乔夫的论述，并感觉相当精准。所有的人都记得俄罗斯历史上刚刚翻过的一页。当初他们狂热地拥护叶利钦，崇尚西方，要求极端自由民主；十几年后却一反当初，虔诚地拥护普京稳定强国的铁腕政治，大国强国和国家稳定胜于他们对自由民主的渴求。这两个极端就在昨天和今天，俄罗斯人的特性通过历史这一幕，表现得淋漓尽致。

因此再来看普京的胜利。其实这不是他个人的胜利，而是俄罗斯人长期形成的民族特性和心理渴求的胜利。这样的胜利是暂时的还是长期的？是脆弱的还是稳固的？一切要看俄罗斯社会主流意识。但是主流意识是可以改变的，尽管有时候会需要很长时间。就目前而言，存在反对的声音，是件好事，也是一个民主社会应有的常态。它至少可以时时刻刻监督政府，督促最高领导人克勤克俭，为民效力，履行好自己的职责。

普京归来

2012年5月7日。第三次当选俄罗斯总统的普京将在这一天举行就职典礼。这样的典礼在他的生命中已经是第三次了。

莫斯科这一天艳阳高照，气温达到26摄氏度，多少有点炎热。但总的来说，天气不错。这是莫斯科的一个好季节，春末夏初，到处郁郁葱葱，生机盎然。普京在这样一个美好的时刻举行他的第三次总统就职大典，回到克宫，执掌大权。俄罗斯第六任总统是第一个获此殊荣的人。他似乎超越了法律，但又不能说违反了宪法。一切尽在他的掌控之中，包括法律。

总统——既是新的也是旧的，这是莫斯科人对他的称呼——车队将在12时就职典礼举行时准时到达克里姆林宫。11时半左右，普京乘坐黑色超长国产轿车，在黑色吉普和警车以及摩托车队的护送下，从白宫驶出，缓缓向克宫驶去。白宫到克宫很近，但总统车队并非沿最近的路线前往，而是绕道阿尔巴特大街，沿滨河路上斜坡，最后从斯巴斯基大门驶入克宫。此刻观众可以从电视上看到沐浴在阳光下的莫斯科美景，大片的绿地，蜿蜒的莫斯科河，金光闪烁的葱头圆顶教堂，干净整洁空无一人的市中心大街。护航的五辆摩托车其中一辆在前面开路，另外四辆分为两组护卫在总统车左右，高高架起的摄像机从空中拍下的镜头，令总统车队看上去庄重气派。

此刻，坐在车里的普京，看着窗外的美景和特别清静的街道，心中涌起很多感慨。自从2000年走入克宫后，他走过的道路、经历的一切都历历在目，仿佛就在昨天。2000年第一次总统就职典礼，他也是这样驶入克里姆林宫。那时的他多少有点忐忑不安，在民众眼里，他完全不是一个成熟的经验丰富的有能力重新使俄罗斯振兴的政治家，大家只是对他寄予了没有把握的期望；他自己虽然在代理总统期间作为不俗，得到好评，多少增强了些信心，但也并非信心十足。他决心不负民众的期望，但并没有绝对的把握。第一个四年飞速过去。四年的时间他取得了极大的成绩，积累了丰富经验，民望不断提升。第二次总统大选时，选民的投票就是对他的满意度的最好回答。他的得票率高达71.31%。第二次的就职典礼与第一次的心情大不一样。他的脚步更加从容不迫，目光也更加坚定自信，举手投足透射出一种大国领袖的风度。第二个总统任期四年是他生命中最辉煌的一页，百姓对他的赞誉达到了顶峰。他忘不掉2008年即将卸任时多少呼声希望他再次担当总统，那是发自百姓心中的声音。然而他卸任总统后，任总理的又一个四年过去时，情况却有了变化。这一次虽然再次当选了，但选举遇到了不小的阻力，反对之声一度甚嚣尘上，这声音很大部分来自普通百姓。他遇到了巨大的挑战，自他执政以来最大的挑战。他清楚这一点，他会积极应对，接受挑战。

驶过空荡无人的莫斯科市大街，电视机前的俄罗斯人在想，他是否会生出几分寂寞？或许想起不太愉快的一幕，这事毕竟就发生在昨天，地点就在他的车队将驶入克宫的地方：克里姆林宫右边的广场上。在总统就职大典的前一天，反对派举行了反对他当选总统的集会。俄罗斯有过六次总统就职典礼，三个人当选过总统，在就职大典前夕出现这样一幕，却是破天荒第一次。他是第一个三次走进克宫坐上总统宝座的人。他创造了奇迹。也是第一个在大典前遇到抗议集会的人。这个“第一”肯定令他沮丧。

此刻，总统车队已驶入克宫，停在大克里姆林宫前。一身深色西服系红色领带的“新-旧总统”走出汽车。早在那里等候的警卫团长向他敬礼，报告一切准备就绪，请普京进入克里姆林宫。普京似乎有些急促，没等团长报告完毕即与他握手，迈上铺着红地毯的台阶，开始他长达几分钟的一个人的独行。那段路似乎真的不短，一直向前延伸，两旁除了站立的身着古装的士兵，依然空无一人。普京面色庄严，迈着他特有的左摇右晃的步伐，穿过长长的过道，走过前厅。上届总统梅德韦杰夫这时也从另一个方向走入克宫。普京即将走入格奥尔格（乔治）大厅时，军乐队奏响乐章，等候在大厅里的来宾全部盯着那扇金碧辉煌的大门，两个卫兵及时上前，打开两扇大门，普京庄重地从那里走进来。这里和刚才相比完全是另一番热烈景象，大厅中早就聚集了很多人夹道欢迎，人们欢腾雀跃，目光都转向普京。普京此时脸上露出了微笑，边向前走边不断与左右两旁的宾客握手，嘴里不断说着“谢谢！谢谢！”。接下来是亚历山大大厅、安德烈大厅，情景同样热烈。三个大厅共有来宾两千名左右，包括各党派人士、议会代表、各界名流等。

梅德韦杰夫已先于普京一步站在了典礼台上，与他并肩站在一起的还有他的夫人，普京的夫人和叶利钦的夫人。普京几乎是跳上了典礼台四级台阶，走上前去与即将卸任的梅德韦杰夫总统握手，随后面向来宾站立。片刻，宪法法院院长宣布请新当选的总统普京宣誓，普京走上前来，将右手放在俄罗斯宪法上，一字一字地读出了33个词组成的誓言。接下来卸任总统梅德韦杰夫讲话，他概括总结了自己担任总统的政绩。随后普京讲话，他发誓竭尽全力为人民和祖国兢兢业业工作。国歌奏起，响彻大厅。普京旋即走向身穿一身白色西装裙、白色高跟皮鞋的夫人，亲吻了她的面颊，还亲热地说了几句话。然后与梅德韦杰夫的夫人握手。普京宣誓演讲完毕，绕大厅又走了一遍。此时的克宫气氛达到高潮，人们争相伸出手来，与普京握手，还不时对他说上几句祝贺的话。“新-旧总统”简直有点应接不暇。

接下来两位总统踏着红地毯走出克宫，来到教堂广场检阅总统卫队。18门礼炮鸣31响，总统旗也在此刻升起在总统办公所在建筑的屋顶。

总统就职典礼还有很重要的一部分，即俄罗斯东正教大牧首为当选总统祈祷，祈求降临给他更多的智慧，从而更好地管理国家。但是这部分属于私密，不做转播。

中国各大电视台在转播普京第三次总统就职典礼时解说的评价是，隆重而低调。西方媒体反应各异。

普京归来

俄罗斯本国民众的反应如何呢？《莫斯科共青团真理报》电子版的一篇文章很有意思，反映了不少网民对普京第三次就职典礼的一些看法，主要内容如下（注：我曾阅读那几天俄罗斯主要媒体网站上的不少相关文章，尤其仔细浏览了文章后面的网民留言）：

“普京上校”将把俄罗斯航舰引向何方?

同一个人，沿同一条河，普京第三次走进克宫。正式成为国家最高领导人。今后6年他将如何执掌大权，没人知道，但国家民族利益对新-旧总统的要求却极为清楚。

新当选总统就职典礼所经莫斯科中心街道要绝对空荡无人，这样的情景下我不知道普京如何走上总统宝座？也许，他不愿意在他的节日看到任何他不满意的事物出现。

确实，就职典礼前夕在离克宫几百米的地方出了事。因此过分小心可以理解，不到五分钟的总统车队经过绝对没有普通人的街道，成为2012年就职典礼的最强烈明显的俄罗斯政治局势的标记。

如果相信宪法，那么正是人民是我国政权的主要的和唯一的源泉。但是如果相信自己的眼睛，那么人民的位置是在电视机旁。普通人有观察员的作用，但神秘的当权者很奇怪——把这作为权贵们的事，这些人按照不同等级分别等候在克宫的三个大厅里。

应当改变建立在个人而不是集体领导的基础上的半封建政治体系。

“担当俄罗斯总统，我明白自己对祖国所负的全部责任。”普京宣誓就职后紧接着这样说。他说：“我面前是巨大的责任。”总统就职典礼的责任部分和婚礼上新郎亲吻新娘时的一样。但普京关于责任的话不仅郑重，而且多少是老生常谈。

俄罗斯总是面对这样一个关键性的问题：即缺少强有力的发达的政治体制，和个人在权力机构中过大的作用。21世纪的来临什么也没有改变。普京时代——梅德韦杰夫会作为普京时代的一部分永远留在历史上——大部分俄罗斯居民吃得更饱、更舒适和更安定。

但这一切是在逐步减少和缺乏充分的民主发展机制的背景下进行的。如果和石油价格有关，上帝保佑，一切将会正常。未来会继续沿着普京原定的方向，部分居民的生活水平还会有某种提高。但是这样的（石油）价格无助于改变俄罗斯在世界经济和地缘政治中的落后状况。

一个世纪以来，我们习惯了不是以智慧取胜，而是数量。我们习惯声称“我们不站在价格后面”。我们习惯于认为，在人口数量、自然和军事资源上没有人能和我国相比。

但是世界在变化并在剧烈变化。当我们的新-老总统1952年出生时，中国的经济对他的邻居强国来说绝对是微不足道的。他们仰视我们。而今天俄罗斯要赶上中国的经济甚至在科幻小说中都不敢说出。

普京出生的年代我国人口居世界第五位。今天我们是第九位。孟加拉、尼日利亚这样的国家早都赶上了我们。结论令所有思考的俄罗斯人来说都是极为明显的。为了保住俄罗斯在世界上的地位，我们应当善于学习。我们应当克服建立在个人而不是民主政治体制上的半封建体制，我们应当改变建立在偏重出卖资源上的经济。

普京明白这一切吗？也许明白。“今天我们进入了新的民族发展阶段。原则上要求我们解决提高（经济）水平、质量和规模的任务。近几年将确定俄罗斯未来十年的命运。”这是普京在就职演说中说的话。

总归，许下了将有“伟大成就”的诺言。俄罗斯新总统不可能声言：一切工作都以最大成果为目标，但却使我们的生活原地踏步！

这不属于有着使命感的普京。他真诚地想重振俄罗斯，使它变得更好。但是为了达到这个良好的目的，只凭领导者的个人良好愿望显然不够。BBП应当明白其中包括这样的问题：俄罗斯发达的政治体制意味着必然减少他个人的作用。我们的新-旧总统准备接受这样的牺牲吗？或者像任何一个人的本质那样，这是不可能的？

恐怕这个关乎命运的回答我们只能在新的普京总统的执政中得到。暂时我们只有对2018年总统典礼的组织者抱有希望。普京第三次就职典礼我被选为观众在克宫的格奥尔格大厅出席，对此我感到高兴。另两个大厅的被邀者级别更高。但是总统就职是在空荡荡的阿尔巴特街的背景下进行，这使我很忧郁。

让2018年我们的总统就职典礼完全像美国那样。如果是这样，那么这可以说是BBП第三任总统的一个最重要的成果。

这篇文章后面的大量留言也很有意思，有赞同，有反对，有自己的个人见解，从中可以直接看出俄罗斯人对普京第三次当选总统的心态。下面是各种观点的部分留言。

（v. tuta，2012年5月7日，17: 28）

“他真诚地想重振俄罗斯，使它变得更好。”我认为这是阿谀奉承普京，或是完全不明白他的“政治”。准确的表述应当是：交易。一切都只是交易。国家能这样吗？我们能经受这个历史断裂期和崩溃吗？

（Лариса，2012年5月7日，19: 02）

我很高兴普京又当选了总统，我们暂时没有其他适合的人选。

（77789，2012年5月7日，19: 04）

我认为主要的问题不在于在俄罗斯发展政治体制就必然摆脱某个个人的作用，而在于，发展什么样的政治体制对俄罗斯有益。暂时这一点并不清楚，那么为什么要进行并不清楚其前景的改革呢？我们在戈尔巴乔夫时期已经进行了这种改革，所有的人都清楚最后是如何收场的。为什么还要再搞一次同样的劫难？依我看，普京一个人不可能找到对国家必不可少的那种政治改革，为此需要反对派和媒体的工作，但是在俄罗斯反对派认为最好像坐飞机那样爬上去，排除一切无耻之徒，而媒体准备刊印任何只要是反对政府的不实之词。在这样的情况未必能有什么使国家发展的政治体制的改革。

还有就职典礼前几天的一些留言：

（777，2012年5月4日，19: 00）

现政权的问题在于：其最高代表惊慌地害怕失去他的权利，人民感觉到了这一点。只要有可能，人民就会将胆怯的政权撕成碎块。这并非勇敢有力的战斗。人民本身多少有点害怕，忍耐了这个政权多年。当这个权力机构彻底变得衰落和逃离时，它将为自己的不幸、屈辱和无能狡辩。

（Bibi，2012年5月6日，00: 55）

谁也不相信所谓的选举结果，不过是最高权力机构为平衡国家主流意识和普通正派的百姓而演出的一场恬不知耻的闹剧。想一想，国家有着怎样的人才资源，多么丰富的自然资源，但他只知道使用和贬低这些，只知道当伟大国家的总统，攫取钱财。

（ольга，2012年5月7日，19:10）

很遗憾，整体看恐怕大多数俄罗斯人会选择普京。奴隶不需要什么自由，责任，但显然需要尊重，正因为此民众才不会选举认为他们是奴隶的人。遗憾，反对派就是这样，如果他们想掌权，他们应当学会热爱自己的民众，至少不是这样公开表达自己对人民的藐视。

…………

许多人都在电视上观看了普京的就职典礼。大家都很熟悉的红场，巍峨迤逦的克里姆林宫，往日繁华热闹今天却如此静谧空荡的新阿尔巴特街，大克里姆林宫内来宾济济热烈欢迎的场面，庄严的宣誓……

普京沿着克里姆林宫内长长的走廊向前走去的身影，步伐是坚定的，表情是严肃的，或许还有几分沉重，姿态是独特的——两只摆动的手臂略显弯曲，左摇右摆，左手甩动的幅度很大，右臂轻轻摆动，身体稍稍前倾，这是一个柔道摔跤运动员走上竞技场的特有姿态。普京正是迈着这样熟悉的步伐，第三次走上了最高权位，也走上了一场竞赛。他将迎接新的挑战。

柔道健将普京手法老练，经验丰富，意志坚定。他多次在赛场上搏斗拼杀，获得过圣彼得堡市摔跤冠军，当然也有输掉的时候。在政坛上经过二十几年的历练也经验丰富，驾驭自如。如今他遇到了新的挑战。他的思想和治国的理念多少显得有点过时。而他面对的是一个有着现代思维却没什么经验的对手。这个对手主要出现在互联网上，被称之为“互联网一代”。他的对手虽然没有他那么有经验，但代表着很多年轻精英，有自己的理念和追求，不那么好对付。普京这一次能否在政治舞台上战胜对手，取得胜利，像他年轻时在摔跤竞技场经历过的很多次较量那样，也像他前两次任总统那样再次书写辉煌？没有答案，唯有时间让我们看到结果。

一些俄罗斯人说，普京是俄罗斯的拯救者；另一些俄罗斯人说，普京再次执政是俄罗斯的不幸，很可能也是他个人不幸的开始；还有人说，俄罗斯确实在重新获得大国的实力和尊严，但普京是以一种恐怖的方式使俄罗斯重新崛起。这样的实力和尊严是暂时的、脆弱的。前苏联就是最好的例子。

说到底，普京是时代的产儿，有其自身的局限性。他是前苏联模子塑造出来的典型臣民，严守纪律，有献身精神，将国家利益看得高于一切。他缺失的正是改革的一课，对公开性民主化有着本能的反感，更不适宜在这样的条件下工作。不少人认为，普京本质上是保守的。他上任后之所以受到支持和欢迎，是因为他推行的一切恰恰适应了当时俄罗斯大众的心理需求，是那一时期俄罗斯国情的需要，即那时的俄罗斯和俄罗斯人在长期动乱后，有一种回归过去安宁的强烈诉求和愿望。普京恰恰代表了他们。

罗伊•麦德维杰夫在普京传记《克里姆林宫四年时光》一书中说："普京是在合适的时间、合适的地点、以合适的方式治理国家的领导人。"这也是他前两届执政取得成功的主要原因。但是今天情况发生了变化，因循以前的一套已经不行。普京虽然再次赢得了胜利，接过了最高权杖，但前面的路漫长艰难，面临的任务艰巨复杂。他是否能像他设想的那样，将俄罗斯引向真正兴旺发达，关键在于他能否超越自己，在恢复了稳定和秩序后，使国家真正走上公民社会的道路，还是一直沿用几乎和前苏联类似的保守和集权方式治国？这一切都将取决于他本人。

反对派反对他长期执政，其中的一个理由是，一个人长期处于权力中心，握有绝对权力，绝对不是一件好事。权力可以改变当权者，甚至腐蚀他。他的身边也极易滋长一大帮妨碍国家发展的既得利益者和幕僚。一个人长期执政也极易使国家在各方面停滞不前。这样的例子当数勃列日涅夫时期最典型。在勃列日涅夫执政后期，国家处于停滞发展状态，这也是导致苏联最终解体的重要原因。

权力是一个人展示自己才干的舞台，但也可以毁掉一个人，特别是高度集权的掌权者。一个人长期握有国家大权，于国家、于个人都是一件十分危险的事。这个危险普京看到了吗？

结语

多面普京

普京素有“硬汉”“冷面”“强人”“铁腕”之称，对内对外都显示出这一鲜明特点。对待车臣恐怖分子，他毫不留情予以打击；在解决国家政局不稳、多年内乱、中央政令不畅、没有权威这方面，普京大刀阔斧，毫不犹豫，实行总统集权制，地方干部由中央任命，金融寡头不得干政；在将主要媒体收归国有等方面，也做得坚决果断，毫不留情。俄罗斯在这样一位“强人”治理下，短短十几年发生了根本性变化。

嫉恶如仇

普京是一个强烈的爱国主义者，国家利益对他来说是头等大事。恢复俄罗斯世界大国的尊严和地位，重振俄罗斯昔日雄风必然是他上任后的第一目标。为达此目的，他可以不惜一切，可以走回头路，可以削弱民主而求得稳定——这是国家复兴的必要条件，还高调重建俄罗斯军事

自信

力量。富国就要强兵，国家安全就要靠强大的军事力量，其他都是瞎扯。这是他的理念。

冷面普京却并非无情无义。他是个知恩图报的人。最早提携他的恩师索布恰克陷入困境后，是在他的帮助下逃离了俄罗斯；对推举他担当俄罗斯国家总统的叶利钦更不必说，在他任总统后第二天就兑现了承诺，签署了对叶利钦及全家永不追究法律责任的总统令；他还不忘自己三十多年前中学时的德语老师米娜•尤迪斯卡娅。2005年普京出访以色列偶然与之相遇后，看到老师住所简陋，随后即赠送了米娜•尤迪斯卡娅一套位于特拉维夫市中心的舒适公寓。他当年的柔道教练、他的克格勃同事、他在圣彼得堡曾经的秘书、他生活中的密友，无一不得到他的回报。

谦卑

柔情

雪地嬉戏

对他有恩，他必有回报；若对他不好，他也相当“记仇”。戈尔巴乔夫就曾经说他“小心眼”，爱报复。他的老师也曾说过，对他不好的人，他不会忘记。

普京不善言辞，但也常常口出惊人之语，一针见血，咄咄逼人，精辟犀利。一些“名言”风靡全国甚至流传世界。例如那句表示坚决打击车臣叛匪的名言：“不管恐怖分子跑到哪里，都不会放过……我们要到处追踪恐怖分子，在机场，那就在机场。那么，很对不起，要是在厕所里抓到，那就拉到茅房里毙了。”何等痛快淋漓，其嫉恶如仇的个性跃然纸上，同时也被一些人认为是粗俗和有失国家领导人形象的言语，典型的克格勃语言，表现出一股痞子气。

普京的才艺更是有目共睹，世人皆知。驾机灭火，入海探宝，丛林伏虎，骑射垂钓，飙车滑雪，打冰球，秀游泳……样样精通，无所不能，在掌管大权期间还学会了驾驶各种机动车。此外他还在音乐晚会上弹琴唱歌，在慈善活动中作画拍卖……其才艺令人赞叹不已。当然最拿手的是他的柔道，他是黑带6段，曾经的圣彼得堡柔道赛冠军，获得过运动健将的称号。普京的才艺出类拔萃，显示出他的强健、活力、阳刚之气，大大增添了他的个人魅力。

他的才艺在世界面前展示得淋漓尽致，也因此被不少人讥讽为“作秀总统”。一国之首脑，最本分和重要的是管理好国家，不断提高老百姓的生活水平，个人才艺有必要被俄罗斯媒体那么不厌其烦面面俱到地报道吗？之所以如此这般，不过是政府掌控的媒体为其树立个人威望罢了。

普京是亲民的，至少媒体为他塑造了这样的形象。他年年都会开通总统/总理热线电话，与全国公民对话，对有幸直接参与对话的公民提出的具体生活问题，保证给予迅速彻底解决；他还经常深入工厂、学校、医院、农村、矿区、体育训练场等地，看望普通民众；过年过节必然会去某个百姓家喝茶拜年，还会给某个小朋友写回信，在克里姆林宫接见身患重病的小女孩……这样的事例数不胜数。俄罗斯总统多么关心百姓！多么平易近人！很多人会这么想。但是有一点除外，奢求民主，不听劝告，一意孤行，如霍多尔科夫斯基和诸多反对派，他会毫不留情地打击，没有商量的余地。俄罗斯不适合美国式的民主。那样只会乱国乱民，乃至亡国。

普京在展示其高超的个人才艺和亲民方面做得极为开放，但在其他很多方面非常封闭。总统作为公众人物应当透明的一面，也被他包裹得严严实实，点滴不漏。神秘的普京，很多人这样描述他。他历来善于掩饰自己的真实面目，从不表露真情实感，他的家庭被一些人称之为世界上最神秘的第一家庭，俄罗斯所有媒体对其没有任何报道，在一个真正民主开放的国家这并不正常。除非上面下达了禁口令，不

邀请白血病女孩来克里姆林宫做客

然绝对不会是这样的状况。

普京性格坚毅、冷静、自信，具有准确的判断力，但其实也藏有谦卑和不自信，这是他卑微的家庭出身留给他的印记。他的德语老师尤迪斯卡娅说，当年的中学生普京是一个“非常谦虚、非常沉默、非常寡言、非常认真、非常专注的孩子”。直到现在，如果仔细观察，还可以看出，普京在公众场合有时显得非常自信，气势夺人，有时却表现出局促不安，心神不宁。在回答记者或面对电视观众回答热线电话问题时，他也不是一直从容应对。他的表情和动作有时依然反映出他的拘谨不安。他的已经离异的夫人柳德米拉曾经说过，他不善于和人打交道，不善言谈，他一直都在努力克服自己这个弱点。平心而论，在这方面他仍然没有达到“自由”的境界。

普京身上还有着深深的克格勃印记。他本人就是从那个组织里走出来的。风华正茂的年龄在那个组织中受到的教育和熏陶，渗透进了灵魂。因此，言谈举止、思维方式、道德标准，凡此种种，克格勃都会留给他极深的烙印。神秘感是克格勃具有的明显特点之一，这个特点在他身上一直保留着。此外他的爱国和牺牲精神，办事果断，具有独立性和敢于负责，不苟言笑，不动声色，藏而不露，也都有着克格勃的烙印。普京当年虽然毅然离开了克格勃，但却一直留有很深的克格勃情结。他始终怀念自己那段16年的经历，不能割舍。普京执政后，“克格勃情结”表现得尤其明显，其治国方略和执政风格都受到影响。他自己也毫不讳言：“我始终以克格勃经历为荣。”

还有人说普京身上隐约藏有一丝恐怖。克格勃本身就是一个恐怖组织，在俄罗斯人心目中它一度成为“恐怖”的代名词。前苏联时期，克格勃迫害不同政见者，压制民主，监督百姓，制造冤案，干过很多令人发指的事。今天，有着克格勃背景的普京当上了国家总统，不仅他本身带有克格勃印记，还带来了克格勃的某种气息。他周围很多幕僚都是他的克格勃战友，如今同样占据高位；这个身份还导致俄罗斯不同政见者和对总统持批评态度的人士，如国际象棋大师加里•卡斯帕罗夫、民运老太马丽娜•萨利耶以及被驱赶至国外的金融寡头别列佐夫斯基，都多次谈到他们的生命安全没有保障；被关入监狱的尤科斯前总裁霍多尔科夫斯基更被看作是普京强权政治下的政治犯；还有多名持不同政见者和新闻记者被杀害，而司法机关却没有破获一桩案件。所有这一切，使很多反对派人士感到恐怖。俄罗斯知名电视主持人弗拉吉米尔•帕兹纳表示：“俄罗斯民众没有一点安全感。如果政府中任何人想追查你，那么你无路可逃。那种感觉就是，法庭形同虚设，警察随心所欲。……如果有人想夺走你的

生意，他们就能拿走，人们无可奈何。”（搜狐网）

普京是谦卑的，又是奢华的。2005年前，他在俄罗斯很多人眼里是谦恭朴素的总统，他的衣着因质地差、不合体或搭配不当常常受到批评。随着在最高权位上的时间越来越长，普京的着装完全变了，人们看到了另一个普京：最上乘的西服、衬衫、领带，价格不菲的大衣，好几块昂贵的国际名牌手表，进口皮鞋和皮帽——总之，从头到脚一身奢华。还有各种运动装、滑雪服、骑马装等，普京被称为“奢华男”和“时髦男”。有人说他的奢华兴许甚至令末代沙皇也会汗颜。

普京的个人品质也令人迷惑：一些人称他真诚率性，另一些人指责他言而无信，没有一句实话，惯于撒谎。他究竟是前者还是后者？

铁腕普京，柔情普京，才艺普京，亲民普京，独裁普京，率性普京，撒谎普京，谦恭普京，奢华普京，神秘普京，恐怖普京……人们对普京有这么多的相互矛盾的形容和看法。普京究竟是一个什么样的人？他的真实面目到底是什么？

美国作家不久前出版了一本关于普京的书，书名为《没有面目的人》，指普京永远在掩藏自己的真实面目，展示在世人面前的不过是一张面具，光鲜照人的形象是美化和虚构出来的，其实他是一个没有面目的人。

其实，普京就是一个多面体，一个矛盾的集合，上述各个方面综合起来，就能勾画出一个立体的最真实的普京。

（说明：引文均来自俄罗斯网站相关资料）

主要参阅书目

《普京：克里姆林宫四年时光》，（俄）罗伊•麦德维杰夫著，王晓玉，韩显阳译，社会科学文献出版社2005年。

《第一人——普京访谈录》俄文版，下载自俄罗斯网站，安德烈•科列斯尼科夫等人合著。“Вагриус”出版社2000年3月。

《弗拉基米尔•普京——生活故事》，（俄）列格•布洛茨基著，俄罗斯网上下载。

《一个普京，两张面孔》，（俄）安德烈•科列斯尼科夫著，于宝林等译，中国社会科学出版社2009年。

俄罗斯报刊、网站大量相关文章，中文网站大量相关报道。

（说明：本书图片全部来自俄罗斯相关网站）

鸣 谢

感谢本书编辑阮清钰老师在资料搜集中给予的帮助。

感谢我的儿子雷宇为本书搜集大量中俄文资料，并撰写了卷1初稿。

郑建新

2014年5月